다니엘 핑크

후회의
재발견

다니엘 핑크
후 회 의
재 발 견

THE POWER OF REGRET

다니엘 핑크 지음 | 김명철 옮김

한국경제신문

★★★ 이 책에 쏟아진 찬사 ★★★

우리는 날이 갈수록 선택해야 할 것이 많아지는 복잡한 세상에 살고 있습니다. 알고리즘과 인공지능에게 기대어도 피할 수 없는 '나의 결정'은 필연적으로 가지 않은 길에 대한 아쉬움을 내포합니다. 피하고 싶은 감정이기에 애써 센 척하며 부정해온 후회가, 제대로 한다면 도리어 긍정적이라는 놀라운 발견이 이 책 속에 담겨 있습니다. 매일매일 선택의 결과에 낙담하기보다 섬세히 되돌아보며 더 나은 삶을 만들어주는 자양분이 되도록 '제대로 후회하는 법'을 배우고 싶은 분들에게 일독을 권합니다.

송길영, 《그냥 하지 말라》 저자, 마인드 마이너

다니엘 핑크가 내 인생에서 가장 훌륭한 (그리고 가장 혹독한) 스승 중 한 명인 '후회'에 대해 이야기한다는 게 참 좋습니다. 항상 후회가 나와 다른 사람들과의 관계를 심화시킨다는 것을 알고 있었지만, 그의 연구와 스토리텔링 덕분에 이제 그 이유를 이해하게 되었습니다. '후회하지 않는다'는 것은 용기 있게 사는 것이 아닙니다. 반성하지 않고 산다는 뜻입니다. 세상은 이 책과 더불어 더 많은 성찰을 필요로 합니다. 지금 당장이요.

브렌 브라운 Brené Brown **, 《리더의 용기**Dare to Lead**》 저자**

'후회하지 않는 것'이 인생을 사는 방법이라고 오랫동안 생각했다면, 이 책은 바로 당신을 위한 것입니다. 비교할 수 없을 정도로 솔직하고 명확하며 간결한 다니엘 핑크의 이 책은 과거를 되돌아보는 것에 대한 최신 과학을 정리하고, 그것이 어떻게 더 행복하고 생산적이며 원칙적인 삶으로 이끄는지 보여줍니다.

앤절라 더크워스 Angela Duckworth, **《그릿 Grit》 저자**

다니엘 핑크는 늘 그랬듯이 책의 주제에 대한 나의 이해를 바꾸어놓았고, 후회의 힘을 확신시켜주었습니다. 그의 놀라운 연구를 통해, 나는 사람들이 가장 자주 후회하는 것이 무엇인지 알게 되었을 뿐만 아니라 그러한 후회를 최적화하는 방법을 배웠습니다. 그의 책을 읽을 때마다 나는 더 많은 정보를 얻고 더 나은 사람이 됩니다.

산제이 굽타 Sanjay Gupta, **CNN 의학전문기자**

'현명한 후회'를 위한 노하우

한 작가의 모든 작품을 좋아하는 건 흔치 않은데, 나는 다니엘 핑크의 모든 책과 그 안에 담긴 놀라운 통찰을 진심으로 사랑한다. 그의 전작《새로운 미래가 온다》,《드라이브》에 매료된 후로, 지금도 그의 책들은 내 서재의 가장 좋은 자리 한편에 가지런히 놓여 있다.

심리학과 뇌과학으로 인간의 내적 심연을 정확하게 꿰뚫고, 경제학에서 마케팅까지 아우르며 인간의 소비 행동을 섬세하게 관찰하고, 흥미로우면서도 명료한 이야기들로 강렬한 메시지들을 각인시켜온 그의 글쓰기는 늘 독자들의 뇌를 사로잡는다. 한 개인의 삶에서부터 기업 경영에 이르기까지, 그가 내놓는 놀라운 조언들은 하나같이 귀 기울일 만하다.

그의 이번 책 주제는 '후회'다. 세계적인 미래학자이자 기업 컨설턴트로 활동하는 이의 마음을 사로잡은 주제가 '후회'라니! 다소 엉뚱하다고 여겨질 수 있지만, 뇌과학자라면 이내 고개를 끄덕이고 무릎을 탁 치며 동의할 것이다. 후회야말로 얼마나 오랫동안 오해받아온 인간의 고등사고인가!

사람들은 늘 '후회 없는 삶'을 살기 위해 애쓴다. 후회하는 상황이란 곧 실패를 말하며, 그래서 우리는 매사에 후회하지 않으려 안간힘을 쓴다. '내 삶에 후회란 없다!'를 자신 있게 삶의 모토로 삼고 살아가는 이들도 많다.

하지만 최근 뇌과학자들은 후회야말로 '인간의 가장 고등한 반추능력' 중 하나라는 사실을 발견했다. 고르지 않은 선택지들에 대해 머릿속으로 시뮬레이션을 해보면서 '내가 만약 저걸 선택했다면' 어떤 결과가 나왔을지 떠올려보고 현실과 비교하며 상황을 파악하고자 한다는 것이다. 시간을 되돌려보기도 하고, 그럴듯한 상황을 설정해 이야기를 만들어내면서, 우리는 선택지들이 만들어낼 다양한 결과들을 구체적으로 상상해본다.

이런 '상황 복기 능력'은 다음 선택의 순간에 내가 실수를 반복하지 않고 좀 더 나은 의사결정을 할 수 있도록 도와준다. 이를 위해 우리는 가장 고등한 뇌 영역인 전전두엽(정확하게는 그중에서도 안와전두피질!)을 열심히 사용한다. 원숭이 같은 고등한 동물이 아니고는, 대개의 동물들에게는 거의 없다고 여겨지는 바로 그 영역을 십분 활용한다.

다니엘 핑크는 우리가 가지고 있던 후회에 대한 오해를 말끔히 해소하고, 후회의 역할을 명확하게 일러주며, '후회'라는 고등한 뇌 기능을 삶의 곳곳에서 어떻게 사용해야 할지 구체적인 예를 통해 알려준다. 이 책의 가장 큰 미덕은 대규모 사례 조사를 통해 얻은 수많은 데이터를 기반으로 후회의 구체적인 양상을 제시하고, 후회를 어떻게 사용해야 할지 현실적인 사용법을 제시하며, '후회 최적화 방법'을 제안하고 있다는 데 있다. 이를 통해 후회를, 삶의 의미를 강화하고 더 나은 삶을 실현하는 강력한 도구로 활용할 수 있게 해준다. 후회는 하지 말아야 행동이 아니라, 불쾌하고 고통스럽더라도 적극적으로 사용해 '더 나은 의사결정'에 이르는 통로로 활용해야 한다고 역설한다.

'현명한 후회'를 위한 통찰력을 품은 조언으로 가득찬 이 책을 강하게 권한다. 온통 실수투성이에, 앞으로도 수많은 시행착오를 할 수밖에 없는 젊은이들에게 애정을 담아 일독을 권한다. 아니, 그동안 어떻게 살아왔는지 돌아보고 앞으로 어떻게 살아가야 할지 고민하며 '인생의 새로운 막'을 준비하는 모든 이들에게 강하게 추천한다. 때론 실망하고 종종 후회하며 매 순간 살아온 우리 모두에게, 이 책은 더없이 현실적인 위로가 될 것이다.

정재승
《정재승의 과학콘서트》,《열두 발자국》저자, 뇌과학자

한국의 독자들에게

2019년 봄 어느 날 오후, 북부 캘리포니아의 어느 동굴 같은 농구장에서 나는 후회에 대해 생각하기 시작했다. 첫째 딸의 대학 졸업식이 너무 장황하게 진행되고 있었기에 나도 모르게 머릿속에 이런저런 생각들이 마구 피어올랐다. 우리 첫 아이가 어떻게 눈깜짝할 사이에 젖먹이 아기에서 원숙한 여자로 변했는지 신기해하면서, 30년 전 내가 대학을 졸업했던 때를 떠올렸다. 당시에 내가 '더 열심히만 일했더라면', '더 많은 위험을 감수하기만 했더라면', '좀 더 친절하기만 했더라면'이란 생각이 들었다.

그다음 주에 사무실로 돌아와서도 '~만 했더라면'이란 생각들이 여전히 내 머리를 스쳐 지나가고 있었다. 나는 그런 아쉬웠던 지난 일들에 관해 이야기하고 싶었지만 아무도 후회에 관해 이야기하고 싶어하진 않을 것이라 생각했다. 그래서 나는 두려움 속에서, 내게 계속 잔소리를 해대는 이 감정들 중 몇 가지를 몇몇 친구들에게 조심스레 꺼냈다. 그리고 놀라운 사실을 발견했다.

내 예상과는 달리, 모두가 후회에 관해 이야기하고 싶어 했던 것이다.

사람들은 의자에 앉은 채 몸을 앞으로 기울이더니, 자신들의 이야기를 떠올리며 본인의 가장 깊은 두려움과 큰 열망을 드러냈다. 후회에 대한 이러한 대화는 강렬하게 타오르며 봇물 터지듯 쏟아졌다. 그리고 그 반응은 후회에 관한 반세기 동안의 학술 연구 검토에서부터 시작하여 전 세계 수만 건의 후회를 수집하는 야심찬 프로젝트인 '세계 후회 설문조사World Regret Survey'에 이르기까지 2년간의 여정을 시작하는 출발점이 되었다.

후회는 내가 탐구할 것이라 예상했던 주제가 아니었다. 내가 이전에 썼던 책들은 동기부여, 설득, 그리고 타이밍과 같은 냉철한 주제들을 종종 비즈니스 관점에서 검토한 것들이었다. 후회는 나에게 생각보다는 느낌에 대해 더 많이, 생계보다는 삶에 대해 더 많이 생각하게 하는 시작이었다.

하지만 나는 곧 그러한 시작이 꼭 필요하다는 것을 깨달았다. 나는 이전 책들에서 감정을 크게 무시해왔는데, 그것이 동기, 영향력, 타이밍과 같은 주제들을 설명하는 내 능력을 저해했다는 사실을 깨달았다. 후회의 감정(가장 흔한 부정적 감정이자 가장 변혁적인 감정)에 전념함으로써 인간의 상태에 대해 더욱 입체적으로 이해할 수 있게 되었다. 예를 들어, 사람들이 가장 후회하는 것이 무엇인지 알게 되면서 사람들이 가장 소중하게 여기는 것이 무엇인지 알 수 있었다. 후회에 대한 적절한 대처는 직장, 학교 및 가정에서 진전을 이루는 데 필수적인 것으로 나타났다.

그럼에도 불구하고, 나는 많은 한국인이 '후회하지 않는다'는 모토를 깊이 믿고 있다는 것을 알고 있다. 즉, 항상 긍정적이어야 하며 결코 부정적으로 되어서는 안 되며, 끊임없이 미래를 응시하고 과거를 거의 보지 말아야 한다는 신념이다. 하지만 나는 한국인들이 열린 마음과 과학에 대한 존경심을 가지고 있으며, 이에 대한 자부심을 가지고 있다는 사실도 알고 있다. 증거들(신경과학 및 인지과학에 관한 최신 연구에서부터 저명한 심리학자 및 경제학자들의 실험에 이르기까지)에 귀를 기울이면 이 책을 통해 자신에 대한 새로운 시각과 더 똑똑하게 일하고 더 나은 삶을 사는 데 도움이 되는 일련의 행동규칙을 습득하게 될 것으로 생각한다.

물론 내 말만 듣지 말고, '세계 후회 설문조사'에 자신의 경험을 제공한 수천 명의 이야기에 귀 기울여보라. 예를 들어, 어느 51세 한국 남성은 '나는 돈의 힘과 돈을 더 잘 관리하는 방법에 대해 더 많이 배우지 못한 것을 심각하게 후회한다.'라고 썼다.

서울 근교에 사는 36세의 여성은 '할아버지가 돌아가시기 전에' 할아버지와 더 많은 시간을 보내지 못한 것을 후회했다.

어느 34세 한국 남성은 '동료에게 거짓말을 한 것을 후회한다' 며 '이는 직장 내 인간관계를 악화시켰다'고 썼다.

한국에서 온 후회는 캐나다나 나이지리아, 이탈리아에서 온 후회와 별반 다르지 않았다. 우리의 경험, 두려움, 희망은 우리의 생각보다 더 보편적이다. 그것은 현재로서는 매우 중요한 메시지다. 나는 이 책을 위한 조사작업을 코로나19가 발생하기 이전에 시작했다. 위기 속에서 작업을 진행했고, 코로나가 유행한 지 2년이 되던 시기에 미국에서 출간했다. 그리고 한국에서도 출간을 앞두고 있다.

후회를 나타내는 표지들은 반성의 시간을 제공한다. 그리고 과거를 성찰하면, 더 잘했더라면 좋았을 것이란 생각을 자연스레 하게 된다. 그것은 건강한 충동이며, 참으로 본질적인 충동이다. 우리가 후회를 (무시하거나 그 속에서 뒹굴지 않고) 적절히 대처한다면, 자신과 세계의 역사에 새롭고 더 밝은 장을 쓸 수 있는 기회를 스스로 제공하게 될 것이다.

2022년 8월
워싱턴 D.C.에서
다니엘 핑크

다니엘 핑크
후회의
재발견

우리는 후회 없이 살고 싶고,
때로는 후회하지 않는다고 자랑스럽게 주장하지만,
인간은 죽을 수밖에 없기에 이는 실제로 가능하지 않다.

제임스 볼드윈 James Baldwin, **1967**

DANIEL H. PINK

THE POWER OF REGRET

1부

후회 다시 보기

'후회하지 않는다'는 말은 인생을 망치는 허튼소리

1960년 10월 24일, 작곡가 샤를 뒤몽^{Charles Dumont}이 자신의 곡들을 서류가방에 담고 떨리는 마음으로 에디트 피아프^{Edith Piaf}의 호화로운 파리 아파트를 찾아갔다. 당시 피아프는 아마도 프랑스에서 가장 유명한 연예인이자 세계에서 가장 유명한 가수 중 한 명이었을 것이다. 그런데 그녀는 아주 허약했다. 겨우 44세였지만 약물중독, 사고, 고된 생활로 인해 몸이 피폐해졌고, 몸무게는 45킬로그램이 채 되지 않았다. 3개월 전 피아프는 간 손상으로 혼수상태에 빠지기도 했다.

하지만 허약한 몸 상태에도 불구하고 그녀는 변덕스럽고 성질이 급하기로 악명이 높았다. 그녀는 뒤몽과 그의 업무상 파트너로서 함께 방문한 작사가 미셸 보케르^{Michel Vaucaire}를 이류 음악가로 여겼다. 그날 아침 그녀의 비서는 회의를 취소하는 게 어떻겠냐는 메시지를 남겼다. 피아프도 처음에는 만나지 않으려 해서, 뒤몽과 미셸은 불안하게 거실에서 기다릴 수밖에 없었다. 하지만 잠자리에 들기 직전에 파란색 가운을 입고 그녀가 나타나더니 마침내 그들과 마주했다.

그녀는 딱 한 곡만 들어보겠다고 말했다. 그게 다였다.

뒤몽은 피아프의 피아노 앞에 앉았다. 긴장해서 땀에 흠뻑 젖은 그는 보케르가 쓴 가사를 부드럽게 읊조리며 자신의 음악을 연주하기 시작했다.[1]

> Non, rien de rien.
>
> Non, je ne regrette rien.
>
> 아니, 아무것도 아니에요.
>
> 아니, 난 아무것도 후회하지 않아요.

그녀는 뒤몽에게 그가 정말 이 곡을 썼는지 물어보면서 다시 연주해달라고 부탁했다. 그녀는 마침 방문 중이었던 친구들 몇 명까지 불러들여 함께 들어보았다. 그런 다음 집안 고용인들까지 불러 들어보게 했다.

몇 시간이 흘렀다. 한 기록에 따르면 뒤몽은 이 노래를 20번 이상 반복해서 불렀다고 한다. 피아프는 파리 최고의 극장 올랭피아

L'Olympia의 감독에게 전화를 걸었고, 그는 동이 트기도 전에 도착해 뒤몽의 곡을 들어보았다.

> Non, rien de rien.
>
> Non, je ne regrette rien.
>
> C'est payé, balayé, oublié.
>
> Je me fous du passé.
>
> 아니, 아무것도 아니에요.
>
> 아니, 난 아무것도 후회하지 않아요.
>
> 다 대가를 치렀고, 떠내려 보냈고, 잊어버렸어요.
>
> 과거는 신경 쓰지 않아요.

몇 주 후 피아프는 프랑스 TV 방송에서 이 2분 19초짜리 노래를 불렀다. 12월에는 공연 마지막 곡으로 이 노래를 불러 관객들의 열렬한 호응을 얻으며 스물두 번의 커튼콜을 받았다. 덕분에 올랭피아 극장이 재정적 위기를 극복하는 데 큰 보탬이 되었다. 이듬해 말까지 팬들은 〈아니, 난 아무것도 후회하지 않아요Non, Je ne regrette rien〉 앨범을 100만 장 이상 사들이며 여가수였던 그녀의 위상을 우상으로 끌어올렸다.

　3년 뒤, 피아프는 세상을 떠났다.

2016년 2월 어느 추운 일요일 아침, 앰버 체이스는 캐나다 서부 캘거리에 있는 자신의 아파트에서 잠을 깼다. 당시 그녀의 남자 친구(그리고 지금은 남편)는 다른 지역에 있었기 때문에 전날 저녁 부터 친구들과 함께 시간을 보냈고, 그중 몇 명은 그녀의 집에서 자고 가기로 했다. 친구들과 칵테일을 마시며 이야기를 나누던 체이스는 지루함을 느끼다가, 어떤 영감을 받아 "오늘 문신하러 가자!"고 말했다. 그녀는 친구들과 차를 타고 1번 고속도로에 있는 조커스 타투 앤드 바디 피어싱Jokers Tattoo & Body Piercing으로 가서 피부에 두 단어를 새겼다.

그날 체이스가 새긴 문신은 5년 전 미렐라 바티스타가 3,800킬로미터 떨어진 곳에서 했던 문신과 거의 같았다. 브라질에서 성장한 바티스타는 대학 진학을 위해 20대 초반에 필라델피아로 이주했다. 그녀는 자신이 선택한 도시를 즐겼다. 학교에 다니는 동안 지역 회계법인에 취직도 했고 많은 친구도 사귀었다. 심지어 필라델피아 출신의 남자와 오랫동안 연애도 했다. 두 사람은 결혼을 앞두고 있다가, 결국 5년 만에 헤어졌다. 그래서 미국에 도착한 지 9년 만에 그녀의 표현대로 '리셋 버튼'을 찾아 브라질로 되돌아왔다. 돌아오기 몇 주 전, 그녀는 오른쪽 귀 바로 뒤에 두 단어를 문신으로 새겼다.

바티스타는 몰랐지만, 그녀의 오빠 게르마노 텔레스도 전년도에 거의 똑같은 문신을 했다. 텔레스는 어린 시절 오토바이에 매료되었으나, 의사였던 부모는 안전이 걱정돼 오토바이에 대한 그의 애착을 공감하지도, 지지하지도 않았다. 하지만 그는 오토바이에 대해 가능한 한 모든 것을 배웠고 돈을 모아 결국 스즈키를 구입했다. 그는 오토바이를 사랑했다. 그러던 어느 날 오후, 브라질 고향 마을 포르탈레자 근처 고속도로를 달리던 그는 차에 치이는 사고를 당해 왼쪽 다리를 다쳐 또 언제 오토바이를 탈 수 있을지 기약할 수 없게 됐다. 얼마 후 그는 왼다리 무릎 바로 아래에 오토바이 문신을 새긴 뒤, 그 옆으로 흉터를 따라 아치형으로 두 단어를 새겨 넣었다.

그날 텔레스가 새긴 문신은 브루노 산토스가 2013년 포르투갈 리스본에서 새긴 문신과도 거의 같았다. 산토스는 체이스, 바티스타, 텔레스와는 모르는 사이로, 어느 기업의 인사 담당 임원이다. 어느 오후, 일 때문에 좌절감을 느낀 그는 사무실을 박차고 나와 바로 타투샵으로 향했다. 그도 역시 오른쪽 팔뚝에 3음절로 된 문구를 새겼다.

이처럼 세 대륙에 살고 있는 이 네 사람. 그들은 모두 다음과 같은 두 단어의 문신을 하고 있다.

'후회하지 않는다no regrets.'

달콤하지만 위험한 교리

어떤 믿음은 실존주의적 배경음악처럼 조용히 작동한다. 또 다른 어떤 것들은 삶의 방식에 대한 요란한 찬가가 된다. 그리고 후회는 어리석다는 교리, 즉 후회는 우리의 시간을 낭비하고 우리의 행복을 방해한다는 교리보다 더 요란하게 울려 퍼지는 신조는 거의 없다. 어떤 문화권에서든 구석구석에서 이 메시지가 쇄도한다. 과거는 잊고, 미래를 잡아라. 인생의 쓰라림은 피하고 쾌락은 만끽하라. 좋은 삶은 단 하나의 초점(앞을 바라보는 것)과 확고한 (긍정적) 가치를 지닌다. 후회는 이 두 가지를 모두 교란한다. 뒤를 보게 하고 불쾌한 감정을 만들어내는 것, 즉 행복이라는 혈류에 끼어 있는 독소다.

그러므로 피아프의 노래가 전 세계의 표준이자 다른 음악가들의 시금석으로 남아 있는 것도 놀랄 일이 아니다. '후회하지 않는다'는 제목의 노래를 부른 아티스트들로는 재즈계의 전설 엘라 피츠제럴드 Ella Fitzgerald 부터 영국의 팝스타 로비 윌리엄스 Robbie Williams, 케이준 Cajun 밴드 스티브 라일리 앤드 더 마무 플레이보이스 Steve Riley & the Mamou Playboys, 미국의 블루스 가수 톰 러시 Tom Rush, 컨트리 음악 명예의 전당 헌액자 에밀루 해리스 Emmylou Harris, 래퍼 에미넴 Eminem에 이르기까지 다양하다. 고급 자동차 브랜드, 초콜릿 바, 보험 회사들도 모두 텔레비전 광고에 피아프의 곡 〈아니, 난

아무것도 후회하지 않아요〉를 사용해 이 철학을 옹호했다.[2]

그리고 오른쪽 팔꿈치와 손목 사이에 검은색 소문자로 이 윤리를 새겨 넣은 브루노 산토스처럼 그야말로 늘 몸에 간직하는 것만큼 이 신념 체계에 대해 더 큰 헌신을 보여주는 것이 또 어디 있겠는가?

수천 개의 잉크 점으로 몸에 새긴 문신이 설득력이 없다면 성별, 종교, 정치 신념은 달라도 이 신조에 관해서만은 일치된 견해를 보이는 미국 문화의 두 거장의 말을 들어보라. 20세기 기독교의 모습을 형성하고 리처드 닉슨Richard Nixon과 도널드 트럼프Donald Trump를 멘토링한, 긍정적 사고방식의 선구자 노먼 빈센트 필Norman Vincent Peale 목사는 "후회할 여유는 없다."고 충고했다. 미국 역사상 두 번째 여성 대법관이자 유대교 신자로서 미국 자유주의자들 사이에서 만년에 여신 같은 존재였던 루스 베이더 긴즈버그Ruth Bader Ginsburg는 "후회로 시간을 낭비하지 말라."고 조언했다.[3]

아니면 유명인의 말을 들어도 좋다. "나는 후회를 믿지 않아요." 안젤리나 졸리가 이렇게 말한다. "나는 후회를 믿지 않아요." 밥 딜런이 말한다. "나는 후회를 믿지 않아요." 존 트라볼타도 말한다. 트랜스젠더 스타인 러번 콕스Laverne Cox도 마찬가지다. 그리고 숯불 위를 걷는 기이한 퍼포먼스로 유명한 동기부여의 대가 토니 로빈스Tony Robbins도 같은 말을 한다. 건즈 앤 로지스Guns N' Roses의 기타리스트 슬래시Slash도 그렇게 말한다.[4] 그리고 아마 동네

서점의 자기계발 코너에 있는 책의 절반 정도도 그렇게 얘기할 것이다. 미국 의회 도서관에는 '후회하지 않는다 No Regrets'라는 제목의 책이 50권 이상 소장되어 있다.[5]

노래에 깃들고 피부에 새겨지고 현자들이 적극 수용한 이 반反 후회 철학은 너무도 자명해 입증할 필요도 없는 사실로 비춰질 때가 많다. 고통을 피할 수 있는데 왜 군이 고통을 초래하는 걸까? 긍정적인 햇살을 만끽할 수 있는데 왜 비구름을 불러들이는가? 내일의 무한한 가능성을 꿈꿀 수 있는데 뭣 하러 어제 한 일을 후회할까?

이런 세계관은 직관적으로 타당하다. 맞는 말 같다. 설득력이 있다. 하지만 여기에는 작지 않은 결함이 하나 있다.

그것은 완전히 틀렸다.

후회 방지 단체가 제안하는 것은 잘 사는 삶을 위한 청사진이 아니다. 그들의 제안은 그야말로 헛소리다(이런 표현을 써서 미안하지만 고심해서 선택한 단어다).

후회는 위험하거나 비정상적이지 않으며, 행복에 이르는 안정된 경로에서 벗어나는 것도 아니다. 후회는 건강하고 보편적이며 인간의 필수적인 부분이다. 게다가 후회는 값지다. 후회는 명료하게 해준다. 후회는 가르침을 준다. 제대로만 하면 곤경에 빠질 이유가 없다. 후회는 우리를 고양시킬 수 있다.

춥고 냉담한 세상에서 따뜻한 보살핌을 준다는 느낌을 주기 위해 사탕발림한 얄팍한 백일몽이나 감상적인 열망이 아니다. 이것은 과학자들이 50여 년 전에 시작한 연구에서 내린 결론이다.

이 책은 후회(과거에 잘못된 선택을 했거나 잘못된 결정을 내렸거나 그토록 어리석은 행동을 하지 않았더라면 현재가 더 나을 것이고 미래도 더 밝을 거라고 생각하는, 구역감을 느끼게 하는 감정)에 관한 책이다. 이어지는 열세 개의 장에서 후회를 더 정확하고 신선한 시각으로 바라보고, 삶을 바꿀 수 있는 그 힘을 선한 방향으로 활용하는 법을 배우기 바란다.

우리는 후회하지 않는다고 말하는 사람들의 진정성을 의심해서는 안 된다. 그 대신 그들을 연기자, 즉 너무 자주, 너무 몰입해서 연기한 나머지 그 역할이 진짜라고 믿기 시작한 배우라고 생각해야 한다. 이런 심리적 자기 속임수는 흔하다. 때로는 건강에 좋을 수도 있다. 하지만 도리어 그 연기 탓에, 어려운 일을 해내어 진정한 만족을 느낄 수 있는 기회를 얻지 못할 때가 더 많다.

완벽한 연기자였던 피아프를 봐도 그렇다. 그녀는 후회하지 않는다고 주장했다(그야말로 선언했다). 하지만 그녀가 이 세상에서 보낸 47년을 돌아보면 비극과 고난이 만연했던 삶이 드러난다. 그녀는 17세에 아이를 낳았지만 다른 사람들에게 맡겼고, 아이는 세 살이 되기도 전에 세상을 떠났다. 그녀는 자기 아이의 죽음에 대해 가슴 아린 후회를 느끼지 않았을까? 그녀는 성인이 된 후

한동안은 알코올 중독자로, 또 한동안은 모르핀 중독자로 살았다. 그녀는 자신의 재능을 억누른 약물과 술에 대한 의존성을 후회하지 않았을까? 그녀는 불행한 결혼 생활, 연인의 죽음, 부채에 시달린 두 번째 남편 등, 부드럽게 표현해서 파란만장한 사생활을 영위했다. 그녀는 적어도 몇 번은 자신이 선택한 연애를 후회하지 않았을까? 임종의 순간에 피아프가 자신의 결정들, 특히 자신의 죽음을 수십 년 앞당긴 여러 결정을 축하하는 모습을 상상하기란 쉽지 않다.

또는 멀리 퍼져 있는 우리 문신 애호가들을 예로 들어보자. 그들과 조금 대화를 나누다 보면 '후회하지 않는다'라는 외적 표현(연기)과 내적 경험이 다르다는 사실을 알 수 있다. 예를 들어, 미렐라 바티스타는 진지한 연애에 수년을 바쳤다. 그것이 무너졌을 때, 그녀는 끔찍한 기분을 느꼈다. 만약 그녀에게 다시 선택할 기회가 주어졌다면 아마 다른 선택을 했을 것이다. 그것이 바로 후회다. 하지만 그녀는 동시에 자신에게 차선책이 있음을 알아차렸고 그로부터 배웠다. "모든 결정이 지금의 나를 있게 했고 지금의 나를 만들었다."라고 그녀는 내게 말했다. 이것이 후회의 장점이다. 바티스타가 삶에서 후회를 지워버린 것은 아니다(어쨌든 그 단어는 그녀의 몸에 영구적으로 새겨져 있지 않은가). 그렇다고 그녀가 후회를 최소화한 것도 아니다. 대신 그녀는 후회를 '최적화'했다.

35세의 앰버 체이스는 어느 날 저녁 줌^{Zoom}으로 화상대화를 나누며 내게 이렇게 말했다. "살면서 순간의 실수로 잘못된 방향을 선택하는 경우가 너무도 많아요." 그중 하나가 첫 번째 결혼이었다. 그녀는 스물다섯 살에 '문제가 많은' 남자와 결혼했다. 결혼 생활은 자주 불행했고 때로는 소란스러웠다. 어느 날 그녀의 남편이 예고 없이 사라졌다. "그는 비행기를 타고 떠났어요…. 2주 동안 나는 그가 어디에 있는지 알지 못했습니다." 마침내 남편이 전화를 걸어 그녀에게 이렇게 말했다. "나 안 돌아갈 거야." 눈 깜짝할 사이에 결혼 생활이 끝났다. 만약 다시 돌아갈 수 있다면, 체이스는 그 남자와 결혼했을까? 아닐 것이다. 하지만 그 실패한 행동은 그녀가 지금 행복한 결혼 생활을 하는 데 도움을 주었다.

체이스의 문신은 심지어 그 내용이 지지하는 철학의 빈약함도 슬쩍 못 본 척한다. 그녀의 문신은 '후회하지 않는다'가 아니다. 두 번째 단어의 철자를 의도적으로 틀리게 써 '후해하지 않는다No Ragrets'라고 새긴 것이다. 이는 2013년 코미디 영화 〈위 아 더 밀러스We're the Millers〉에 대한 오마주였다. 문신으로라도 새겨 넣지 않았다면 잊히고 말았을 이 영화에서 제이슨 서데이키스는 거물 마약상에게 진 빚을 갚기 위해 가짜 가족(부인과 두 명의 10대 자녀)을 모아야 하는 삼류 마리화나 딜러 데이비드 클라크 역을 맡았다. 그는 한 장면에서 자신의 (가짜) 딸을 데이트에 데려가기 위해 오토바이를 타고 온 불량스러운 청년 스코티 P.를 만난다.

너절한 흰색 탱크톱을 입고 온 스코티 P.의 옷 밖으로 드러난

살갗에 여러 개의 문신이 보인다. 그중에 쇄골을 따라 얼룩덜룩한 글씨로 이런 문신이 새겨져 있다. '후해하지 않는다^{NO RAGRETS}.' 데이비드는 몇 마디 나누려 그를 잠시 앉혀 놓고 문신을 훑은 뒤 다음과 같은 대화를 나눈다.

데이비드

('후해하지 않는다' 문신을 가리키며)

거기에 있는 건 뭐지?

스코티 P.

아, 이거요? 내 신조예요. 후회하지 않는다.

데이비드

(의심스러운 표정)

멋지군, 정말 후회하지 않는가?

스코티 P.

네….

데이비드

그러니까… 단 한 글자도?

> **스코티 P.**
>
> 안 해요. 조금도 안 해요.

스코티 P.도 목둘레에 새겨진 단어들을 다시 생각해볼지 모를 일이다. 하지만 그만 그런 건 아닐 것이다. 문신을 한 사람 다섯 명 중 한 명(아마도 '후회하지 않는다'라고 새긴 사람을 포함해서)은 결국 자신의 결정을 후회한다. 그러기에 문신 제거 사업은 미국에서만 연간 1억 달러 규모의 산업이 되었다.[6] 하지만 체이스는 자신의 문신을 후회하지 않는다. 어쩌면 사람들 대부분이 이를 볼 일이 없어서일지도 모른다. 2016년 쌀쌀했던 캘거리의 어느 일요일, 그녀는 문신을 자신의 엉덩이에 새기기로 결정했기 때문이다.

부정적인 감정의 긍정적인 힘

1950년대 초, 시카고대학교 경제학과 대학원생 해리 마코위츠 Harry Markowitz는 지금 생각하면 너무나 기초적인 것으로 보이는 (하지만 당시에는 너무 혁명적이어서 그에게 노벨상을 안겨준) 아이디어를 생각해냈다.[7] 마코위츠의 대단한 아이디어는 '현대 포트폴리오 이론'으로 알려지게 되었다. 그가 생각해낸 것은 (이야기의 전개를 위해 크게 단순화하자면) '모든 달걀을 한 바구니에 담지 말라'는 격언의 밑바탕에 깔린 수학이었다.

마코위츠가 등장하기 전에는 많은 투자자가 잠재력이 큰 주식 한두 개에 투자하는 것이 부자가 되는 길이라고 믿었다. 몇몇 주식이 엄청난 수익을 낼 때가 많아서였다. 그런 주식을 골라야 큰 돈을 벌 수 있다. 이 전략을 쓰면 결국 적잖은 실패를 맛보게 되겠지만 투자는 원래 그런 식이었다. 위험하기 마련이다. 그런데 마코위츠는 투자자들이 이 방법을 따르는 대신 분산 투자를 하면 위험을 줄이면서도 건전한 수익을 창출할 수 있음을 보여주었다. 한 종목이 아니라 여러 종목에 투자하라. 다양한 산업에 걸쳐 배팅의 범위를 넓혀라. 투자자들이 모든 선택에서 큰 성공을 거두지는 못하겠지만, 시간이 지날수록 훨씬 적은 위험으로 훨씬 많은 돈을 벌 것이다. 인덱스펀드 index fund 나 상장지수펀드 exchange-traded fund 가 바로 이 현대 포트폴리오 이론을 기반으로 한다.

우리는 마코위츠의 이 강력한 통찰에 깔린 논리를 삶의 다른 영역에 적용할 생각을 미처 하지 못한다. 이를테면 인간에게도 감정의 포트폴리오가 있다. 사랑, 자부심, 경외감 같은 감정들은 긍정적이다. 반면 슬픔, 좌절, 수치심 같은 부정적인 감정도 있다. 일반적으로 우리는 한 범주는 과대평가하고 다른 범주는 과소평가하는 경향이 있다. 우리는 다른 사람의 충고와 자신의 직관에 귀를 기울이면서, 포트폴리오를 긍정적인 감정으로 채우고 부정적인 감정을 치워버린다. 하지만 부정적인 감정을 버리고 긍정적인 감정을 필요 이상 과장하는 접근 방식은 현대 포트폴리오 이론 이전에 유행했던 투자 접근 방식만큼이나 잘못된 것이다.

물론 긍정적인 감정은 필수다. 그게 없으면 우리는 길을 잃을 것이다. 밝은 면을 바라보고, 밝은 생각을 하고, 어둠 속에서 빛을 감지하는 것이 중요하다. 낙관주의는 신체 건강을 유지하는 데 도움이 된다. 기쁨, 감사, 희망 같은 감정은 우리의 행복을 크게 증진시킨다.[8] 우리의 포트폴리오에는 긍정적인 감정이 많이 필요하다. 부정적인 생각보다 많아야 한다.[9] 하지만 감정에 투자할 때 긍정적인 감정에 지나치게 비중을 두는 것은 위험을 초래한다. 감정의 불균형은 학습을 방해하고 성장을 방해하며 잠재력을 제한할 수 있다.

부정적인 감정도 필수적이기 때문이다. 그것은 우리가 생존할 수 있도록 돕는다. 두려움은 우리를 불타는 건물 밖으로 밀어내며, 뱀을 피해 조심조심 걷게 해준다. 구역질은 독을 뱉어내게 해주고 나쁜 행동을 피하게 한다. 분노는 다른 사람의 위협과 도발을 경고해주고, 옳고 그름에 대한 우리의 감각을 날카롭게 한다. 물론 부정적인 감정이 너무 많으면 몸이 쇠약해진다. 하지만 너무 적은 것도 해롭다.[10] 이를 적절히 활용할 줄 모른다면 뱀이 우리 다리에 이빨을 쑤셔 넣고 말 것이다. 때때로 기분을 안 좋게 만드는 이 능력을 갖추지 못했다면 당신과 나, 그리고 두 발로 걸을 수 있고 뇌가 큰 우리의 형제자매들은 오늘날 이 자리에 있지 못했을 것이다. 부정적인 감정들을 전부 모아 늘어놓으면(죄책감 옆에 경멸을, 경멸 옆에 슬픔을) 가장 강력하고 가장 만연한 감정이 그 모습을 드러낸다.

바로 '후회'다.

이 책의 목적은 후회를 필수불가결한 감정으로 정의하고, 후회의 많은 장점을 활용하여 더 나은 결정을 내리고, 직장과 학교에서 더 나은 성과를 내며, 삶에 더 큰 의미를 부여하는 방법을 보여주는 데 있다.

우선 후회를 재조명하는 작업부터 시작한다. 이 장과 이어지는 세 장으로 구성되는 1부에서는 후회가 왜 중요한지 보여준다. 이 분석의 상당 부분은 지난 수십 년 동안 축적된 광범위한 연구를 활용한다. 냉전의 그늘(지구를 말살할 수 있는 핵폭탄 제조에 몰두하는 것은 궁극적으로 후회스러운 행위였다) 아래에서 일하던 경제학자들과 게임 이론가들은 1950년대에 이 주제를 연구하기 시작했다. 오래 지나지 않아 전설적인 대니얼 카너먼Daniel Kahneman과 아모스 트버스키Amos Tversky 등 주류에서 이탈한 몇몇 심리학자들은 후회란 감정이 중대한 협상을 준비하는 데 도움이 될 뿐만 아니라 인간의 마음 자체를 들여다볼 수 있는 창을 제공한다는 사실을 깨달았다. 1990년대에 이르자 이 연구 분야는 더욱 넓어져서, 사회·발달·인지심리학자들까지 후회의 내적 작용을 연구하기 시작했다.

70년에 걸친 연구 결과는 간단하면서도 중요한 두 가지 결론

　1장 '후회하지 않는다'는 말은 인생을 망치는 허튼소리

을 도출한다.

후회는 우리를 인간으로 만든다.

후회는 우리를 더 나은 사람으로 만든다.

후회를 재조명한 후에는 후회의 본질을 뜯어볼 것이다. 2부 '후회 파헤치기'는 내가 진행한 두 가지 광범위한 연구 과제를 주로 다룬다. 2020년, 우리는 조사 연구 전문가들로 구성된 소규모 팀과 함께 후회에 대한 미국인의 태도에 관한 역대 가장 큰 규모의 정량적 분석을 설계하고 수행했다. 이른바 '미국 후회 프로젝트 American Regret Project'다. 우리는 미국 인구를 대표하는 4,824명의 표본으로부터 후회에 대한 의견을 조사하고 이를 분류했다.● 이와 동시에 우리는 '세계 후회 설문조사www.worldregretsurvey.com'라는 웹사이트를 개설하고 105개국 1만 6,000명의 의견을 모았다. 또한, 그 답변의 내용을 분석하고 100명이 넘는 사람들과 후속 인터뷰를 진행했다(각 장 사이의 페이지와 본문에서 '세계 후회 설문조사'에 참여한 여러 사람의 목소리를 들을 수 있고, 그들의 경험을 구석구석 엿볼 수 있다).

이 두 가지 대규모 설문조사를 바탕으로 2부의 여섯 장에서는 사람들이 진정으로 후회하는 것이 무엇인지 살펴본다. 이 주제에 관한 대부분의 학술 연구는 사람들의 삶의 영역(일, 가족, 건강, 인간관계, 재정 등)에 따라 후회를 분류했다. 하지만 그 표면 아래에는

● 전체 설문조사와 결과는 www.danpink.com/surveyresults에서 확인할 수 있다.

이러한 영역들을 초월하는 후회의 심층 구조가 있었다. 거의 모든 후회는 네 가지 핵심 범주로 나뉜다. 기반성 후회, 대담성 후회, 도덕성 후회, 관계성 후회가 그것이다. 이전에는 눈에 띄지 않았던 이 심층 구조는 인간이 처한 환경에 대한 새로운 통찰과 더불어 좋은 삶을 영위하기 위한 일련의 원칙을 제공한다.

3부 '후회 활용하기'에서는 후회라는 부정적인 감정을 삶을 개선하는 긍정적인 도구로 바꾸는 방법을 설명한다. 현재를 조정하기 위해 몇 가지 종류의 후회를 되돌리고 재구성하는 방법을 배우게 될 것이다. 아울러 그 밖의 다른 후회들을 재구성하여 미래를 준비하는 방향으로 바꾸는 간단한 3단계 과정도 배우게 될 것이다. 그리고 후회를 예측하는 방법, 즉 우리가 더 현명한 결정을 내리는 데 도움이 되지만 경고 딱지가 붙게 되는 행동치료법도 살펴볼 것이다.

이 책의 마지막 부분에 이르면 우리가 가장 잘못 이해하고 있는 감정인 후회와 복잡한 세상에서 성공하기 위한 일련의 기법들, 그리고 당신을 움직이게 하고 삶을 가치 있게 만드는 게 무엇인지 더 깊이 이해하게 될 것이다.

●

나는 플루트를 저당잡힌 게 후회돼요. 고등학교 때는 플루트 연주를 좋아했지만 대학에 진학했을 때 돈이 없어서 30달러를 받고 전당포에 플루트를 맡긴 후로 되찾지 못했어요. 내가 초급 밴드에 들어갈 때 어머니께서 플루트를 사주시려고 고되게 일하셨고 저도 그 악기를 무척 사랑했어요. 저의 소중한 재산이었습니다. 사람도 아닌 '물건'을 이런 식으로 표현하는 게 우습게 들리겠지만 그 플루트는 내겐 훨씬 더 큰 의미가 있었어요. 가정 형편상 갖기 힘든 악기를 마련해주신 엄마의 지지, 연주하는 법을 배우려고 연습한 시간들, 마칭 밴드에서 가장 친한 친구들과 함께한 행복한 추억들. 그 플루트를 잃은 건 이제 바뀔 수 없는 현실이고 나는 그 플루트에 관한 꿈을 되풀이해서 꾸고 있어요.

41세 여성, 앨라배마

●

나는 내 아내와 결혼을 서둘렀던 걸 후회해요. 이제 아이도 세 명이라 예전으로 돌아가기도 어렵고 이혼은 우리 아이들에게 너무 큰 상처가 될 겁니다.

32세 남성, 이스라엘

●

어렸을 때 엄마는 저더러 동네 작은 가게에 가서 몇 가지 식료품을 사 오라고 심부름을 시키시곤 하셨죠. 나는 주인이 안 볼 때 막대사탕을 자주 훔쳤어요. 그 사실이 60년 넘게 저를 괴롭힙니다.

71세 여성, 뉴저지

2장

후회가 우리를 인간답게 만드는 이유

우리가 후회라고 부르는 것은 과연 무엇일까?

후회는 매우 쉽게 인식할 수 있는 감정이면서도 놀라울 정도로 정의하기 어렵다. 과학자, 신학자, 시인, 의사들이 모두 후회를 정의하려고 시도한 바 있다. 심리치료사들은 '바라던 바와 다른 상황으로 귀결된 어떤 행동이나 행위와 관련된 불쾌한 감정'이라고 말한다.[1] 경영이론가들은 '후회는 실제 결과와 의사결정자가 다른 선택을 했다면 일어났을 결과를 비교함으로써 생겨난다'라고 말한다.[2] 철학자들은 '미래에 특정 방식으로 행동하기 위한 대상의 인지 및 의향의 선언에 동반하는, 과거의 생각과 관련된 불쾌한 감정'이라 말한다.[3]

후회에 대한 정확한 정의가 어렵게 느껴지는 것은 다음과 같은 이유 때문이다. 후회는 하나의 사건이라기보다는 일련의 과정으로 이해하는 편이 낫다.

시간여행과 스토리텔링

이 과정은 두 가지 능력, 즉 우리 마음의 두 가지 독특한 능력에서 시작된다. 인간은 머릿속으로 과거와 미래를 방문할 수 있다. 그리고 우리는 실제로 일어나지 않은 일에 관해 이야기할 수 있다. 우리는 노련한 시간 여행자이자 숙련된 이야기꾼이다. 이 두 가지 능력은 삶에 후회를 일으키는 인지적 이중 나선을 형성한다.

'세계 후회 설문조사'에 제출된 수많은 후회 중 하나를 살펴보자.

> 아버지의 뜻에 굴복해 대학원 진학을 포기하지 않고, 내가 선택한 분야의 학위를 취득하겠다는 내 소망을 따랐더라면 좋았을 거라 생각해요. 그랬다면 내 인생은 지금과는 다른 궤도에 올랐을 겁니다. 더 큰 만족감과 성취감을 느꼈겠죠.

이 몇 마디 말속에서, 버지니아에 사는 이 52세 여성은 두뇌의 놀라운 민첩성을 발휘한다. 현재에 만족하지 못한 그녀는 머릿속에서 과거(자신이 교육과 직업 사이에서 고민하던 수십 년 전 젊은 시절)로 돌아간다. 일단 그곳에 도착하면, 그녀는 실제로 일어난 일(아버지의 바람에 굴복한 사실)을 '부인'한다. 그리고는 '자신'이 원했던 대로 대학원 과정에 등록하는 대안으로 대체한다. 그러고는 타임머신을 타고 다시 앞으로 달려간다. 하지만 그녀가 과거를 재구성했기 때문에 도착했을 때 마주하는 현재는 조금 전 떠나온 현재와는 크게 다르다. 새로 단장된 그 세상에서 그녀는 만족감과 성취감을 느낀다.

시간여행과 허구의 조합은 인간의 초능력이다. 해파리가 소네트를 작곡하거나 너구리가 플로어 램프의 배선을 바꾸는 것을 상상하기 어려운 것처럼, 인간 외의 다른 어떤 종이 그렇게 복잡한 일을 할 수 있다고 생각하긴 어렵다.

반면 우리는 이 초능력을 쉽게 발휘한다. 실제로 이 능력은 인간의 뇌에 매우 깊이 뿌리박혀 있는 것으로, 이러한 능력이 떨어지는 사람은 뇌가 완전히 발달하지 않은 아이들과 질병이나 부상으로 뇌가 마비된 성인들뿐이다.

예를 들어 발달심리학자 로버트 거튼태그Robert Guttentag와 제니퍼 페럴Jennifer Ferrell은 아이들에게 다음과 같은 이야기를 들려주었다.

밥과 데이비드는 서로 가까이 살며 매일 아침 자전거를 타고 학교에 간다. 아이들은 학교에 가기 위해 연못 둘레로 나 있는 자전거도로를 이용한다. 자전거를 타는 사람은 연못의 오른쪽 혹은 왼쪽으로 돌 수 있다. 두 길은 같은 거리에 있고 똑같이 평탄하다. 밥은 매일 연못을 오른쪽으로 도는 길로 갔고, 데이비드는 매일 연못의 왼쪽 길을 따라갔다.

어느 날 아침, 밥은 평소처럼 연못의 오른쪽을 따라 자전거를 탔다. 하지만 밤사이 나뭇가지가 길에 떨어져 있었다. 밥은 그 나뭇가지에 부딪혀 자전거에서 떨어져 다쳤고 학교에 지각했다. 왼쪽 길은 괜찮았다.

같은 날 아침, 평소에는 항상 왼쪽 길로 가던 데이비드는 연못의 오른쪽 길로 가기로 결정했다. 데이비드도 나뭇가지에 부딪혀 자전거에서 떨어져 다쳤고 학교에 늦게 도착했다.

연구자들은 아이들에게 이렇게 물었다. "그날 연못의 오른쪽 길로 자전거를 타고 가기로 한 사람 중 누가 더 속상해할까?" 매일 그 길로 가던 밥일까, 아니면 평소에는 왼쪽 길로 가다가 그날따라 오른쪽 길로 가기로 결정한 데이비드일까? 아니면 둘 다 똑같이 느낄까?

거튼태그와 페럴은 7세 아동이 "후회를 이해하는 정도에서 성인과 매우 비슷한 결과를 보였다."라고 썼다. 응답자의 76퍼센트는 데이비드가 기분이 더 나쁠 것이라고 생각했다. 하지만 다섯 살짜리 아이들은 이 개념을 거의 이해하지 못했다. 응답자의 약 4

분의 3은 두 소년이 똑같이 느낄 것이라고 답했다.[4] 어린 뇌는 후회가 요구하는 정신적 공중그네 타기(과거와 현재, 현실과 상상을 오가는 작용)를 할 수 있는 힘과 근육을 갖추는 데 몇 년이 걸린다.[5] 그래서 대부분의 아이들은 6살이 될 때까지 후회를 이해하지 못한다.[6] 하지만 8살이 되면 후회를 예측하는 능력도 발달한다.[7] 그리고 청소년기에는 후회를 경험하는 데 필요한 사고력이 완전히 발달한다.[8] 후회는 건강하고 성숙한 마음의 표지다.

후회는 인간의 발달에 매우 기본이 될 뿐 아니라 적절한 기능을 하는 데 매우 중요하기 때문에, 성인이 후회를 느끼지 못한다면 심각한 문제가 있다는 신호일 수 있다. 2004년에 발표된 중요한 연구는 이 사실을 분명하게 보여준다. 이 연구에서 인지과학자 팀은 참가자들이 컴퓨터 룰렛 모양의 바퀴 두 개 중 하나를 선택해서 돌리는 간단한 도박 게임을 만들었다. 그들은 자신이 선택한 바퀴의 어느 지점에 화살이 떨어지느냐에 따라 돈을 따거나 잃을 수 있었다. 참가자들은 바퀴를 돌리고 나서 돈을 잃자 기분이 상했다. 놀랄 일도 아니다. 하지만 룰렛 바퀴를 돌리고 돈을 잃었을 때, 다른 쪽 바퀴를 선택했다면 돈을 '땄을' 거라는 사실을 알게 되자 기분이 '정말' 나빴다. 그들은 후회를 경험한 것이다.

하지만 다른 선택이 더 나은 결과를 낳을 수 있었다는 사실을 알고도 기분이 더 나빠지지 않은 집단이 있었다. 안와전두피질 orbitofrontal cortex이라고 불리는 뇌 부위에 병변이 있는 사람들이었다. 신경과학자 나탈리 카미유Nathalie Camille와 동료들은 〈사이언스 Science〉에 이렇게 썼다. "이 환자들은 어떠한 후회도 느끼지 않는 것 같다. 그들은 이 개념을 이해하지 못한다."[9] 다시 말해, 후회를 느끼는 능력의 결여(어떤 의미에서 '후회하지 않기' 철학이 권장하는 신조)는 장점이 아니었다. 뇌 손상의 징후였다.

신경과학자들은 이 패턴이 다른 뇌 질환에서도 유사하게 나타난다는 사실을 발견했다. 몇몇 연구는 참가자들에게 다음과 같은 간단한 테스트를 제시했다.

> 마리아는 자주 방문하는 식당에 갔다 온 후 탈이 났다. 애나는 이전에 한 번도 가본 적 없는 식당에서 식사하고 탈이 났다. 누가 자신의 식당 선택에 더 많이 후회할까?

대다수의 건강한 사람들은 그 답이 애나라는 것을 바로 안다. 하지만 선천성 신경퇴행성 질환인 헌팅턴병을 앓는 사람들은 이 자명한 사실을 인식하지 못한다. 그들은 그저 추측만 한다. 정답에 도달하는 경우는 우연에 가깝다.[10] 파킨슨병을 앓는 사람들도 마찬가지다. 그들 역시 여러분이라면 직감적으로 보였을 반응을 추론하는 데 실패한다.[11] 그 효과는 특히 조현병 환자들에게 치명적이다. 이들의 병은 내가 지금까지 설명한 복잡한 사고과정을 뒤흔들어 놓아서, 후회를 이해하거나 경험하는 능력을 손상시키는 추론 결함을 일으킨다.[12] 이런 결함이 수많은 정신과 질환과 신경 질환에서 매우 뚜렷하게 나타나다 보니, 의사들도 이제 더 심각한 문제를 찾아내는 데 이 장애를 이용한다.[13] 간단히 말해, 후회가 없는 사람들은 심리적 건강의 본보기가 아니다. 그들은 보통 심각한 병에 걸린 사람들이다.

시간여행을 하고 사건을 다시 쓰는 한 쌍의 능력은 후회 과정의 동력이다. 하지만 후회와 다른 부정적인 감정을 구별하는 두 가지 추가 단계를 더 거치지 않으면 이 과정은 완성되지 않는다.

첫째, 비교한다. 설문조사에 참여한 52세 여성으로 돌아가 보자. 아버지의 뜻을 따르지 않고 자신이 바라던 대로 대학원에 진학했더라면 좋았을 거라 생각한 사람이다. 그녀가 단지 현재 처한 상황이 비참하기 때문에 고통스러워하는 거라면 어떨까. 그것만으로는 후회가 발생하지 않는다. 그 감정은 슬픔, 우울, 혹은 절망이다. 타임머신에 탑승해, 과거를 부정하고, 암울한 실제 현재와 어쩌면 있었을지 모를 현재를 '비교'하는 일을 해야만 그 감정은 '후회가 된다'. 비교는 후회의 핵심에 있다.

둘째, 비난을 평가한다. 후회는 다른 사람의 잘못이 아니라 자기 자신의 잘못이다. 영향력 있는 한 연구에 따르면 사람들이 표현하는 후회의 약 95퍼센트는 외부 환경이 아니라 자신이 통제했던 그 상황과 관련이 있다.[14]

후회에 사로잡힌 버지니아를 다시 생각해보자. 그녀는 자신의 불만족스러운 상황을 상상의 대안과 비교하고 부족한 점이 있다는 생각에 빠진다. 이 단계가 필수이긴 하지만 부족함을 느끼는 것 자체만으로는 부족하다. 그녀를 후회의 영역으로 완전히 밀어넣는 것은 그 결정과 행동을 한 것이 그녀 자신이라는, 대체 불가능성이다. 그녀 자신이 고통의 원인이다. 그래서 후회는 실망 같은 부정적인 감정과 다르고 훨씬 더 고통스럽다.

예를 들어, 나는 내 고향 농구팀인 워싱턴 위저즈가 NBA 챔피언십에서 우승하지 못했다는 사실에 실망할 수는 있다. 하지만 나는 팀을 지도한 코치도 아니고 경기에 출전한 선수도 아니기 때문에 그에 대한 책임이 없고 후회할 것도 없다. 나는 그저 뿌루퉁하게 다음 시즌까지 기다릴 뿐이다. 아니면 후회에 대해 폭넓은 글을 쓴 전직 미시간대학교 교수 재닛 랜드먼 Janet Landman의 사례를 살펴보자. 어느 날, 어떤 아이의 치아가 세 번째로 빠졌다. 아이는 잠자리에 들기 전에 베개 밑에 빠진 이를 넣었다. 다음 날 아침 눈을 뜬 아이는, 이빨 요정이 이를 가져가면서 그 자리에 선물을 넣어주는 것을 잊었다는 사실을 알게 된다. 아이는 '실망'했다. 하지만 "실수를 '후회'하는 사람은 아이의 '부모'"다.[15]

따라서 우리는 인간을 다른 동물과 구분하는 두 가지 능력을 가지고 있고, 다음으로는 후회와 다른 부정적인 감정을 구분하는 두 단계를 거친다. 그것이 바로 인간만의, 이 고통스럽고 독특한 감정을 만들어내는 과정이다. 복잡하게 들릴지 몰라도 그 과정은 거의 무의식적으로, 심지어 그리 대단한 노력을 들이지 않고도 일어난다. 그것은 우리의 일부다. 네덜란드의 두 학자 마르셀 질렌버그Marcel Zeelenberg와 릭 피터르스Rik Pieters는 "인간의 인지 기구cognitive machinery는 후회하도록 미리 프로그램되어 있다."라고 말했다.[16]

인간 경험의 필수 요소

후회를 없애라는 온갖 권고에도 불구하고 이런 인지적 사전 프로그래밍의 결과, 후회는 놀라울 정도로 흔하다. '미국 후회 프로젝트'에서 우리는 4,824명의 표본을 대상으로 의도적으로 후회라는 단어를 사용하지 않고 그들의 행동에 대해 다음과 같이 질문했다. "자신의 삶을 돌아보며 '달리 행동했더라면 좋았을 텐데'라고 생각하는 때가 얼마나 자주 있습니까?" 다음 표에 나타난 반응은 시사하는 바가 크다.

응답자의 1퍼센트만이 그런 일은 전혀 없다고 답했고, 거의 없다고 답한 사람은 17퍼센트 미만이었다. 반면에 약 43퍼센트는 자주 혹은 늘 그렇다고 답했다. 전체적으로 보면, 무려 82퍼센트의 응답자가 적어도 이따금씩 이런 활동을 생활의 일부로 여긴다고 답했는데 이는 미국인들이 치실질하는 것보다 훨씬 자주 후회한다는 것을 보여준다.[17]

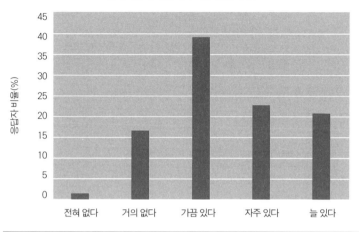

자신의 삶을 돌아보며 '달리 행동했더라면 좋았을 텐데'라고
생각하는 때가 얼마나 자주 있습니까?

출처: 다니엘 핑크 외, '미국 후회 프로젝트'(2021)

이 발견은 40년 동안 연구자들이 발견한 사실과 일맥상통한다. 1984년에 사회과학자 수전 시마노프Susan Shimanoff는 대학생들과 결혼한 부부들의 일상적인 대화를 녹음했다. 그녀는 녹음과 녹취록을 분석하고 감정을 표현하거나 묘사하는 단어를 찾아냈다. 그런 다음 사람들이 가장 자주 언급하는 긍정적인 감정과 부정적인 감정의 목록을 작성했다. 행복, 흥분, 분노, 놀라움, 질투 같은 감정이 모두 상위 20위 안에 들었다. 하지만 가장 흔한 부정적인 감정(그리고 두 번째로 흔한 감정)은 후회였다. 후회보다 더 자주 언급되는 감정은 사랑뿐이었다.[18]

2008년에 사회심리학자 콜린 새퍼리Colleen Saffrey, 에이미 서머빌

^{Amy Summerville}, 닐 로즈^{Neal Roese}는 삶에서 널리 퍼져 있는 부정적인 감정을 조사했다. 그들은 참가자들에게 9가지 감정, 즉 분노, 불안, 지루함, 실망, 두려움, 죄책감, 질투, 후회, 슬픔을 목록으로 제시했다. 그런 다음 이런 감정이 삶에서 어떤 역할을 하는지에 대해 일련의 질문을 던졌다. 참가자들이 가장 많이 경험했다고 응답한 감정은 후회였다. 그들이 가장 가치 있게 생각하는 감정 역시 후회였다.[19]

이후 전 세계에서 실시한 연구에서도 비슷한 결과가 나왔다. 2016년 스웨덴인 100명의 선택과 행동을 추적한 연구에 따르면 참가자들은 그 전 주에 내린 결정의 약 30퍼센트를 후회했다.[20] 또 다른 연구는 미국인 수백 명의 경험과 태도를 표본으로 삼았다. 5장에서 더 자세히 살펴볼 이 설문조사에서는 후회가 만연해 있을 뿐 아니라 삶의 모든 영역에 퍼져 있다는 사실을 밝혀냈으며, 결국 저자들은 "후회는 인간 경험의 필수 요소를 구성한다."라고 선언하기에 이르렀다.[21]

사실 나는 이 감정이 널리 퍼져 있다는 사실을 반박하는 연구를 아직 발견하지 못했다(열심히 살펴봤으니 믿으시기 바란다). 다양한 방향에서 다양한 방법론을 사용하여 이 주제에 접근한 모든 분야의 학자들이 같은 결론에 도달한다. "살아간다는 것은 적어도 얼마간의 후회를 쌓는 일인 것 같다."[22]

미셸 마요는 50세가 되었을 때 이정표를 세우고 자신의 신념을 확인하기 위해 문신을 하기로 마음먹었다. 그녀는 자신의 결정을 심사숙고하면서 어린 시절을 떠올렸다. 미국 육군 장교와 프랑스인 어머니 사이에서 태어난 마요는 아버지가 주둔하던 독일에서 어린 시절을 보냈다. 휴일이 되면 가족은 프랑스 시골에 있는 할머니를 방문하기 위해 장거리 운전을 했다. 운전해 가는 동안, 마요와 형제들, 그리고 엄마는 엄마가 좋아하는 노래를 부르며 시간을 보냈다. 2017년, 자기 자신에게 주는 이른 생일 선물로 그녀는 집에서 가까운 매사추세츠주 살렘으로 여행을 갔다가 오른쪽 손목 아래에 이렇게 새겨 넣고 왔다.

> Non, je ne regrette rien.
> 아니, 난 아무것도 후회하지 않아요.

마요의 어머니는 에디트 피아프의 팬이었다. 그리고 가족이 오래전 자동차 여행을 하며 불렀던 그 노래의 가사는 성인이 되어서도 내내 딸의 머릿속에 계속 남아 있었던 것이다. 그녀는 "그 문신은 '내가 어떻게 살고 있으며, 내 삶에 대해 어떻게 느끼는지'를 표현했습니다."라고 말했다. 그녀는 후회가 없다고 말한다. 하지만 나와 대화를 나눴던 다른 사람들과 마찬가지로, 그녀 역시 그러한 주장에 이어 자신이 저지른 실수와 잘못된 선택에 관해 이야기했다. 우리 모두와 마찬가지로 그녀는 이야기를 다시 쓰기 위해 빈번하게 자신의 머릿속 타임머신에 올라타고, 실제 현재와 다른 선택으로 가능했을 현재의 모습을 비교하면서 그 차이에 대한 책임을 지려고 했다. 하지만 마요에게 이러한 일련의 사고, 즉 많은 사람이 회피하려고 애쓰는 부정적인 감정의 끝에 있는 가라앉는 느낌은 가치 있는 것이었다. "내가 하지 않았더라면 좋았을 일들은 미래에 무엇을 해야 하는지에 대해 가르쳐주었습니다…. 심지어 실수도 배움의 경험이라고 생각합니다."라고 그녀는 말한다. "나는 임종을 앞두고도 그렇게 말할 수 있기를 바랍니다."

그녀의 손목에 적힌 다섯 단어는 매일 그녀에게 그 열망을 상기시킨다. 하지만 그녀는 그 단어를 유명하게 만든 가수에 대해서도 궁금하다. "그녀(에디트 피아프)가 가난하게 살다 죽었다는 사실을 알고 있었나요?" 마요가 내게 묻는다. "그녀를 생각하면 궁금해요. 그녀는 정말 인생의 끝에서 후회하지 않았을까요? 지금 그녀를 인터뷰할 수 있다고 상상해보세요."

오늘날 아무리 화상회의라는 경이로운 수단이 존재해도, 그런 인터뷰는 해낼 수 없다. 하지만 전기 작가들과 언론인들 덕분에, 피아프에게 명성을 안겨준 이 노래를 녹음한 지 3년도 채 되지 않은 1963년 10월 10일에 그녀가 무슨 생각을 하고 있었는지에 대한 단서를 얻을 수 있다. 침대에 누운 채 47세의 피폐해진 몸에서 기운이 빠져나가는 마지막 순간에 그녀는 이렇게 말했다. "이 세상에서 하는 모든 빌어먹을 일의 대가는 자신이 치러야 한다."[23]

후회가 없는 사람의 말처럼 들리는가?

하지만 피아프가 자신의 후회를 헤아려봤다면, 피아프가 회피하지 않고 그 후회에 맞섰다면, 그녀는 더 중요한 사실을 발견했을 것이다. '당신이 인생에서 하는 모든 빌어먹을 일은 당신에게 보상을 줄 수 있다.' 곧 알게 되겠지만 후회는 우리를 인간으로 만드는 데 그치지 않기 때문이다. 우리를 더 나은 사람으로도 만든다.

●

나는 지금까지 내린 거의 모든 중대한 결정을 후회합니다. 나는 큰 결정을 내리는 데는 영 젬병인 것 같습니다. 작은 결정은 식은 죽 먹기지만요.

55세 남성, 웨스트버지니아

●

남편이 죽기 직전 병원에 입원했을 때 침대 옆으로 올라가 그를 껴안고 싶었지만 그러지 못했어요. 그렇게 했더라면 얼마나 좋았을까요.

72세 여성, 플로리다

●

다른 사람들이 어떻게 생각하는지 걱정 안 했으면 좋겠습니다. 난 아직도 그런 고민에 힘겨워하고 있습니다.

33세 남성, 일본

3장

'적어도'와 '했더라면'

2016년 리우데자네이루 올림픽에서 열린 306개 종목 중 여자 사이클 개인도로 경기는 가장 힘든 경기 중 하나였다. 이 코스는 도시의 거리와 국립공원을 가로질러 약 140킬로미터에 달했다. 선수들은 가파른 오르막을 여러 번 올라야 했고, 위험천만한 내리막길에서 살아남은 뒤, 긴 자갈길을 통과해야 했다. 8월의 첫 번째 일요일 밤 12시 15분에 황색기가 내려지자, 68명의 엘리트 사이클 선수들은 올림픽의 영광에 도전하기 위해 코파카바나 해변을 따라 출발했다.

　혹독한 경주가 될 것이란 전망은 어긋나지 않았다. 기온은 섭씨 20도 초반을 맴돌았고 습도는 가혹하게도 75퍼센트에 달했다. 해가 자주 구름을 뚫고 나와 길을 불태웠다. 햇살이 물러가자 가벼운 비가 주행 코스를 뒤덮었다. 한 라이더는 끔찍한 충돌 사고를 당했다. 다른 선수들은 일찌감치 지쳤다. 그리고 출발한 지 거의 4시간이 지나 약 3킬로미터를 남겨둔 지점에서 미국의 메라 애벗Mara Abbott이 선두를 지켰고, 약 25초가량 뒤진 세 명의 선수가 따라가고 있었다.

"금메달은 따 놓은 당상이군요." 올림픽 TV 중계를 하던 아나운서 로셀 길모어가 말했다. 하지만 막판 스프린트보다는 오르막 오르기로 더 유명한 애벗은 버틸 수 없었다. 겨우 150미터밖에 남지 않은 상태, 즉 99.9퍼센트를 완주한 상태에서 다른 세 선수가 그녀를 앞질렀다. 그들은 거의 나란하게 결승선을 향해 힘차게 달려갔다.

네덜란드의 안나 판데르 브레헌Anna van der Breggen은 스웨덴의 엠마 요한손Emma Johansson을 타이어 너비만큼 앞질렀다. 이탈리아의 엘리사 롱고 보르기니Elisa Longo Borghini가 그들 뒤로 달리고 있었다. 세 선수 모두 예상을 깨고 올림픽 메달을 따냈다.

그들의 표정을 상상해보라.

아니, 그냥 하는 말이 아니라 정말로 잠시 시간을 내어 그들의 감정을 그려보자. 수년간의 훈련과 몇 시간에 걸친 고군분투 끝에 최고의 운동선수에게 수여하는 상을 받은 후, 그들이 어떤 기분이었는지 시각화해보라. 1872년 찰스 다윈Charles Darwin이 《인간과 동물의 감정 표현The Expression of the Emotions in Man and Animals》을 발표한 이후 과학자들은 얼굴 표정이 우리의 기분을 어떻게 나타내는지 연구해왔다. 우리는 종종 감정을 감추려고(자부심을 드러내는 대신 겸손함을 보이거나 상심 대신 결의를 드러내기 위해) 애쓰지만, 얼굴은 우리를 배신하곤 한다. 그리고 이 대회가 끝난 뒤 시상대에 오른 올림픽 우승자들의 얼굴도 그들의 감정을 드러냈다.

팀 드 웨일 Tim de Waele이 찍은 다음의 사진은 금메달을 받은 선수가 웃고 있는 모습이다.

거의 똑같이 기뻐하는 은메달리스트의 모습은 다음과 같다.

3위를 차지한 동메달을 받은 다음 선수는 기뻐하지만, 감격에 겨운 모습은 아니다.

월드클래스 운동선수들도 감정의 동물이다. 그리고 그들의 경력에 한 획을 긋게 되는 순간에 그들의 감정은 분명하다. 완주한 사람들은 긍정적인 감정이 상승(행복, 더 행복, 더더욱 행복)한다.

얼굴은 거짓말을 하지 않는다.

하지만 책을 쓰는 작가들은 이따금 거짓말을 한다. 나도 방금 당신에게 거짓말을 했다. 다음은 드 웨일이 2016년 올림픽 사이클 여자 개인도로 경기 시상대에 오른 선수들을 찍은 전체 사진이다.

ⓒ팀 드 웨일, 게티 이미지

가운데에서 환하게 웃고 있는 선수가 바로 금메달리스트 안나 판데르 브레헌이다. 하지만 그녀의 왼쪽(그리고 당신의 오른쪽)에 있는 매우 행복한 여성은 3위를 차지한 이탈리아 선수 엘리사 롱고 보르기니다. 은메달을 딴 엠마 요한손은 이 세 사람 중 가장 기뻐 보이지 않는 사람이다.

다시 말해, 세 메달리스트 중 가장 하위 성적을 낸 사람(보르기니)이 자신을 이긴 사람(요한손)보다 더 행복해 보인다. 그날 요한손이 미소를 짓고 있는 사진도 있긴 하지만, 이 사진도 꼭 이상하다고 볼 수는 없다. 결승선을 통과한 직후 선수들의 반응을 살펴보자. 금메달리스트인 판데르 브레헌은 의기양양하게 두 팔을 들었다. 동메달을 딴 보르기니는 보이지 않는 자기 파트너에게 하이파이브를 했다. 은메달리스트인 요한손은 양손으로 머리를 감싸 쥐었다. 이러한 대조적인 감정은 기대에 못 미친 결과 때문도 아니다. 보르기니는 요한손보다 랭킹이 더 높았고 더 잘할 것으로 기대되던 선수였다.

올림픽 선수들의 얼굴에서 볼 수 있는 현상은 25년 전에 행동과학자들이 알아낸 것으로, 후회를 이해하는 또 다른 창을 열어준다.

패배의 전율과 승리의 고통

내가 2장에서 설명한 인간의 초능력, 즉 마음속으로 시간여행을 하고 일어나지 않은 사건과 그 결과를 상상하는 능력은 논리학자들이 '반사실적 사고counterfactual thinking'라고 부르는 것을 작동시킨다. '반사실적counterfactual'이라는 형용사를 둘로 나누면 그 의미가 분명해진다. 우리는 실제 사실fact과 반대되는counter 사건을 꾸며낼 수 있다. 이 주제를 연구한 두 명의 저명한 학자인 노스웨스턴대학교의 닐 로즈와 흐로닝언대학교의 카이 엡스튜드Kai Epstude는 이렇게 말한다. "반사실적 서술counterfactuals은 (…) 사고와 감정의 교차점에 놓인 상상력과 창의성의 특징적인 예다."[1] 반사실적 서술은 어떤 일이 일어날 수 있었는지 상상할 수 있게 해준다.

반사실적 서술의 영향력을 가장 분명하게 보여주는 사례 중 하나는 올림픽이다. 코넬대학교의 빅토리아 메드벡Victoria Medvec과 토머스 길로비치Thomas Gilovich, 털리도대학교의 스콧 매디Scott Madey는 1992년 바르셀로나 올림픽에 관한 유명한 연구에서 약 30명의 은메달리스트와 동메달리스트들의 영상을 수집했다. 그들은 스포츠에 대해 잘 모르고 경기에 관심이 없는 참가자들에게 영상을 보여주며 선수들을 관찰하게 했다. 하지만 시합 중 모습은 보여주지 않았다. 그리고 최종 결과를 숨긴 채, 경기가 끝난 직후와 시상식에 등장한 선수들의 모습을 보게 했다. 그런 다음 참가자들

의 얼굴 표정을 아래와 같이 '괴로움에서 황홀감까지' 10단계로
나누어 평가하게 했다.

3위를 차지한 선수들은 2위를 차지한 선수들보다 훨씬 더 행복
해 보였다. 동메달리스트들의 평균 표정 점수는 7.1점이었다. 하
지만 세계 최고 엘리트 대회에서 2위를 차지한 은메달리스트들
은 중간 정도의 태도를 보였고, 심지어 약간 불행한 쪽으로 기울
었다. 그들의 점수는 4.8점이었다.

연구자들은 그 이유가 반사실적 사고 때문이라고 결론지었다.
반사실적 서술은 두 가지 방향, 즉 위 또는 아래로 향할 수 있다.
'하향식 반사실적 서술downward counterfactuals'을 통해 우리는 대안이
얼마나 더 '나빠질 수 있었는지'를 생각한다. 이런 생각은 우리에
게 "적어도"라는 표현을 사용하게 한다. 예를 들면 "물론, 그 시험

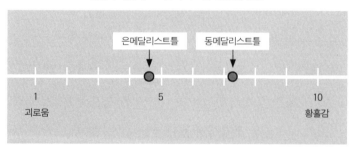

올림픽 메달리스트들의 괴로움-황홀감 등급

은메달리스트틀   동메달리스트틀

1   5   10
괴로움   황홀감

출처: Medvec, Victoria Husted, Scott F. Madey, and Thomas Gilovich. "When less is more:
counterfactual thinking and satisfaction among Olympic medalists", *Journal of personality and
social psychology* 69, no. 4 (1995):603

에서 C+를 받았지만, 적어도 나는 그 과목을 통과했고 다시 수업을 들을 필요도 없어."라고 말하는 식이다. 이런 유형의 반사실적 서술을 '적어도'라고 부르자.

또 다른 유형은 '상향식 반사실적 서술upward counterfactuals'로 알려져 있다. 상향식 반사실적 서술을 통해 우리는 상황이 얼마나 더 '나아질 수 있었는지'를 상상한다. 이런 생각은 우리가 "했더라면"이라는 표현을 써서 말하게 만든다. 예를 들면 "수업에 좀 더 자주 참석해서 책을 다 읽기만 했더라면 훨씬 더 좋은 성적을 받았을 텐데."라고 말하는 식이다. 이러한 유형의 반사실적 서술을 '했더라면'이라고 부르자.

연구원들은 대회가 끝난 후 선수들의 텔레비전 인터뷰를 검토하면서, 동메달리스트들이 행복한 표정으로 '적어도'를 흥얼거린다는 사실을 알아냈다. "적어도 4위는 안 했어요. 적어도 메달은 땄어요!" 반면 은메달리스트들은 '했더라면'으로 골머리를 앓았다. 그리고 그런 생각은 상처를 준다. 메드백과 그의 동료들은 이렇게 썼다. "2위는 찬란한 금메달과 그에 수반되는 모든 사회적·재정적 보상으로부터 단 한 걸음 뒤처져 있을 뿐이다. 그러므로 보폭을 늘리기만 했더라면, 호흡만 조절했더라면, 발가락을 곧추세우기만 했더라면 어찌 됐을까 상상하느라 머리가 복잡해져서 은메달리스트로서 느낄 수 있는 기쁨을 제대로 누리지 못하는 경우가 많다."[2]

더 좋은 성적을 올린 사람들이 더 속상해한다는 생각은 도발적이다. 지난 10년 동안 사회과학계는 이른바 '재현성 위기replication crisis'에 직면했다.[3] 수많은 연구 결과들, 특히 가장 놀랍고 뉴스거리가 된 연구 결과들이 더 자세한 후속 조사로 뒷받침되지 못하고 있다. 다른 학자들이 그 실험을 다시 재현해보면, 예전 같은 결과를 얻지 못하고 오히려 이전 연구 결과의 타당성에 의문을 제기하게 되는 경우가 많다.

하지만 메드벡-길로비치-매디 연구는 재현되었다. 심지어 재현실험도 재현되었다. 예를 들어 샌프란시스코주립대학교의 데이비드 마쓰모토David Matsumoto 교수는 2004년 아테네 올림픽의 남녀 유도 경기에서 약 2만 1,000장의 사진을 수집했다. 35개국에서 온 84명의 선수를 촬영한 방대한 사진 모음이었다. 출신 국가나 민족에 상관없이 메달리스트들의 표정은 놀라울 정도로 차이가 났다. 시상식이 진행되는 동안 금메달리스트들은 거의 모두 활짝 웃고 있었다. 그럼 은메달리스트들은? 그리 많이 웃지 않았다. 금메달리스트들에 비하면 4분의 1 정도만 미소 짓고 있었다.[4]

2020년 미네소타대학교의 윌리엄 헤지콕William Hedgcock과 아이오와대학교의 안드레아 루앙그라스Andrea Luangrath, 그리고 라엘린 웹스터Raelyn Webster는 한 걸음 더 나아갔다. 그들은 67개국 142개 종목에서 다섯 번의 올림픽 경기에 출전한 선수 413명의 사진을 수집했다. 하지만 이전 연구에서처럼 다른 사람들에게 선수들의 얼굴 표정을 평가해달라고 요청하는 대신, 얼굴 표정을 자동으로 암호화하는 컴퓨터 소프트웨어인 이모션트Emotionent를 사용했다 (이 프로그램 덕분에 연구자들은 인간 검사자의 편향에서 벗어나 더 많은 표현을 더 신속하게 조사할 수 있었다). 이번에도 결과는 유효했다. 금메달리스트들이 가장 많이 웃었다. 하지만 동메달리스트들은 은메달리스트들보다 훨씬 더 많이 웃었다. 이 논문의 저자들은 "객관적으로 더 좋은 결과를 얻었음에도 은메달리스트들의 기분은 상대적으로 좋지 않았다."라고 지적했다.[5]

나는 2016년 리우데자네이루의 사이클 도로 경기를 여러 번 봤다. 경기가 끝난 후 몇 분 안에 '적어도'의 위안과 '했더라면'의 상처를 쉽게 확인할 수 있었다. 동메달리스트인 보르기니는 기쁨에 찬 표정이었다. 그녀는 자전거에서 내려 친구들과 가족들에게 다가가 한 명씩 껴안았다. "엘리사 보르기니가 올림픽에서 메달을 따고 정말 기뻐하고 있습니다!" 아나운서들이 외쳤다.

한편 요한손은 남편과 무덤덤하게 있었고, 아나운서들은 상향식 반사실적 서술을 하고 있었다. 그들은 "50미터나 100미터만 더 있었으면 선두를 넘어섰을 수도 있어요."라고 추측했다. 그들은 그녀에게는 '만감이 교차하는' 순간이었다고 설명했다. "다시 한번 은메달에 그쳤습니다." 실제로 요한손은 2008년 올림픽에 나가 같은 종목에서 은메달을 땄다(그녀는 부상 때문에 2012년 올림픽에는 출전하지 못했다). 그녀는 다른 여러 경주에서도 2위를 차지하는 바람에, 사이클계에서 그녀가 결코 반기지 않았던 별명인 '실버 엠마Silver Emma'로 불렸다. "그녀는 '실버 엠마'예요." 요한손의 엄마가 스웨덴 공영방송과의 인터뷰에서 말했다. "나는 우리 딸이 행복하다고 생각하지만, 그 아이는 금메달을 원했어요."[6]

…했더라면.

고통의 역설과 역설의 고통

'적어도'는 우리의 기분을 좋게 만든다. "최소한 메달을 땄잖아요. 막판에 몇 초를 남겨 놓고 경기를 망친 바람에 시상대에 오르지 못한 그 미국 선수와는 달리 말이죠." "저는 승진은 하지 못했지만, 적어도 해고당하지는 않았어요." '적어도'는 위안과 위로를 건넨다.

반면에 '했더라면'은 우리의 기분을 나쁘게 만든다. "만약 2초만 더 일찍 막판 추격을 시작했더라면 금메달을 딸 수 있었을 텐데." "만약 몇 가지 업무만 더 맡았더라도 승진을 할 수 있었을 텐데." '했더라면'은 불편함과 고통을 안겨준다.

따라서 우리 인간은 '적어도'를 선호하는 것처럼 보인다. '했더라면'의 냉기보다 '적어도'의 온기를 선택하는 것이다. 어쨌든 우리는 쾌락을 추구하고 고통을 피하도록 만들어졌다. 애벌레 스무

디보다 초콜릿 컵케이크를 선호하고, 세무 공무원의 감사를 받기보다는 연인과의 섹스를 선호한다.

하지만 진실은 다르다. 여러분은 '브론즈 보르기니'보다는 '실버 엠마'의 순간을 경험할 가능성이 훨씬 크다. 한 연구에서 사람들에게 매일 일기를 쓰도록 요청하거나 무작위로 핑ping(네트워크를 통해 상대에게 접근하는 프로그램-옮긴이)을 쳐서 무슨 생각이 드는지 물어보는 방식으로 그들의 생각을 추적한 결과, 삶에서 '했더라면'의 순간이 '적어도'보다 더 많다는 사실을 발견했다. 그것도 흔히 큰 차이로 말이다.[7] 한 연구에 따르면 사람들이 하는 반사실적 서술의 80퍼센트는 '했더라면'이다. 다른 연구에서는 이 수치가 훨씬 더 높다.[8] 가장 큰 예외는 재앙을 피한 경우다. 예를 들어, 치명적인 쓰나미를 겪고 가까스로 탈출한 관광객들을 대상으로 진행한 연구에 따르면, 그들은 재난 이후 수개월 동안 '했더라면'보다 '적어도'를 열 배 더 사용한 것으로 나타났다. 이 사람들은 자연재해를 겪은 것에 대해 슬퍼하지 않고, 그 상황에서 살아남은 것을 행운으로 여겼다.[9] 어떤 의미에서 이는 동메달리스트들의 경험과도 같다. 그들은 올림픽 메달을 빼앗기는, 훨씬 덜 극단적인 재앙을 피했다. 하지만 인간 존재의 대부분을 구성하는 일상생활 속에서, 우리는 어떤 일이 있었을지 숙고할 때 '했더라면'을 훨씬 더 많이 떠올린다. 이것이 바로 우리의 뇌와 마음이 작동하는 방식이다.

반사실적 사고에 관한 20년간의 연구를 살펴보면 한 가지 기이한 현상이 드러난다. 우리는 과거의 기억 가운데 기분을 좋게 해주는 생각은 비교적 드물게 하는 반면, 기분을 나쁘게 하는 생각은 지극히 자주 한다는 점이다. 우리는 모두 자기 파괴적인 마조히스트일까?

아니다. 적어도 우리 모두가 그렇지는 않다. 우리는 생존을 위해 프로그램된 유기체다. '적어도'라는 반사실적 서술은 지금 당장의 감정은 지켜주지만 미래에 더 나은 결정을 내리거나 더 좋은 성과를 내게 해주는 경우는 거의 없다. '했더라면'이라는 반사실적 서술은 지금 당장은 우리의 감정을 악화시키지만, 이후 우리의 삶을 개선시켜준다. 이것이 핵심이다.

후회는 전형적인 상향식 반사실적 서술(궁극적으로 '했더라면'이라는 생각)이다. 과학자들은 후회가 주는 힘의 원천이 전통적인 고통/쾌락 셈법을 혼란스럽게 한다는 사실을 발견하고 있다.[10] 후회의 목적은 우리의 기분을 더 나쁘게 하는 것이다. 왜냐하면, 오늘 우리의 기분을 나쁘게 만듦으로써 내일은 더 잘할 수 있도록 도와줄 수 있기 때문이다.

●

멕시코인이라는 사실을 부끄럽게 여겼던 것을 후회해요. 나는 피부색이 옅은 편이라, 많은 사람이 (피부색이 진한) 우리 가족을 만나기 전까지는 내가 멕시코인인 줄 몰랐어요. 이젠 내 인종과 유산을 포용하게 됐어요. 더 일찍 그렇게 하지 못한 게 부끄럽습니다.

50세 여성, 캘리포니아

●

나는 7년 동안 사귄 남자친구와 그냥 헤어지지 않고 바람을 피운 것을 후회해요. 그가 나랑 계속 같이 지내기로 한 이후에도 다시 그렇게 행동했던 게 후회되네요.

29세 여성, 애리조나

●

52년간 살아오면서 가장 후회되는 건 두려움에 떨며 살아왔다는 겁니다. 실패할까 봐, 바보처럼 보일까 봐 두려워했고, 그 결과 내가 하고 싶었던 일들을 그렇게 많이 하지 못했습니다.

52세 남성, 남아프리카

4장

후회가 우리를 더 나은 사람으로
만드는 이유

> 모든 것에는 균열이 있다.
>
> 그래야 빛이 들어온다.
>
> 레너드 코헨Leonard Cohen, 1992

아마도 당신은 다음과 같은 구멍의 제1법칙에 익숙할 것이다. "구덩이에 빠진 자신을 발견하면, 땅을 파는 일을 멈춰라." 그런데 어쩌면 당신은 이 법칙을 무시했을지도 모른다. 우리는 종종 손실을 막고 전술을 바꾸는 대신, 승산 없는 일에 계속 시간과 돈과 노력을 투자함으로써 나쁜 선택을 악화시킨다. 이미 너무 많은 돈을 썼다는 이유로 가망 없는 프로젝트에 자금을 증액한다. 이미 수년을 바쳤다는 이유로 회복할 수 없는 관계를 돌이키기 위해 노력을 배가한다. 이는 실패가 확실한 행동 방침에 대한 '몰입 상승 효과escalation of commitment'라는 심리학적 개념으로 알려져 있다. 이것은 우리의 결정을 오염시킬 수 있는 많은 인지 편향 중 하나다.

그런데 이는 후회를 경험하면 고칠 수 있는 문제이기도 하다. 현재 런던경영대학원에 있는 질리언 쿠Gillian Ku 교수는 사람들이 과거 몰입 상승 경험에 대해 생각하고 후회하게 만들면 다시 실수를 저지를 가능성이 줄어든다는 사실을 발견했다.[1] '했더라면'이란 불쾌한 감정을 유도하면 미래의 행동이 개선되는 것이다.

후회의 세 가지 이점

실패가 확실한 행동에 대한 몰입 상승 같은 인지 편향을 줄이는 것은 후회가 우리의 기분을 악화시킴으로써 앞으로 더 잘하도록 돕는 한 가지 방법이다. 연구 결과를 살펴보면, 후회를 제대로 처리하면 크게 세 가지 이점을 얻을 수 있다. 후회는 우리의 의사결정 능력을 향상시킬 수 있다. 또한 다양한 업무 수행 능력을 높일 수 있다. 그리고 삶의 의미와 유대감을 강화할 수 있다.

첫째, 후회는 의사결정 능력을 향상시킬 수 있다

후회가 지닌 개선의 힘을 이해하기 위해 다음과 같은 시나리오를 상상해보자.

2020~2021년 코로나 팬데믹 기간 동안, 당신은 서둘러 기타를 샀지만 한 번도 연주할 기회를 얻지 못했다. 이제는 당신의 아파트에서 공간만 차지하고 있는데, 당신에게 현금이 좀 필요한 사정이 생겼다. 그래서 당신은 기타를 팔기로 결정한다.

운 좋게도 이웃인 마리아가 중고 기타를 사려고 한다. 그녀는 당신에게 얼마에 팔 수 있느냐고 묻는다.

당신이 기타를 500달러에 샀다고 가정해보자(어쿠스틱 기타다). 그런데 마리아에게 중고 기타 가격을 그렇게 높게 부를 수는 없다. 300달러에 팔면 좋겠지만 마리아가 비싸다고 할 것 같다. 그래서 200달러에 합의할 계획으로 225달러를 제안했다. 마리아는 당신이 제시한 225달러의 가격을 듣자마자 즉시 수락하고 당신에게 돈을 건넸다.

후회스러운가?

아마도 그럴 것이다. 중고 기타를 판매하는 것보다 더 큰돈이 걸린 상황에서는 많은 사람이 더 많이 후회한다. 다른 사람들이 망설임이나 반발 없이 우리의 첫 제안을 받아들일 때, 우리는 종종 더 많은 것을 요구하지 않았음을 자책한다.[2] 하지만 그런 상황에서 자신의 후회를 인정하는 것, 즉 후회라는 불쾌한 감정을 격퇴하기보다 불러들임으로써 미래에 더 나은 의사결정을 할 수 있다.

예를 들어 2002년 컬럼비아대학교의 애덤 갈린스키[Adam Galinsky]와 세 명의 사회심리학자들은 첫 번째 제안이 수락된 협상가들의 사례를 연구했다. 그들은 협상가들에게 더 높은 가격을 제시했더라면 이득이 얼마나 더 커질 수 있었을지 평가해달라고 요청했다. 그들은 자신의 결정을 후회할수록 후속 협상을 준비하는 데 더 많은 시간을 할애했다.[3] 갈린스키, 캘리포니아대학교 버클리 캠퍼스의 로라 크레이[Laura Kray], 오하이오주립대학교의 키스 마크먼[Keith Markman]이 수행한 관련 연구에 따르면, 사람들은 이전 협상을 되돌아보며 미처 하지 못해 후회되는 것이 무엇인지 생각해본 경우(예를 들어 처음에 자신에게 더 유리한 제안을 하지 못했던 것이 후회되는 경우) 이후 협상에서 더 나은 결정을 내렸다. 게다가 이런 후회를 통해 나온 더 나은 결정은 이득을 더 확대한다. 후회에 찬 협상가들은 후속 회담에서 파이의 크기를 늘리고 더 큰 조각을 확보했다. 이전에 하지 않았던 일을 숙고하는 행동은 그들이 다음에 할 수 있는 행동의 가능성을 넓혔고 미래의 상호작용을 위한 지침을 제공했다.[4]

여러 연구에 따르면 이는 주로 우리의 '의사결정 위생[decision hygiene](문제에 대한 처방보다 예방에 초점을 맞춰 의사결정에 영향을 미치는 혼선을 줄이는 일련의 과정-옮긴이)'에 영향을 미친다.[5] 후회에 기대면

의사결정 과정이 개선된다. 왜냐하면 가슴을 후벼파는 부정적 생각이 우리의 의사결정 속도를 늦추기 때문이다. 더 많은 정보를 수집하게 되고, 더 넓게 선택지를 고려하게 되며, 결론에 도달하는 데 더 많은 시간을 할애하게 된다. 좀 더 신중하게 행동하기 때문에 확증 편향과 같은 인지적 함정에 빠질 가능성이 줄어든다.[6] CEO들에 관한 한 연구에 따르면 기업 리더들로 하여금 그들의 후회를 성찰하도록 독려하면 '미래의 결정에 긍정적인 영향'을 미쳤다.[7] 후회를 진지하게 받아들인 최초의 사회심리학자 중 한 명인 배리 슈워츠Barry Schwartz는 이 불쾌한 감정이 "몇 가지 중요한 기능을 한다."고 설명한다. 후회는 "우리가 결정을 내릴 때 저지른 실수를 부각시켜 앞으로 비슷한 상황이 발생할 경우 같은 실수를 저지르지 않도록" 해줄 수 있다.[8]

이 주제는 '세계 후회 설문조사'에 실린 많은 글에도 나타난다. 아래에 소개하는, 잊지 못할 기억을 전한 한 부모의 사연도 그중 하나다.

딸이 다섯 살 때였어요. 학교에 데려다주는 길에 요구르트를 먹다 교복에 쏟는 걸 보고 내가 소리 질렀죠. 그땐 정말 딸아이를 몹시 나무랐는데, 그 이후에 후회했죠. 그래서는 안 되는 거였어요. 무엇 때문에 그렇게 화를 냈을까요? 교복에 얼룩이 조금 묻었다고? 나는 그 순간을 계속 후회할 겁니다. 이후로는 그렇게 소리를 지른

적이 없어요. 그 실수에서 교훈을 얻었지만, 그 순간을 되돌릴 수 있으면 좋겠네요.

이 부모는 과거의 행동에 대해 여전히 안타까워하지만, 그 감정을 이용해서 마음을 바꾼 뒤로 다시는 그런 식으로 아이에게 소리를 지르지 않는다. 우리 부모들이 후회를 통해 의사결정 과정을 개선하려 노력하고 있는 한편, 우리 아들딸들은 후회하는 능력을 통해 스스로 추론하고 결정하는 법을 배울 수 있다. 아일랜드의 연구자들은 여러 실험을 통해 아이들이 7세 무렵에 후회를 경험할 수 있는 뇌의 발달 역치를 넘으면 의사결정 능력이 엄청나게 향상된다는 사실을 보여주었다. 에이미어 오코너[Eimear O'Connor], 테리사 매코맥[Teresa McCormack], 에이든 피니[Aidan Feney]는 "후회가 발달하면 아이는 이전의 결정으로부터 가르침을 얻어 자신의 선택을 조정해서 바꿀 수 있게 된다."라고 썼다.[9]

우리의 인지 장치 중 적어도 일부는 단기적으로 우리를 안정시키기보다 장기적으로 우리를 지탱하도록 설계되어 있다. 우리는 자신의 잘못된 결정을 속상해하고 후회할 수 있는 능력이 필요하다. 그래야 미래에 더 나은 의사결정을 내릴 수 있다.

둘째, 후회는 성과를 높일 수 있다

Clairvoyants smash egg pools.

위 문장은 'Psychologists love anagrams(심리학자들은 애너그램을 좋아한다).'의 애너그램(철자 순서를 뒤바꿔 만들어내는 단어-옮긴이)이다. 사실이다. 심리학자들은 애너그램 테스트를 자주 이용한다. 애너그램은 심리학 연구의 핵심이다. 심리학자들은 실험 참가자들을 방으로 안내한 뒤, 단어나 구절을 주고 다른 단어나 구절로 재배열해보라고 요구한다. 그런 다음 그들의 기분, 사고방식, 환경, 그 밖의 다른 변수들을 조작해서 그것이 참가자들의 수행에 어떤 영향을 미치는지 살펴본다.

예를 들어 키스 마크먼과 두 명의 동료는 한 실험에서 참가자들에게 10개의 애너그램을 만들어보라고 요청했다. 그리고는 잠시 후 결과를 '채점'한 것으로 추정하게 만든 뒤, 참가자들에게 만들 수 있는 단어의 절반만 찾았다고 말했다. 그런 다음 후회를 불러일으키고자 참가자들을 자극했다. "눈을 감고 얼마나 더 잘할 수 있었을지 생각하고 실제 성과와 비교해보세요." 그들은 참가자들에게 다시 이렇게 말했다. "차분히 시간을 갖고 어떻게 하면 더 잘할 수 있었을지 방법을 생각하면서, 여러분의 실제 성과를 생생하게 평가해보세요." 그러자 머릿속에 '했더라면'이 떠다니기 시작하면서 애너그램 테스트 참여자들은 기분이 나빠짐을 느꼈다. 특히 '적어도'를 써서 비교해달라고 요청받은 그룹과 비교했을 때 더욱 기분이 좋지 않았다. 하지만 이렇게 후회를 경험한 집단은 다음 단계에서 다른 사람들보다 더 많은 퍼즐을 풀었고 과제에 더 오래 매달렸다.[10] 이것은 후회에 관한 핵심적인 발견 중 하나다. 즉, 후회가 끈기를 심화시켜 거의 항상 성과를 향상시킨다는 것이다. 이 책의 곳곳에서 소개되고 있는, 반사실적 사고를 연구한 선구자 중 한 명인 닐 로즈 역시 가장 영향력 있는 초기 논문 중 한 편에서 애너그램을 사용했다. 또한, 그는 참가자들을 '했더라면'으로 자극하여 후회를 유도하면 사람들이 더 많은 애너그램을 풀고 더 빨리 문제를 해결할 수 있다는 사실을 발견했다.[11]

아니면 실험실을 떠나 카지노에 들어가 보자. 마크먼이 주도한 흥미로운 실험에서는 참가자들에게 컴퓨터를 상대로 블랙잭 게임을 해보라고 요청했다. 실험자들은 참가자 절반에게 첫 번째 라운드로 끝이라고 말했다. 한편, 나머지 절반에게는 첫 번째 라운드가 끝난 뒤 몇 판 더 하게 된다고 말했다. 다시 게임을 하게 된다고 들은 사람들은 첫판만 한 사람들보다 '했더라면'을 훨씬 더 많이 사용했다. 그들은 잘못된 카드 게임 전략을 따랐던 것이나 너무 많이 혹은 너무 적게 위험을 감수한 것을 후회할 가능성이 더 컸다. 반면 첫 번째 집단은 부정적인 생각을 피했다. 그들은 대부분 '적어도'를 사용했다("적어도 돈을 전부 잃지는 않았어!").

하지만 두 번째 그룹 참가자들은 '더 나은 성과를 내는 데 도움이 되는 예비 정보가 필요했기 때문에' 기꺼이 후회를 경험하는 불쾌한 과정을 시작했다. 연구자들은 이렇게 썼다. "다시 게임을 할 거라고 기대하지 않았던 참가자들은 그런 정보를 필요로 하지 않았고, 대신 현재의 성과에 만족감을 느끼고자 했다."[12]

심지어 다른 사람의 후회를 생각하는 것만으로도 성과가 향상될 수 있다. 몇몇 연구에서는 좋아하는 록 밴드의 콘서트를 보러 가는 제인이라는 인물을 소개했다. 제인은 뒤쪽 자리에 앉아서 관람을 시작했지만, 공연이 시작되자 무대와 가까운 다른 자리로 옮겨갔다. 잠시 후, 밴드는 주최 측이 곧 무작위로 좌석을 추첨하여 현재 그 좌석에 앉아 있는 사람에게 하와이 여행상품권을 제공할 것이라고 발표했다. 이 실험에 참가한 사람들은 제인이 옮겨가 앉은 좌석이 무료 여행에 당첨되었다는 이야기를 들으면 매우 기뻐했다. 한편 제인이 애초에 앉아 있던 좌석이 당첨되었다는 말을 들으면 후회를 느꼈다. 제인의 '했더라면' 이야기를 듣고 나서 로스쿨 입학시험 중 일부 문제를 풀어 본 사람들은 대조군보다 10퍼센트 더 높은 점수를 받았다. 그들은 창의력 실험으로 유명한 던커 양초 문제 Dunker Candle problem 와 같은 복잡한 문제도 더 잘 풀었다.[13] 사람들에게 반사실적 사고를 하게 하고, 간접적인 후회만 경험하게 만들더라도 '가능성의 문을 빼꼼 열게' 되는 것으로 보인다고 갈린스키(앞서 나온 협상에 대한 연구를 한 사람)와 고든

모스코위츠Gordon Moskowitz가 설명한 바 있다. 이는 사람들이 후에 이어지는 숙고의 상황에서 더 많은 힘과 창의성을 발휘하게 해주고 결정의 속도 역시 높여주었다.

분명 후회가 항상 성과를 높이는 것은 아니다. 후회에 너무 오래 매몰돼 있거나 머릿속에서 실패를 곱씹으면 오히려 역효과를 낳을 수도 있다. 후회할 대상을 잘못 고르는 것(예를 들어 블랙잭 게임에서 진 이유를, 10과 킹의 카드를 가지고서도 다른 카드를 더 받았다는 사실에서 찾지 않고 그날 빨간색 야구 모자를 썼다는 사실에서 찾는 것)은 아무런 개선도 가져올 수 없다. 때로는 후회를 경험하는 초반에 엄습하는 고통이 우리를 순간적으로 당혹스럽게 만들 수 있다. 하지만 대부분의 경우 후회를 통해 얻을 수 있는 이득에 대해 조금 숙고하는 것만으로도 이후의 실적을 높일 수 있다.[14]

좌절로 촉발된 후회는 당신의 경력에 도움이 될 수도 있다. 켈로그 경영대학원Kellogg School of Management의 양 왕Yang Wang, 벤저민 존스Benjamin Jones, 다슌 왕Dashun Wang은 2019년에 수행한 연구에서 신참 과학자들이 저명한 국립보건원National Institutes of Health에 제출한 15년간의 연구 보조금 신청서 데이터베이스를 조사했다. 이 연구 저자들은 보조금을 받을 수 있는 등급 기준선 전후에 해당하는 1,000개 이상의 신청서를 선정했다. 지원자의 절반 정도가 가까스로 문턱을 넘었다. 그들은 보조금을 받았고, 근소한 승리로 후회를 면했다. 반면, 나머지 절반은 조금 부족했다. 이 신청자들은 보조금을 받지 못했고, 근소한 차이의 실패를 견디며 후회했다. 그런 다음 이후 이 과학자들의 경력에 어떤 일이 일어났는지 조사했다. 근소한 차이로 승리를 놓친 '했더라면' 그룹에 속한 사람들은 장기적으로 봤을 때 근소한 승리를 거둔 '적어도' 그룹에 속한 사람들보다 체계적으로 더 나은 성과를 냈다. 과학계의 '실버 엠마'들은 그 후로 다른 과학자들의 논문에 더 자주 인용되었고, 크게 주목받는 논문을 낼 가능성도 21퍼센트 더 높았다. 연구자들은 좌절을 겪은 경험 자체가 앞으로 나가게 한 추진력이었다고 결론지었다. 아깝게 실패한 상황은 후회를 촉발했고, 후회는 지난 실패를 성찰하게 해서, 전략을 수정하고, 성과를 개선했다.[15]

셋째, 후회는 의미를 심화시킬 수 있다

몇십 년 전 나는 일리노이주 에반스톤에서 4년을 보내며 노스웨스턴대학교에서 학사 학위를 받았다. 나는 대학 생활에 대체로 만족했다. 많은 것을 배웠고 평생 친구도 몇 명 얻었다. 하지만 대학에 가지 못했거나 다른 대학교에 다녔다면 내 삶이 어땠을까 하는 생각이 든다. 그리고 마치 이 조그만 시간의 조각들이 내 인생의 전체 스토리에 어떤 식으로든 필수불가결한 것처럼 느껴지면서, 어떤 알 수 없는 이유로 그 경험에 대한 만족감이 적잖이 더 커진다. 알고 보니 나는 그렇게 특별한 사람이 아니었다.

2010년에 크레이, 갈린스키, 로즈가 포함된 사회과학자 팀은 노스웨스턴대학교의 학부생들에게 자신이 선택한 대학교와 대학 시절 친구들에 대해 반사실적 사고를 해보라고 요청했다. 다른 대학교에 다녔거나 다른 친구들과 어울렸다는 상상을 했을 때, 그들의 반응은 나와 비슷했다. 실제 선택을 더 중요하게 느낀 것이다. 노스웨스턴대학교 연구는 다음과 같은 결론을 전한다. "반사실적 성찰은 삶의 주요 경험과 관계에 더 큰 의미를 부여한다."

이런 효과는 자기에게 몰두하는 젊은 시기에만 국한되지 않는다. 실제로 다른 연구에 따르면 인생의 중요한 순간에 대해 반사실적으로 생각해본 사람들은 그 사건들의 의미에 대해 단순하게 생각한 사람들보다 더 큰 의미를 부여했다. '했더라면'과 '적어도'를 사용한 간접적인 경로는 의미 자체를 숙고하는 직접적인 경로보다 의미로 향하는 더 빠른 경로를 제공했다.[16] 마찬가지로, 삶의 사건들에 대한 반사실적 대안을 고려할 경우, 사람들은 인생에 있었던 사건들에 대해 더 높은 수준의 영성과 더 깊은 목적의식을 경험한다.[17] 이런 사고방식은 애국심과 조직에 대한 헌신적 감정도 고조시킬 수 있다.[18]

이 연구들은 반사실적 사고의 범주를 보다 확대하여 조사한 것인 반면, 다른 한편으로 후회는 우리로 하여금 특히 의미를 보다 의식하게 만들고 삶의 의미를 추구하도록 이끈다. 예를 들어 후회에 초점을 맞춘 '중년 재평가'를 하면 인생 목표를 수정하고 새로운 삶을 목표로 삼을 수 있다.[19] '세계 후회 설문조사'에 참여한 29세의 행동 건강 연구자 애비 헨더슨^{Abby Henderson}을 살펴보자.●

> 나는 어린 시절 조부모님과 시간을 보낼 수 있는 기회를 살리지 못한 것을 후회합니다. 조부모님이 저희 집에 계신 것과 저와 더 가까워지려고 하시는 것도 못마땅했습니다만, 지금은 그 시간을 되찾을 수만 있다면 무엇이든 하고 싶습니다.

애비는 애리조나주 피닉스의 행복한 가정에서 세 남매 중 막내로 자랐다. 그녀의 조부모는 인디애나주 하트퍼드 시티라는 작은 마을에 살았다. 매년 겨울이면 그들은 중서부의 추위를 피하기 위해 한두 달 동안 애비의 집에 머물렀다. 어린 애비는 그게 싫었다. 그녀는 조용한 아이였고 부모님이 모두 일을 하셨기 때문에, 방과 후에 집에서 혼자 놀 수 있는 시간을 즐겼다. 그런데 그녀의 조부모는 그 평화를 방해했다. 수업에서 돌아오면 기다리고 있던 할머니가 항상 그녀의 일과를 듣고 싶어 했고 애비는 자신과 가까워지려는 할머니의 시도를 뿌리쳤다.

● '세계 후회 설문조사' 응답자들은 익명으로 자신의 후회 사연을 보냈다. 하지만 후속 인터뷰를 위해 연락할 의향이 있을 경우 자진해서 이메일 주소를 제공했다.

이제 그녀는 후회한다.

"가장 큰 후회는 할아버지, 할머니의 이야기를 듣지 못했다는 겁니다." 그녀가 인터뷰에서 말했다. 하지만 그로 인해 자신의 부모를 대하는 태도가 바뀌었다. 이런 후회로 말미암아 그녀와 그녀의 형제들은 70대인 아버지에게 스토리워스StoryWorth 구독권을 선물했다. 이 서비스는 매주 한 가지 질문이 담긴 이메일을 보낸다. 질문은 이런 식이다. "어머니는 어떤 분이셨나요?" "어린 시절 가장 좋았던 기억은 무엇인가요?" 그리고 당연하게도, "당신은 어떤 후회를 하고 있나요?"라는 질문도 있다. 구독자는 이야기로 답한다. 그리고 연말이 되면 그 이야기들이 정리되어 책으로 만들어진다. 그녀는 '했더라면'으로 촉발된 다음과 같은 말을 했다. "나는 더 많은 의미를 찾으려 해요. 부모님과 더 많은 유대감을 쌓고 싶어요. 부모님이 돌아가셨을 때, 예전에 할아버지, 할머니가 돌아가셨을 때처럼 '내가 뭘 놓친 걸까?'라는 생각이 들지 않았으면 해요."

애비는 이런 아픈 경험으로 인해 인생에서 삶의 의미가 가장 중요한 요소임을 깨닫게 되었다고 말한다. "주변 사람들이 '후회하지 말라'고 말하면, 나는 '실수를 하지 않으면 어떻게 배우고 성장할 수 있겠어요?'라고 되받아치죠." 그녀가 나에게 말했다. "내 말은, 누가 20대를 후회 없이 지나올 수 있단 말인가요? 나쁜 일도 하고 나쁜 데이트도 계속했죠." 하지만 결국 그녀는 후회할 때마다 '내가 삶의 방정식에서 의미를 제거하려고 노력했기 때문이기도 하다'는 사실을 깨달았다.

애비가 기억하는 할머니의 특징 중 하나는 특히 디저트 파이를 비롯한 색다른 제빵 기술이었다. "만약 당신이 지금껏 먹어본 파이들이 그다지 풍미가 없었다면, 파이는 영 별로라고 생각할 테죠. 하지만 우리 할머니가 만들어주신 딸기 파이를 한 번 먹고 나면 생각이 달라질 거예요." 애비의 말에는 은유가 숨어 있었다.

"후회 때문에 내 인생에 더 풍미가 생겼어요." 그녀가 내게 말했다. "나는 후회의 쓴맛을 기억합니다. 그래서 달콤한 일이 생기면, 맙소사, 훨씬 더 달콤하게 느껴요." 그녀는 시간을 되돌려 조부모님과 함께 할 수 없다는 사실을 알고 있다. "언제나 그리울 맛이에요." 그녀가 말한다. '했더라면'이 촉발하지 않으면 그녀가 하지 않았을, 아버지의 이야기를 수집하는 것도 힘이 된다. "그것은 아름다운 대용품입니다." 그녀가 말한다.

"하지만 대체재는 아니에요. 그 어떤 것도 그 맛을 채워주지 못할 겁니다. 나는 남은 인생에 약간의 공백을 느끼며 지내겠지요. 하지만 그 공백은 내가 하는 다른 모든 일에 영향을 미칠 겁니다."

우리가 적절히 다루면, 후회는 우리를 더 나은 사람으로 만들 수 있다. 그 효과를 이해하면 결정을 연마하고, 성과를 높이며, 더 깊은 의미를 부여할 수 있다. 하지만 문제는 우리가 종종 이를 제대로 다루지 못한다는 데 있다.

감정은 왜 존재할까?

인간 행동을 다룬 유명한 책이라면 거의 모두가 19세기 미국의 대학자이자 최초의 심리학 교과서를 집필하고 최초로 심리학 강의를 했으며, 이 분야의 기초를 닦은 아버지로 널리 알려진 하버드대학교 교수 윌리엄 제임스William James를 자주 인용한다. 이 책도 지금부터 그 전통을 존중할 것이다.

제임스는 1890년에 발표한 걸작 《심리학의 원리The Principles of Psychology》 22장에서 인간이 지닌 사고력의 목적을 고찰했다. 그는 우리가 어떻게 생각하는지, 심지어 '무엇을' 생각하는지가 상황에 따라 달라진다고 주장했다. 그는 "나는 지금 글을 쓰고 있으므로 종이를 글을 새겨넣는 표면으로 생각할 필요가 있다. 그렇게 하지 못하면 일을 멈춰야 한다."라고 썼다. 하지만 다른 상황(불을 붙여야 하는데 종이 외에는 아무것도 없는 상황)이라면 그는 종이를 다르게 인식할 것이다. 종이는 그 자체로 무한한 다양성을 가지는 것이다. 즉, "가연성 물질, 필기용 표면, 얇은 것, 탄화수소성 물질, 8인치× 10인치 크기의 물건, 내 이웃집 마당에 있는 돌에서 동쪽으로 1미터 떨어져 있는 것, 미국에서 만든 물건 등등, 무한정이다."

그런 다음 그는 오늘날에도 여전히 울려 퍼지는 지적 수류탄을 투척했다. "내 생각은 처음이자 마지막이며, 언제나 내 행동을 위한 것이다."[20]

현대 심리학자들은 제임스의 주장을 지지하면서, 핵심을 강조하기 위해 다음과 같이 줄여서 표현했다. '생각은 행동을 위한 것이다.'[21] 우리는 살아남기 위해 행동한다. 우리는 행동하기 위해 생각한다.

하지만 감정은 더 복잡하다. 감정, 특히 후회 같은 불쾌한 감정의 목적은 무엇인가? 생각이 행동을 위한 것이라면 감정은 무엇을 위한 것인가?

이에 관해 '감정은 무시해야 할 것'이라는 관점이 있다. 이 관점은 감정이 중요하지 않다고 강력하게 주장한다. 이런저런 감정은 단지 성가실 뿐 아니라, 심각한 문제를 제대로 보지 못하게 하는 방해물에 불과하다. 감정들을 몰아내거나 망각하는 편이 낫다. 냉철한 사고에 집중하고 여린 마음을 거두면 아무 문제도 없을 것이다.

아아, 슬프게도 감정의 지하실에 부정적인 생각을 가두는 것은 결국 문을 열고 그 안에 쌓아둔 혼란과 직면해야 하는 순간을 지연시킬 뿐이다. 한 심리치료사는 가둬놓은 감정이 "심장병, 장 질환, 두통, 불면증, 자가면역질환 같은 신체적 문제"로 이어질 수 있다고 말한다.[22] 부정적인 감정을 묻어둔다고 해서 없어지는 것은 아니다. 오히려 부정적인 감정이 강화되고 이 오염물질이 우리 삶의 토양으로 스며든다. 부정적인 감정을 계속 깎아내리는 것 역시 적절한 전략이 아니다. 당신을 《캉디드Candide(프랑스의 작가 볼테르의 풍자소설-옮긴이)》에 나오는 팡글로스 교수(낙천주의를 설파하는 인물-옮긴이)로 변신시킬 위험이 있다. 그는 재난이 연이어 닥쳐도 그저 이렇게 선언하는 사람이다. "이 세상은 현실적으로 가능한 최고의 세상이기 때문에 모든 게 결국에는 만사형통萬事亨通이다." 12장에서 설명하겠지만, '적어도' 같은 문제를 최소화하는 기술은 그 나름의 역할이 있다. 그 기술은 우리를 달래줄 수 있고, 때로는 그렇게 달래주는 것도 필요하다. 하지만 그런 기술들은 우리에게 거짓된 위안을 주고, 냉정한 현실에 대처할 도구를 빼앗아 결정을 훼손하고 성장을 둔화시키는 독단적인 하향식 신조가 될 수도 있다.

또 다른 관점으로 '감정은 감정 그 자체로 중요한 것이다'라는 견해가 있다. 이 입장에 따르면, 감정은 우리 존재의 본질이다. 감정에 관해 이야기하라. 감정에 대해 털어놓아라. 감정을 즐겨라. 이 관점은 "항상 자신의 감정을 믿어라."라고 이야기한다.[23] 감정은 존중받아야 한다. 왕좌에 앉히고 숭배하라. 감정은 유일한 진실이다. 그것들이 전부다. 나머지는 모두 감정을 설명하는 주석일 뿐이다.

부정적인 감정, 특히 후회의 경우, 이 접근법은 팡글로스 교수의 착각을 통한 망상 전략보다 훨씬 더 위험하다. 지나친 후회는 위험하고 때로는 치명적이다. 후회는 과거를 곱씹게 만들어 행복을 심각하게 저하시킬 수 있고, 과거의 실수를 반복하게 만들어 앞으로 나아가는 것을 방해할 수 있다. 과도한 후회는 여러 가지 정신 건강 문제(특히 우울증, 불안증, 외상 후 스트레스 장애)와 관련이 있다.[24] 한 논문에서는 "후회를 곱씹는 사람들은 삶의 만족도가 떨어지고 부정적인 삶의 사건에 대처하는 데 어려움을 겪을 가능성이 더 높다."라고 결론짓는다.[25] 후회가 반복될 때 특히 그렇다. 반복적인 생각은 후회를 악화시키고, 후회는 반복적인 생각을 악화시켜 고통의 소용돌이를 만들어낸다.[26] 후회를 곱씹는다고 해서 분명히 밝혀지는 것도, 새롭게 알게 되는 것도 없다. 흐릿하게 하고 산만하게 만든다. 감정을 오로지 그 자체로 중요하다고 여길 때 우리는 탈출하기 어려운 방을 만든다.

후회에 관해서는 세 번째 관점이 더 건전하다. 바로 '감정은 생각을 위한 것'이라는 관점이다. 감정을 회피하지 마라. 감정에 빠져 허우적대서도 안 된다. 감정에 직면하라. 미래의 행동을 위한 자극제로 활용하라. 생각이 행동을 위한 것이라면 감정은 우리가 생각하는 데 도움이 될 수 있다.[27]

후회에 대한 이런 접근법은 현대의 스트레스 과학과 유사하다. '스트레스', 기분 나쁘게 들린다. 하지만 우리가 알고 있듯이 스트레스는 단일한 실체도, 불가변적인 존재도 아니다. 스트레스가 우리에게 어떤 영향을 미치는지, 심지어 근본적으로 어떤 영향을 미치는지는 개인의 사고방식에 달려 있다.[28] 스트레스를 영구적이고 우리의 심신을 쇠약하게 만드는 것으로 생각한다면, 스트레스는 우리를 한 방향으로만 몰아간다. 우리가 스트레스를 일시적이고 발전적인 것으로 생각한다면, 그것은 우리를 다른 방향으로 이끈다. 곳곳에 존재하는 만성적인 스트레스는 유독하다. 하지만 이따금씩 발생하는 급성 스트레스는 도움이 되며, 심지어 꼭 필요하기까지 하다.

후회도 비슷한 방식으로 작용할 수 있다. 예를 들어, 후회를 우리의 잠재된 기질(우리는 누구인가)을 판단하는 데 사용하면 파괴적인 결과를 부를 수 있다. 특정 상황에서 행한 특정 행동(우리가 한 일)을 평가하는 데 사용해야 유익할 수 있다. 사랑하는 사람의 생일을 잊어버렸다고 해보자. 무심하고 배려심 없는 사람이 된 것에 대한 후회는 도움이 되지 않을 것이다. 중요한 날짜를 달력에 기록하지 않거나 친척들에게 정기적으로 감사를 표현하지 않은 것에 대한 후회는 유용하다. 수많은 연구들도 자신의 부정적인 경험을 판단하기보다 받아들이는 사람이 더 나은 결과를 낳는다는 사실을 보여준다.[29]

마찬가지로 후회를 위협이 아닌 기회로 인식하면, 무겁게 짓누르는 마음의 짐이 아닌 날카로운 창이 된다. 깊은 상처를 주지만 금방 사라지는 후회는 더 효과적으로 문제를 해결하게 해주고 정서적 건강을 가져다준다.[30] 억압된 후회는 우리를 짓누른다. 하지만 후회가 날카롭게 파고들면 정신이 고양된다.

핵심은 후회를 이용해 연쇄 반응을 촉진하는 것이다. 심장은 머리에 신호를 보내고, 머리는 행동을 시작하게 만드는 것이다. 모든 후회는 악화한다. 생산적인 후회는 악화된 다음에 활성화된다. 다음 표는 그 과정을 설명한다. 또한, 당신의 반응이 결과를 결정한다는 핵심을 보여준다. 후회의 창에 찔릴 때 당신은 세 가지 반응을 할 수 있다. 당신은 감정을 무시해야 할 것이라는 결론을 내리고 그것을 묻어버리거나 최소화할 수 있다. 이는 망상으로 이어진다. 아니면 감정 자체가 중요한 것이라는 결론을 내리고 그 안에서 흠뻑 빠져 있을 수 있다. 이는 절망으로 이어진다.

후회에 반응하는 세 가지 방법

© 다니엘 핑크, 2022

혹은 감정은 생각을 위한 것이라고 결론을 내리고 그에 대처하려 할 수도 있다. 이 후회가 무엇을 말해주는가? 더 나은 결정을 내리기 위해, 성과를 향상하기 위해, 의미를 더 깊이 부여하기 위해 어떤 지침을 제공하는가?

감정이 생각을 위한 것이고, 생각이 행동을 위한 것이라면, 후회는 우리를 더 나은 사람으로 만들기 위한 것이다.

15세기 무렵 일본 쇼군 아시카가 요시마사Ashikaga Yoshimasa가 중국 제 찻그릇을 떨어뜨려 산산조각 냈다. 그는 깨진 그릇을 수선하기 위해 중국으로 보냈다. 하지만 몇 달 후 돌려받은 물건은 보기 흉했다. 그릇 조각들이 큰 금속 꺾쇠로 고정되어 있었기 때문이다. 더 나은 방법이 있을 거라고 생각한 그는 지역 장인들에게 방법을 찾아달라고 부탁했다. 그들은 깨진 조각의 가장자리를 사포질하고 금을 섞은 옻으로 매워 이어 붙였다. 장인들의 목표는 원래 모습을 충실하게 재현하거나 새로 생긴 결함을 숨기는 게 아니었다. 그 그릇을 더 나은 그릇으로 바꾸는 것이었다. 그들의 작품은 '긴쓰기kintsugi('황금 목공예'를 뜻한다)'라는 새로운 (이제는 수백 년의 전통을 자랑하는) 예술 형식을 확립했다. 한 보고서에 따르면, "17세기에는 긴쓰기가 너무나도 유행한 나머지, 일부 사람들은 찻그릇에 금맥을 씌우려고 일부러 찻그릇을 부쳤다."[31]

긴쓰기는 깨진 파편들과 이를 이어 붙이는 수선 작업을 그릇의 역사로, 존재의 기본 요소로 본다. 긴쓰기는 불완전함에도 불구하고 아름다운 것이 아니라, 불완전하기 때문에 아름답다. 균열은 그릇을 더 낫게 만든다.

도자기에 담긴 이 진실은 인간에게도 해당된다.

메라 애벗에게 물어보라. 기억이 가물가물한 독자들을 위해 말해주자면, 그녀는 앞 장에서 설명했던 2016년 올림픽 사이클 도로 경기에서 마지막 순간에 선두를 빼앗기고 4위로 완주한 미국 선수다.

2월의 어느 날 오후, 그녀는 현재 신문 기자로 일하고 있는 와이오밍주 버펄로에서 줌을 통해 나에게 이렇게 말했다. "그날 경기 이후 가장 가슴 아픈 날들을 보냈습니다." 그녀가 그 경험을 묘사하기 위해 선택한 단어는 '산산조각'이었다.

하지만 그녀는 조각들을 재조립하고 균열에서 새로운 통찰을 얻었다. 리우 올림픽 경기는 10년간의 성공적인 사이클 선수 경력의 마지막 레이스였다. 그 경험은 그녀의 기록을 단축시키지도, 또 다른 트로피를 안겨주지도 못했다. 하지만 그녀는 그 결정이 "다른 결정과 가치 판단을 더 쉽게 만들어주는 시금석과 관점을 제공했습니다."라고 말했다. 무엇보다도 그녀는 8월의 그날 오후처럼 온전히 몰입하고 살아 있는 경험을 되찾고 싶어 한다. "그때의 상실을 통해 얻은 기회와 느낌, 그 충만함과 온전함은 내겐 과분한 최고의 특권입니다." 고통 때문에 그녀는 목적의식을 갖고 절실한 마음으로 남은 삶을 바라본다. "상처를 입었다는 말은 당신의 마음을 상하게 할 만큼 충분히 크고 중요하고 가치 있는 일을 했다는 뜻입니다."

메라 애벗이 말했듯 균열은 빛이 들어오는 통로다. 그리고 다음 장에서 살펴보겠지만, 그 틈을 들여다보면 좋은 삶이 과연 무엇인지 엿볼 수 있다.

DANIEL H. PINK

THE POWER OF REGRET

2부

후회 파헤치기

●

젊은 시절에 식습관을 바꾸지 않고 담배를 많이 피우고 술을 마신 것을 후회합니다. 나는 거의 평생 하루 세 끼 고기를 먹었죠. 6개월 전, 비건이 되었고 지금까지 살면서 한 번도 이보다 더 기분 좋은 적이 없습니다. 내가 젊어서부터 이렇게 했다면 어땠을까 하는 생각이 듭니다.

46세 남성, 온두라스

●

나는 다른 사람들이 생각하는 정상적인 상태에 맞추려고 너무 많은 시간을 보냈습니다. 자신을 받아들이고, 이웃을 사랑하고, 하루하루를 특별한 추억으로 만드세요.

62세 제3의 성, 유타

●

가장 큰 후회는 전업주부로 지내면서 내 시간을 이용해서 자녀들에게 하나님과 예수 그리스도와 그들의 관계에 대해 가르치지 않은 것입니다. 아이들과 함께 시간을 보내며 신앙을 발전시키고 강화했더라면 아이들이 인생에서 성공할 수 있는 최고의 토대가 되었을 것입니다.

54세 여성, 미네소타

5장

후회의 표층

> 내 몸은 신전이 아니라 후회를 쌓는 저장소다.
>
> @ElyKreimendahl, 트위터, 2020

사람들은 무엇을 후회할까?

20세기 중반부터 여론조사기관과 교수들이 던진 질문이다. 예를 들어, 미국여론연구소American Institute of Public Opinion의 설립자인 조지 갤럽George Gallup은 1949년에 미국 시민들을 대상으로 자신의 인생에서 가장 큰 실수라고 생각하는 것이 무엇인지 조사했다. 1위를 차지한 대답은 '모르겠다'였다.

4년 후, 갤럽은 아마도 후회에 관해 직접적으로 묻는 최초의 질문이었을 설문조사를 들고 돌아왔다. 1953년에 그의 팀은 이렇게 물었다. "일반적으로 말해서, 만약 당신이 인생을 다시 살 수 있다면 지금까지와 거의 같은 방식으로 살겠습니까, 아니면 다르게 살겠습니까?" 대다수 미국인은 아무것도 바꾸지 않겠다고 답했다. 성인 중 대다수가 만족스러운 삶을 살고 있다고 답한 것이다. 하지만 10명 중 4명가량은 다른 삶을 살고 싶어 했다(〈여론 뉴스 서비스Public Opinion News Service〉, 1953년 10월 17일, 토요일판).

고난을 인정하고 구구절절 늘어놓자니 불편함을 느끼는 것도 일리가 있다. 1953년의 삶을 생각해보자. 2차 세계대전은 아직 대중의 기억 속에 남아 있었다. 27세의 여왕이 새로 왕위에 오른 영국은 여전히 식량을 배급하고 있었다. 일본과 유럽의 많은 지역이 폐허에서 빠져나오고 있었다. 이오시프 스탈린이 사망하고 한국전쟁이 끝나고 최초의 소아마비 백신이 개발된 해였다. 외부 세계가 너무 참담한 상황에서 내면의 사색은 사치스럽게 느껴졌을 것이다. 배꼽 응시(명상을 돕기 위해 배꼽을 관조하는 행위-옮긴이)가 국민적 취미가 되기까지는 아직 수년이 남아 있었다.

하지만 점점 더 많은 연구자들이 불안함을 엿보는 것을 연구 주제로 삼았다. 1949년에 시행된 여론조사에서 자기 인생의 가장 큰 실수를 묻는 질문에 '모르겠다'에 이어 2위를 차지한 대답은 '교육을 충분히 받지 못함'이었다. 1953년에 실시한 여론조사에서, 후회를 경험한 사람들의 표본의 15퍼센트가 꼽은 가장 많은 대답은 "교육을 더 받지 못한 것"이었다. 그것도 일리가 있다. 1953년에는 미국 인구의 6퍼센트만이 대학을 4년 이상 다녔다. 미국인의 절반 이상이 고등학교를 졸업하지 못했다.[1] 흑인 아동을 거부하는 공립학교의 인종 분리 정책을 헌법 위반으로 규정한 미 대법원 소송 '브라운 대 교육위원회 사건'은 1년 뒤에나 벌어질 일이었다. 미래의 교육 가능성을 꿈꾸는 미국인들이 늘어나기 시작했고, 이는 어쩌면 과거에는 그 같은 기회를 가지지 못했거나 실행하지 못했던 것에 대해 후회하는 사람들이 더 많아졌다는 의미일지도 모른다. 1965년 갤럽이 〈룩Look〉의 의뢰를 받아 미국인에게 두 번째 삶을 살게 된다면 무엇이 달라졌으면 좋겠는지 설문조사를 실시했을 때 응답자의 43퍼센트가 "더 많은 교육을 받을 것"을 선택했는데, 이는 8년 전 응답자의 3배에 달하는 수치였다.[2]

이후 수십 년 동안 여론조사원들의 후회에 관한 관심은 줄어들었지만, 대신 학자들이 그 책임을 떠맡았다. 1980년대에 미시간 대학교의 재닛 랜드먼과 진 마니스Jean Manis는 교내 진로상담 센터를 방문한 학부생과 성인 여성을 상대로 후회 사례를 수집했다. 각 집단에서 꼽은 가장 큰 후회는 바로 교육의 영역에 있었다. 상대적으로 나이 든 여성의 경우 '했더라면'은 일반적으로 너무 일찍 학업을 그만둔 것과 관련이 있었다.[3] 1989년에 애리조나주립대학교의 알린 메타Arlene Metha와 리처드 키니어Richard Kinner는 연령

별 세 집단(20대, 35~55세, 64세 이상)을 대상으로 여성이 주로 후회하는 것이 무엇인지 조사했다. 세 집단을 통틀어 가장 많이 나온 가장 큰 후회는 "학업에 더 진지하게 임하지 않고 더 열심히 공부하지 못한 것"이었다.[4] 다른 애리조나 주립 연구원들이 몇 년 후 커뮤니티칼리지community college(우리나라의 전문대와 비슷한 위치다-옮긴이) 학생들을 대상으로 설문조사를 실시한 결과도 비슷했다. '교육/학력' 후회가 가장 많았다.[5] 1992년에 가족학 연구자 메리 케이 디제노바Mary Kay DeGenova는 은퇴한 사람들을 대상으로 설문조사를 실시했는데, 친구, 가족, 직장, 교육, 종교, 여가, 건강 영역 중에서 가장 많이 후회하는 영역이 교육이라는 것을 발견했다.[6]

비슷한 결과가 계속 나왔다. 앞서 3장에서 설명했던 유명한 올림픽 메달 연구를 수행한 코넬대학교의 빅토리아 메드벡과 토머스 길로비치는 1994년에 다양한 사람들에게 무엇을 후회하는지 물었다. "교육 기회를 놓친 것"과 "잘못된 교육 선택"이라는 답변이 포함된 교육 분야가 1위를 차지했다('사랑의 기회를 놓친 것'과 '현명하지 못한 외도'와 같은 개인적인 관계는 그다음을 차지했다).[7] 이듬해 메드벡과 길로비치는 니나 하티앙가디Nina Hattiangadi와 함께 어린 시절 아이큐가 높은 천재로 여겨졌던 70대들의 후회를 연구했다. 대학에서 시간을 낭비하고, 잘못된 학문 분야를 선택하고, 학교 교육을 충분히 마치지 못한 것에 대한 후회를 포함해 교육이 다시 한번 그들의 목록에서 1위를 차지했다.[8]

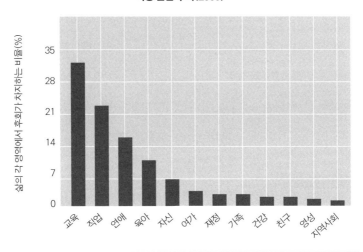

가장 흔한 후회(2005)

삶의 각 영역에서 후회가 차지하는 비율(%)

35
28
21
14
7
0

교육 직업 연애 육아 자신 여가 재정 가족 건강 친구 영성 지역사회

출처: Roese, Neal J., and Amy Summerville. "What we regret most⋯ and Why", *Personality and Social Psychology Bulletin* 31, no. 9 (2005): 1273-1285

2005년 닐 로즈와 에이미 서머빌은 "인생에서 어떤 영역이 가장 큰 후회를 낳는가"를 더 확실하게 밝히기 위해 기존 연구를 정리하기로 했다. 그들의 메타 분석은 앞서 언급한 연구를 포함하여 9개의 기존 연구를 검토하고 후회를 직업("내가 치과의사였더라면"), 연애("에드워드 대신 제이크와 결혼했으면 좋았을 텐데"), 육아("아이들과 더 많은 시간을 보냈더라면") 등 12개의 범주로 분류했다. 다시 한번 교육이 1위를 차지했다. 그들이 분석한 연구에 참여한 3,041명 중 32퍼센트가 가장 크게 후회하는 것으로 교육을 꼽았다.

그들은 "가장 크게 후회하는 것으로 교육을 꼽는 부분적인 이유는, 현대 사회에서 거의 모든 사람이 새로운 교육 기회를 더 다양하게 누릴 수 있기 때문이다."라고 결론지었다. 대학을 마치지 못했다면 다시 학교로 돌아올 수도 있다. 추가적인 훈련이나 기술이 필요하다면 적절한 교육과정을 밟을 수 있을 것이다. 20대에 대학원 학위를 받지 못했다면 40대나 50대에 학위를 취득할 수도 있다. "기회는 후회를 낳고, 교육은 평생에 걸쳐 끊임없이 수정될 수 있다."라고 그들은 썼다.[9]

　로즈와 서머빌은 논문의 제목을 〈우리는 무엇을 가장 후회하는가… 그리고 왜 후회하는가?〉라고 붙였다. 이 논문의 결론은 간단해 보였다. 하지만 이 분석으로는 문제가 해결되지 않았다. 그들과 다른 연구자들은 곧 '무엇'에 대한 그들의 대답이 잘못되었으며, '왜'에 대한 그들의 대답이 그들이 깨달은 것보다 더 깊은 무언가를 드러낸다는 사실을 발견했다.

사람들이 '진정으로' 후회하는 것은 무엇일까?

동료 심사를 통과했음에도 불구하고 교육이 우리의 가장 큰 후회라고 결론을 내린 연구들은 결함이 많았다. 이를테면 대부분 대학 교내에서 조사가 진행되었기에, 학위, 전공, 교육과정에 대한 후회가 대다수였다. 병원, 약국, 진료실에서 설문조사를 실시했다면 아마도 건강에 대한 후회가 지배적이었을 것이다.

더 중요한 것은 로즈와 서머빌이 지적했듯이, 이전 연구는 전체 인구를 대표하는 표본보다는 '편의(추출) 표본samples of convenience'에 의존했다는 점이었다. 한 연구에서 연구자들은 대학원생들에게 무작위 표본 추출이 아니라 아는 사람에게 설문지를 나눠달라고 요청하기도 했다. 퍼듀대학교 근처에 사는 은퇴한 노인 122명을 대상으로 실시한 이 연구의 결과가 서부 인디애나에서 조사한 결과와 같을 리 없듯, 전 세계 다른 지역에서 나타난 결과와 같을 가능성이 거의 없을 것이다. 또 다른 연구에 참여한 인터뷰 대상자들은 10명의 명예교수, 11명의 요양병원 레지던트, 40명의 학부생, 16명의 사무직 및 관리직 직원이었다. 로즈와 서머빌은 메타 분석에서 전체 표본의 73퍼센트가 여성이며, 이는 최선의 통계를 위해 요구되는 성별 비율로 볼 수 없다고 지적했다. 또한 조사 대상자 중 압도적으로 많은 수가 백인이었다. 심지어 미국 인구를 더 정확히 대표하는 갤럽 여론조사도 결정적인 결과를 내놓지 못하는 경우가 많았다. 1953년 여론조사에서 15퍼센트의 사람들이 가장 후회하는 것으로 교육을 꼽았다. 하지만 그보다 훨씬 더 많은 사람(약 40퍼센트)이 이 질문에 한 가지 이상의 답을 했다.

로즈와 서머빌은 논문 말미에 미국 전체의 다양성과 복잡성을 대표하는 설문조사가 필요하다고 결론 내렸다. 그리고 2011년에 로즈와 그의 동료 마이크 모리슨Mike Morrison이 도전에 나섰다. 그들은 대학 교내에서 벗어나 미국 전역의 370명을 대상으로 전화 설문조사를 실시했다. 무작위로 전화를 걸면 표본이 특정 지역이나 인구통계학적 집단으로 치우칠 일이 없었다. 그들은 참가자들에게 중요한 후회 한 가지를 자세히 알려달라고 요청했고, 독립 평가자 팀이 그 후회가 열두 가지 삶의 영역 중 어디에 해당하는지를 표시했다. 로즈와 모리슨은 이것이 "평범한 미국인이 인생에서 가장 후회하는 것을 진정으로 대표하는 최초의 초상화"라고 썼다.

그들이 제시한 '전형적인 미국인의 후회'라는 초상화 즉, '전국 표본 조사에서 얻은 결과'는 이전과 사뭇 달랐다. 후회는 삶의 여러 영역에 널리 퍼져 있었고, 응답자가 20퍼센트를 넘는 단일 범주는 단 한 가지도 없었다. 연애와 관련된 후회(실연이나 만족스럽지 못한 관계)가 가장 많았고, 이는 전체 후회의 약 19퍼센트를 차지했다. 가족은 17퍼센트로 그 뒤를 이었다. 교육과 직업은 각각 14퍼센트였다.[10]

이전보다 다양해진 표본 덕분에 연구자들은 또 다른 통찰도 얻을 수 있었다. 예를 들어, 여성은 남성보다 연애나 가족에 대한 후회를 더 많이 했다. 정규 교육을 가장 짧게 받은 사람들은 교육에 대한 후회를 더 많이 했고, 연애 중이 아닌 독신들은 연애에 대한 후회를 더 많이 했다.

그 이유도 이전 연구와 달랐다. 다시 한번 연구자들은 후회가

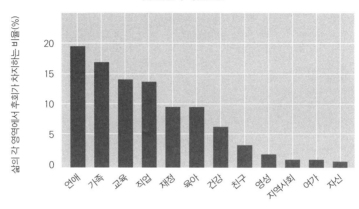

가장 흔한 후회(2011)

삶의 각 영역에서 후회가 차지하는 비율(%)

20
15
10
5
0

연애 · 가족 · 교육 · 직업 · 재정 · 육아 · 건강 · 친구 · 영성 · 지역사회 · 여가 · 자신

출처: Morrison, Mike, and Neal J. Roese. "Regrets of the typical American: Findings from a nationally representative sample." *Social Psychological and Personality Science* 2, no. 6 (2011): 576-583.

기회에 달려 있다고 결론 내렸다. 하지만 선행 연구에서는 기회가 '많다고' 인식하는 영역에 후회가 도사리고 있다고 주장했지만, 이 연구에서는 정반대인 것으로 밝혀졌다. 기회가 사라진 영역(예를 들어 추가 교육을 받기에는 너무 늦었다고 생각)에서 후회가 가장 컸다. 기회가 희박한 영역에 대한 후회(문제를 해결할 수 없는 경우)는 기회가 많은 영역에 대한 후회(문제를 해결할 수 있는 경우)보다 훨씬 많았다.

학자와 조사원들이 개인의 후회에 관해 조사하기 시작한 지 반세기가 지난 후, 그들은 두 가지 핵심 질문에 대한 답을 얻었다.

'사람들은 무엇을 후회할까?'

많은 것들을 후회한다.

'왜 그런 후회를 할까?'

그 이유는 기회와 관련이 있다.

연구 결과는 흥미로웠지만 여전히 만족스럽지는 않았다.

역대 최대 규모의 후회 설문조사

1953년 이후 조사연구^{survey research}의 세계는 상당히 바뀌었다. 최초의 후회 설문조사에서 갤럽과 그의 팀은 약 1,500명을 (주로 대면으로) 인터뷰했고, 컴퓨터의 도움도 없이 응답을 표로 작성했다. 사용한 지 3년째인 내 스마트폰은 1950년대 전 세계 모든 대학의 연산 능력을 능가한다. 그리고 내가 이 글을 쓰고 있는 노트북은 나를 전 세계 수십억 명의 사람들과 연결해주며 20세기 중반 통계학자들도 놀랄 만큼 엄청난 양의 데이터를 빠르고 쉽게 분석해주는 무료 오픈소스 소프트웨어를 제공한다.

나는 조지 갤럽이 아니다. 하지만 오늘날의 도구는 매우 강력하고 비용도 저렴해지고 있어서 나 같은 아마추어도 갤럽의 방식을 따라갈 수 있다. 나는 사람들이 무엇을 후회하는지가 제대로 밝혀지지 않았다는 생각을 떨치지 못하고 스스로 알아내려고 노력했다.

우리는 조사 참가자를 모집해주는 회사들과 제휴한 데이터 분석·소프트웨어 기업과 협력해 지금껏 없었던, 미국인을 정확히 대표하는 역대 최대 규모의 후회 설문조사인 이른바 '미국 후회 프로젝트'를 시행했다. 우리는 (성별, 나이, 인종, 결혼 여부, 지역, 소득, 교육 수준 등을 다양하게 고려한) 성인 4,489명을 대상으로 조사했다.

온라인www.danpink.com/surveyresults에서 전체 내용을 볼 수 있는 이 설문조사는 참가자들에게 7개의 인구통계학적 질문과 18개의 연구조사 관련 질문을 던졌다. 그중에는 다음과 같은 중요한 질문도 포함되어 있었다.

> 후회는 삶의 일부다. 우리 모두에게는 달리했다면 좋았을(혹은 하지 않았으면 좋았을) 행동들이 있다.
> 잠시 당신의 삶을 돌아보자. 그런 다음 두세 문장으로 당신이 겪었던 중대한 후회 한 가지를 적어보라.

수천 개의 후회가 우리 데이터베이스에 쏟아져 들어왔다. 우리는 이 후회들을 직업, 가족(부모, 자녀, 손주), 파트너(배우자, 배우자에 준하는 사람), 교육, 건강, 재정, 친구 등의 여덟 가지 범주로 분류해달라고 요청했다. 그리고 우리는 몇 가지 다른 질문을 던졌는데, 이 질문들 중 상당수는 이 책의 후반부에서 살펴볼 것이다.

우리가 실시한 설문조사에서는 가족이 1위를 차지했다. 거의

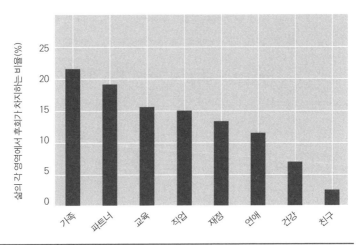

가장 흔한 후회(2021)

삶의 각 영역에서 후회가 차지하는 비율(%)

25
20
15
10
5
0

가족 · 파트너 · 교육 · 직업 · 재정 · 연애 · 건강 · 친구

출처: 다니엘 핑크 외, '미국 후회 프로젝트'(2021)

22퍼센트에 가까운 응답자가 이 카테고리에 대해 후회를 표명했고, 19퍼센트가 파트너와 관련된 후회를 표명했다. 교육, 직업, 재정에 대한 후회가 뒤를 이었다. 건강과 친구들에 대한 후회는 그다음이었다.

다시 말해, 후회에 대한 가장 규모가 크고 대표적인 설문조사는 다음과 같은 명확한 결론에 도달했다. 미국인의 후회는 어느 한 가지 범주에 국한되지 않고 광범위한 영역에 걸쳐 있다. 사람들은 진정 수많은 것(가족 관계, 연애 선택, 이직, 학력 등)을 후회한다. 어쩌면 놀라운 일이 아닐 수도 있다. 후회란 보편적이기 때문이다. 그것은 인간의 근본적인 부분이다. 인간의 삶은 다양한 영역에 걸쳐 있다. 우리는 부모, 아들, 딸, 배우자, 파트너, 직원, 상사, 학생, 소비자, 투자자, 시민, 친구 등의 신분을 갖고 있다. 왜 여러 영역에 걸친 후회가 없겠는가?

게다가 후회는 우리를 더 나은 사람으로 만든다. 더 신중하게 결정하게 해주고 성과를 높이며 의미를 심화한다. 그런데 왜 그 이점들이 삶의 영역에 두루 미치지 '못하는' 걸까?

하지만 이런 결과조차 여전히 미흡하다. 이해의 실마리를 얻었지만 내가 찾던 깨달음은 아니었다. 그래서 다시 자료를 살펴보고 '세계 후회 설문조사'를 통해 전 세계에 걸쳐 수천 개 답변을 더 수집하면서 그 이유를 발견했다. 질문은 옳았다. 나는 엉뚱한 곳에서 답을 찾고 있었다.

●

고등학교 시절 농구를 하는 동안 연습도 하지 않고 '모든 것을 바치지' 않았어요. 형과 비교당하면서 형보다 못한 아이가 되는 것이 두려웠기 때문이었던 것 같습니다. 결국, 노력이 부족해서 그렇게 되고 말았죠.

24세 남성, 유타

●

순전히 다른 사람 비위를 맞추려고, 또 다른 사람을 언짢게 하지 않으려고 실제의 나보다 똑똑하지 않은 척, 창의적이지 않은 척했어요. 고객과의 비즈니스 미팅에서도 그렇게 했더니, 나중에 '고객 미팅에서 그녀는 쓸모없어'라는 말을 들었습니다.

39세 여성, 사우디아라비아

●

인종차별에 대해 더 많이, 더 일찍 알지 못한 것을 후회합니다.

78세 여성, 펜실베이니아

네 가지 핵심 후회

케빈 왕은 교육에 대해 후회한다. 2013년 존스홉킨스대학교에서 생물학을 전공했을 때 그는 양가 조부모님들처럼 의사가 되겠다는 계획을 세웠다. 그의 성적은 훌륭했다. 남은 단계는 MCAT(의과대학 입학시험)뿐이었다. 하지만 거의 10년이 지난 후 케빈 자신의 말마따나, 그는 "MCAT 공부를 하지 않고 늑장을 부리다가 시험을 망쳐서 결국 의대에 진학하지 못했다." 현재 그는 뉴욕시립병원에서 일하고 있지만, 환자를 진료하는 의사가 아니라 비용을 관리하는 행정직으로 일하고 있다.

그 반대편인 남부 캘리포니아에 사는 존 웰치스도 교육에 대해 후회한다.

문예창작 학사과정을 끝마칠 무렵, 교수님들이 내게 MFA(문예창작 석사과정)에 지원하라고 권했어요. 글솜씨도 좋고 집중력도 높다고 말했죠. 심지어 나는 그 프로그램이 주관하는 두 개의 소설상을 수상하기도 했어요.

문제는 졸업을 한 달 앞두고 결혼할 예정이었다는 것이었습니다. 갓 결혼한 대학 졸업생이 결국 무엇을 했을까요? 취직이었습니다.

그래서 그는 자신의 진정한 관심사와 멘토들의 조언에 귀를 기울이는 대신, 석사과정을 건너뛰고 은행 업무에 흘러들었다가, 종국엔 '영혼을 갉아먹는' 카피라이터 자리를 얻었다.

케빈과 존, 두 미국인 남성은 같은 후회(대학원 진학을 하지 않아 원하는 직업을 갖지 못함)를 안고 있다. 그런데 그들의 후회는 실제로 얼마나 비슷할까?

케빈은 자신의 미래를 진지하게 생각하지 않은 것을 후회하는 반면, 존은 위험을 무릅쓰지 않은 것을 후회한다. 케빈은 다른 사람들의 기대에 부응하지 못한 것을 후회하는 반면, 존은 자신에게 걸맞은 기대치를 설정하지 않은 것을 후회한다. 케빈은 성실하지 못한 것을 후회하는 반면, 존은 대담하지 못한 것을 후회한다. 그들의 후회는 표면적으로는 비슷한 영역에 있는 것 같지만, 표면 아래의 뿌리는 이렇게 다르다.

나는 '세계 후회 설문조사'의 항목을 분석하면서, 사람들이 가장 오해하고 있는 감정을 연구하고 있다기보다는 거대한 온라인 고해성사를 받고 있다는 느낌이 들었다.

예를 들어, 수백 명이 오스트레일리아에 사는 이 61세 노인처럼 파트너에 대해 후회를 했다.

> 아내에게 충실하지 못했고, 오히려 그녀가 문제라고 외도를 이기적으로 정당화했던 것이 가장 후회스럽습니다.

이 편지가 도착한 지 몇 주 후, 37세의 캐나다인은 자신이 친구들에게 했던 행동을 후회한다고 했다.

> 어렸을 때 같은 학년의 몇몇 다른 아이들을 괴롭힌 것을 후회합니다. 그때를 생각하면 움츠러들고, 과거를 돌이킬 기회가 있으면 좋겠다고 생각할 뿐입니다.

얼마 후 캘리포니아에서 편지를 보내온 또 다른 37세 남성이 말했다.

> 나는 학생 선거에서 상대 후보의 친구가 낸 투표용지를 슬쩍 밖으로 버리는 부정행위를 저질렀어요. 그가 자기 친구에게 투표했으

리라 생각한 거죠. 이기기 위해 그럴 필요까지는 없었다고 생각해요. 나 자신의 청렴성을 훼손한 게 더 슬픕니다.

위의 세 남자가 안고 있는 후회(호주인의 결혼, 캐나다인의 어린 시절, 캘리포니아 거주민의 선거)는 표면적으로는 광범위한 영역에 산재한 것으로 보인다. 하지만 실제로는 얼마나 다를까?

그들의 후회는 모두 도덕성 위반을 수반한다. 기억 속에 각인된 그들 삶의 어느 한 순간에 세 사람은 모두 선택에 직면했다. 원칙을 존중할 것인가, 아니면 원칙을 어길 것인가? 그리고 그 순간 세 사람 모두 잘못된 선택을 했다. 표면적으로 그들의 후회는 서로 다른 삶의 풍경을 찌르고 있지만, 표면 아래 그것들이 자라는 뿌리는 하나이다.

유사성과 차이점

당신과 다른 언어를 사용하는 사람들이 사는 곳을 여행해본 적이 있다면, 그곳에서 네 살짜리 아이를 만났을 때 약간의 부러움을 느꼈을지도 모른다. 내게도 그런 일이 있었다.

나는 성인이 되어 스페인어를 배우기 시작했는데 구제불능이었다. 나는 불규칙 동사를 엉망으로 만들었고, 성별과 형용사를 혼동했다. 가정법? 디오스 미오!(¡Dios mío!, 아이고!) 하지만 미국이나 외국에서 스페인어를 사용하는 미취학 아동들을 보면 그들은 수월하게 말하는 것 같았다.

노암 촘스키Noam Chomsky의 연구 덕분에 나는 그 이유를 이해할 수 있었다. 1950년대 후반까지 대다수 과학자들은 아이들이 대개 백지 상태에서 어른들의 말을 모방하면서 언어를 배운다고 믿었다. 아이들은 정확하게 모방하면 칭찬을 받았다. 모방이 빗나가면 교정을 받았다. 그리고 부모가 어떤 언어를 쓰든 시간이 흐름에 따라 이 과정이 아이의 작은 두뇌 회로에 새겨졌다. 전 세계에서 사용되는 다양한 언어가 이 사실을 증명한다. 일부 언어들(예를 들어 덴마크어와 독일어)은 역사를 공유했다. 하지만 언어 자체에는 하나의 공통된 토대가 없었다.

촘스키는 1957년에 《통사적 구조Syntax Structures》(한국어판 《촘스키의 통사 구조》, 2016, 알마)라는 책을 출간하면서 이런 믿음을 뒤엎었다. 그는 모든 언어가 인간의 뇌에 내재된 보편적 규칙의 틀인 '심층 구조deep structure'에서 생성된다고 주장했다.[1] 아이들은 앵무새처럼 소리를 흉내 내며 언어를 배우는 것이 아니다. 이미 머릿속에 존재하는 문법적 연결 구조를 활성화시키는 것이다. 촘스키는 언어는 습득한 기술이 아니라고 말했다. 그것은 타고난 능력이었다. 베트남어를 배우거나 크로아티아어를 배우는 아이는 하노이에서 걷는 법을 배우거나 자그레브에서 걷는 법을 배우는 아이와 크게 다르지 않다. 그들은 그저 인간이 하는 일을 할 뿐이다. 물론 개별 언어는 서로 다르지만 '표층 구조'만 다를 뿐이다. 힌디어, 폴란드어 및 스와힐리어는 하나의 본판에서 파생된 변형들이다. 이 모든 것의 토대는 동일한 심층 구조다.

촘스키의 생각은 언어학 연구에 혁명을 일으켰고 뇌와 정신에 대한 우리의 이해를 넓혔다. 물론 그의 좌파적 정치 성향을 거부하는 사람들을 비롯하여 그를 폄하하는 사람들도 있었다. 하지만 그가 과학에 기여한 바는 변함이 없고 부인할 수도 없다. 그리고 그의 연구 결과 중 하나는 세계의 언어들 사이에서 유사성은 흔히 차이점을 은폐하고 차이점은 흔히 유사성을 은폐한다는 깨달음이었다.

촘스키의 가장 유명한 사례 중 하나를 인용해보자.[2] 다음의 두 영어 문장은 거의 비슷해 보인다.

John is eager to please.
John is easy to please.

둘 다 다섯 단어로 이루어져 있으며, 명사, 동사, 형용사, 부정사 순으로 나열돼 있다. 네 단어는 똑같고, 한 단어는 몇 글자만 다를 뿐이다. 하지만 한 층위 아래를 살펴보면 문장은 사뭇 다르다. 첫 번째는 존이 주체다('존은 기쁘게 해주고 싶다'라는 뜻이다-옮긴이). 두 번째는 존이 대상이다('존은 기쁘게 해주기 쉬운 사람이다'라는 뜻이다-옮긴이). 두 번째 문장을 "It is easy to please John."으로 바꿔 말해도 그 의미는 동일하다. 하지만 첫 번째 문장을 "It is eager to please John."이라고 바꿔 말하면 그 의미는 무너진다('그것은 존을 기쁘게 해주고 싶어 한다'라는 뜻이다-옮긴이). 표층 구조는 동일하지만, 심층 구조는 서로 다르기 때문에 의미가 닿지 않는다. 한편, 다음의 두 문장은 매우 다르게 보인다.

Ha-yoon went to the store.
하윤이는 그 가게에 갔다.

하지만 한 층위 아래를 살펴보면, 두 문장은 동일하다. 명사구(Ha-yoon, 하윤이는), 동사구(went, 갔다), 전치사구(to the store, 그 가게에)로 이루어져 있다. 이 두 문장의 표층 구조는 다르지만, 심층 구조는 동일하다. 촘스키는 복잡하고 무질서해 보이는 표층이 전부는 아니라는 사실을 증명했다. 바벨탑 아래의 불협화음은 인간 공통의 멜로디를 담고 있다.

이해하는 데 시간이 좀 걸렸지만, 나는 후회도 표층 구조와 심층 구조를 모두 갖고 있다는 사실을 발견했다. 눈에 보이고 설명하기 쉬운 것(가족, 교육, 직장과 같은 삶의 영역)은 그 밑에 깔린 인간의 동기와 열망의 숨겨진 구조에 비하면 그다지 중요하지 않다.

후회의 심층 구조

수천 건의 후회 사연을 읽고 또 읽는 것은 벅찬 일이다. 게다가 후회를 종류별로 분류하고 재분류하는 것은 더욱 그렇다. 하지만 항목을 다시 훑어보면서, 응답자의 나이, 거주지, 성별, 혹은 그 사람이 설명하는 주제와 뚜렷한 상관 관계 없이 계속 나타나는 특정 단어와 구절들을 식별하기 시작했다.

> "성실한" (…) "더 안정적인" (…) "나쁜 습관"
>
> "기회를 붙잡고" (…) "의견을 적극 표현하고" (…) "탐험하고"
>
> "잘못된" (…) "옳지 않은" (…) "그래선 안 된다는 걸 알고 있는"
>
> "놓친" (…) "더 많은 시간" (…) "사랑"

이런 단어와 구절은 심층 구조에 대한 단서를 제공한다. 이 후회들이 쌓이면서 점묘화를 이루는 수천 개의 색점처럼 형태를 갖춰나갔다. 그 형태는 우리 모두의 삶을 아우르며 우리가 생각하고 느끼고 살아가는 방식 면면에 스며들어 있다. 인간의 후회는 다음 네 가지 범주로 나뉜다.

● **기반성 후회**Foundation regrets : 후회의 첫 번째 심층 구조는 거의 모든 표층 구조를 관통한다. 교육, 재정, 건강에 대한 후회 중 상

당수는 사실 하나의 핵심 후회(책임감 있게 행동하지 않았거나 성실하지 못했거나 신중하지 못했던 것)의 외적 표현이다. 우리의 삶은 어느 정도 기본적인 수준의 안정을 필요로 한다. 신체적 안녕과 물질적 안정이 없다면 다른 목표는 상상하기 어렵고 추구하기는 더욱 어려워진다. 하지만 개인의 선택이 이 장기적인 욕구를 약화시킬 때도 있다. 공부를 게을리하다가 학업을 중도에 그만두거나 과소비를 하고 저축을 거의 하지 않거나 건강에 좋지 않은 습관을 들이고 만다. 이런 결정이 결국 삶의 기반을 흔들고, 미래가 우리의 희망에 부응하지 못할 때 후회가 뒤따른다.

- **대담성 후회**Boldness regrets : 삶에는 안정적인 기반이 필요하지만 그것만으론 충분하지 않다. 내 연구와 학계의 다른 연구들을 통해 밝혀진 가장 분명한 사실 중 하나는, 우리는 세월이 흐른 뒤에 붙잡은 기회보다 흘려보낸 기회를 후회할 가능성이 훨씬 더 크다는 점이다. 다시 말하지만 표면적인 영역(교육, 일, 연애에 위험 부담이 따르는지의 여부)은 별로 중요하지 않다. 우리를 괴롭히는 것은 행동하지 않은 것 그 자체다. 고향을 떠나거나 사업을 시작하거나 진정한 사랑을 좇거나 세상을 바라볼 기회를 흘려보내는 것이 전부 이 후회를 유발한다.

- **도덕성 후회**Moral regrets : 우리 대부분은 좋은 사람이 되고 싶어 한다. 하지만 비도덕적인 길로 유혹하는 선택에 직면한다. 우리가 그 길을 걸을 때, 항상 즉시 후회하는 건 아니다(합리화는

매우 강력한 정신적 무기인 만큼 반드시 배경 조사를 거쳐야 한다). 하지만 시간이 지나면서 이처럼 도덕적으로 의심스러운 결정은 우리를 갉아먹을 수 있다. 그리고 다시 한번 말하지만, 그것들이 발생하는 영역은 행위 자체(배우자를 속이고, 시험에서 부정행위를 하고, 사업 파트너에게 사기를 치는 행위)보다 중요하지 않다. 잘못 행동하거나 자신의 선함을 굽힐 때, 후회가 쌓이고 지속된다.

- **관계성 후회**Connection regrets : 행동은 삶의 방향을 제시한다. 하지만 타인과의 관계는 삶에 목적을 부여한다. 인간의 수많은 후회는 이 원칙을 인식하고 존중하지 않는 데서 비롯된다. 배우자, 파트너, 부모, 자녀, 형제자매, 친구, 급우, 동료와의 관계가 단절되거나 실현되지 않는 것에 대한 후회가 가장 큰 범위를 차지한다. 관계성 후회는 일체감을 확립하는 데 도움을 주는 사람들을 등한시할 때 발생한다. 이 관계들이 흐트러지거나 사라지거나 발전하지 않을 때, 우리는 지속적인 상실감을 느낀다.

앞으로 네 장에서는 이런 후회의 심층 구조를 각각 살펴볼 것이다. 당신은 전 세계 사람들이 말하는 기반성 후회, 대담성 후회, 도덕성 후회, 관계성 후회에 관한 이야기를 듣게 될 것이다. 하지만 목소리의 합창이 형성되어갈 때 주의 깊게 귀를 기울이면 다른 것도 들을 수 있다. 바로 충만한 삶을 영위하는 데 필요한 생생한 하모니다.

●

나를 강간한 사람들에게 맞서지 못한 것을 후회해요. 이제 나는 정신적으로나 육체적으로 더 강해졌으니 다시는 남자가 그런 식으로 내게 상처를 주도록 내버려두지 않을 것입니다.

19세 여성, 텍사스

●

1964년, 나는 대학 동창으로부터 미시시피 프리덤 서머^{Mississippi} ^{Freedom Summer}(아프리카계 미국인들을 유권자로 많이 등록하기 위한 자원봉사 캠페인-옮긴이)에 초대받았습니다. 하지만 참여하는 대신 오클라호마시티에 있는 아버지의 상사 밑에서 일을 구했죠.

76세 남성, 캘리포니아

●

열정을 좇거나 내가 진정 즐길 수 있는 일을 추구하기보다는 돈을 위해 커리어를 쌓는 길을 따라갔어요. 어머니는 내가 예술계에서 경력을 쌓으면 굶어 죽을 거라고 확신하셨고, 그래서 지금은 관리 업무에 얽매여 책상 뒤에 갇혀 살게 되었고, 삶이 고갈되는 느낌입니다.

45세 여성, 미네소타

7장

기반성 후회
그 일을 했더라면

1996년 제이슨 드렌트는 고등학교를 졸업한 지 며칠 만에 대형 전자제품 소매업체 베스트바이^{Best Buy}에서 정규직 영업 사원으로 취직했다. 제이슨의 직업윤리는 철저했고 그의 근면성은 곧 결실을 맺었다. 그는 곧 베스트바이 역대 최연소 영업부장이 되었다. 몇 년 후 다른 소매업체에서 그를 영입했고, 제이슨은 그 회사의 기업순위를 높였다. 지역 영업 관리자를 거쳐 지역 영업본부장으로 계속 승진했고, 얼마 지나지 않아 그는 억대 연봉을 받는 경영진에 오르게 되었다. 그는 승진함에 따라 오하이오에서 일리노이, 매사추세츠, 미시간, 테네시로 연이어 이주했다. 현재 43세인 그는 대형 의류 체인의 본사에서 노무팀 책임자로 일하고 있다.

제이슨 드렌트의 이야기는 모든 면에서 성공담이다. 아동복지

시설에서 생활하는 등 힘든 어린 시절을 견뎌야 했지만, 명석한 머리, 야망, 투지는 기업에서 성공할 수 있었던 원동력이었다. 그러나 '세계 후회 설문조사'에 밝힌 그의 이야기에는 다음과 같은 중요한 각주가 붙어 있다.

> 일을 시작한 이후로 성실히 돈을 모으지 못한 것을 후회합니다. 제가 지난 25년 동안 얼마나 열심히 일했는지 생각하면 매일 가슴이 아플 지경이지만, 경제적으로는 아무것도 보여줄 게 없습니다.

제이슨의 경력은 훌륭하지만, 그의 은행 계좌에는 거의 한 푼도 없다. 지금껏 올린 성과는 플러스지만, 순자산은 마이너스다. 그는 베스트바이에서 첫 월급을 받으면서 이렇게 다짐했다. "내가 원하는 건 뭐든지 되도록 빨리 살 거야." 그는 특별히 사치스럽지는 않았다. "매일매일 터무니없는 일들을 많이 했어요." 그가 내게 말했다. 좋은 차. 옷가지들. 친구들과 함께 식당에서 저녁 식사를 할 때마다 자신이 계산하며, 그의 표현대로 '동네 인기남'이라는 자부심을 느꼈다. 기분이 좋았다.

하지만 한때 그를 기쁘게 했던 일상의 작은 선택들이 이제는 그를 괴롭힌다. "돌이켜보면 슬픈 일이에요." 그가 말했다. "지금쯤이면 자산이 불어났어야 하는데 말이죠."

고전학자들에 따르면 실존 인물인지 불분명한 이솝은 작가로서 많은 작품을 남겼다. 그의 이름을 딴 우화(그러나 수년에 걸쳐 많은 작가들이 쓴 작품을 한데 모은 것일 가능성이 크다)는 기원전 5세기로 거슬러 올라간다. 이 우화집은 2,000년 이상 베스트셀러(서점 어린이 도서 코너와 전래동화 코너에서)로 자리 잡았다. 그리고 팟캐스트와 스트리밍 서비스 시대에도 여전히 인기를 누리고 있다. 말하는 동물들이 삶의 교훈을 전해준다는 데 즐기지 않을 사람이 있겠는가? 이솝 우화 가운데 가장 잘 알려진 것은 〈개미와 베짱이〉다. 이야기는 겉보기에 단순해 보인다. 긴 여름 동안 베짱이는 이리저리 뒹굴고, 바이올린을 연주하고, 친구 개미에게 춤을 추자거나 다른 벌레와 흥청망청 즐기자고 꼬드긴다. 개미는 거절한다. 대신 옥수수와 곡물을 창고로 옮기는 더 고된 일을 선택한다.

겨울이 오자 베짱이는 자신의 잘못을 깨닫는다. 온기를 얻으려고 바이올린을 움켜쥐지만, 곧 굶주림으로 죽는다. 한편 개미와 개미 가족은 장래에 대비해 여름 동안 모은 식량으로 잘 먹고 행복하게 지낸다.

나는 제이슨과 대화를 나누다가 베짱이가 떠오른다고 말했다. 그는 안타까운 듯이 고개를 끄덕였다. "나는 한 번도 준비하지 않았어요." 그가 말했다. 그의 인생의 여름에는 "뭐가 어때서?"라고 말하며 그냥 즐겼던, 무심하게 넘겼던 순간들이 많았다. 그의 말마따나 결국 "25년 동안 바이올린을 켰던 셈"이었다.

나는 후회의 심층 구조를 이루는 네 가지 범주 중 첫 번째를 '기반성 후회'라고 명명했다.

기반성 후회는 앞을 내다보지 못하고 성실하지 못한 데서 비롯한다. 모든 심층 구조적 후회deep structure regret와 마찬가지로 기반성 후회 역시 선택에서 출발한다. 우리는 초반에 일련의 결정을 해야 하는 상황에 직면한다. 한 선택지는 개미의 길이다. 이러한 선택에는 단기적인 희생이 필요하지만, 장기적으로 보상이 따른다. 다른 선택지는 베짱이의 길이다. 이 경로는 단기적으로는 노력이나 노고를 거의 요구하지 않지만, 장기적으로는 대가를 요구할 위험이 있다.

이 중대한 시점에서 우리는 베짱이의 길을 선택한다.

너무 많이 쓰고 너무 적게 저축한다. 규칙적으로 운동하고 제대로 된 식사를 하는 대신 술을 마시고 흥청망청 생활한다. 학교에서, 집에서, 직장에서 마지못해 최소한의 노력을 기울인다. 이 선택들이 점차 늘어날 경우 그 여파가 눈에 완전히 드러나지는 않는다. 하지만 시간이 흐르면서 서서히 축적되고, 머지않아 모든 결과가 부정하기 어려울 정도로 커진다. 그리고 결국에는 회복하지 못할 정도가 되어버린다.

기반성 후회는 이렇게 표현된다. '내가 그 일을 했더라면.'

유혹과 논리

기반성 후회는 저항할 수 없는 유혹으로 시작해서 불변의 논리로 끝난다. 캐나다 앨버타 출신의 여성을 예로 들어보자. 그녀의 후회는 이솝 우화를 그대로 가져온 듯하다.

> 오랫동안 건강을 돌보지 않은 것을 후회해요. 건강을 해치는 일만 했지, 건강에 도움이 되는 일은 하지 않았죠. 게다가 은퇴를 대비해 저축도 하지 않았고, 이제 62세인데 건강도 잃고 파산했습니다.

우리는 보통 〈개미와 베짱이〉를 도덕적인 이야기로 읽지만, 이는 인지cognition에 관한 이야기이기도 하다. 겨울에 먹을 식량을 모으는 대신 여름 내내 파티를 즐기면서 베짱이는 경제학자들이 '시점 할인Temporal discounting(보상받을 수 있는 미래의 시점이 멀수록 그 보상의 가치가 떨어지는 현상-옮긴이)'이라고 부르는 현상에 굴복했다.[1] 이런 편향이 우리의 생각을 지배할 때, 우리는 종종 후회스러운 결정을 내린다.

    베짱이는 미래의 식량보다 현재 바이올린을 연주하는 것을 더 중요하게 여겼다. 앨버타주에 사는 위 여성은 중장년기의 건강과 만족감보다 젊은 시절의 희열을 더 중요하게 여겼다. 제이슨도 초기 연봉이 자신을 '천하무적'으로 만들어 먼 미래를 보지 못했

시점 할인

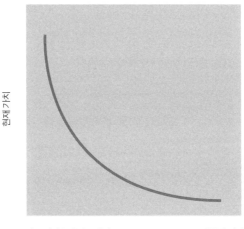

세로축: 현재 가치

지금 바이올린 연주하기　　　　　　　　나중에 먹기

다고 말한다.

　'미국 후회 프로젝트'와 '세계 후회 설문조사'에서 응답자들은 자신들의 시점 할인 경험을 '조기 초과$^{early\ excess}$'라는 언어로 묘사했다. 아칸소 출신의 31세 남성은 이렇게 말했다.

> 나는 20대 초반에 술을 너무 많이 마셨어요. 음주운전도 했죠. 그 바람에 군에 입대하려던 계획이 무산되었습니다.

아일랜드에 사는 45세 여성은 이렇게 말했다.

> 젊었을 때 나 자신을 돌보지 않았어요. 술을 너무 많이 마셨고 담배를 너무 많이 피우고 이 남자 저 남자 가리지 않고 잤습니다.

버지니아주의 49세 남성은 이렇게 말했다.

> 대학 시절을 좀 더 진지하게 보내지 못한 것을 후회해요. 미래를 생각하기보다 현재를 즐기느라 너무 많은 시간을 보냈습니다.

당신 자신이나 다른 사람들의 기반성 후회를 확인하기 위해 (술을 마시거나, 비디오 게임을 하거나, 텔레비전을 보거나, 돈을 쓰거나 또는 눈앞의 유혹으로 인해 그 가치를 넘어서는 어떤 활동을 묘사할 때 흔히 수반되는) '너무 많이'라는 단어에 귀를 기울여라. 그런 다음 (학교에서 공부하거나, 돈을 저축하거나, 운동이나 악기를 연습하거나, 또는 꾸준한 노력이 필요한 일을 묘사할 때 수반되는) '너무 적게'라는 말에 귀를 기울여라. 예를 들어, 대학 운동선수들을 대상으로 한 연구에 따르면, 그들이 가장 후회하는 행동은 너무 많이 먹고, 너무 적게 자고, 너무 적게 훈련한 것이라고 한다.[2]

시점 할인은 시작에 불과하다. 기반성 후회는 시간에 기반을 둔 두 번째 문제와 연관돼 있기 때문이다. 어떤 후회는 즉시 고통을 전달한다. 제한 속도보다 훨씬 빠른 속도로 길을 달리다가 다른 차와 충돌하면 그 결정의 결과와 그에 따른 후회는 즉각적이다. 완전히 망가진 자동차, 아픈 허리, 잃어버린 하루. 하지만 기반성 후회는 충돌의 소음과 분노를 동반하지 않는다. 기반성 후회는 다른 속도로 찾아온다.

어니스트 헤밍웨이Ernest Hemingway가 1926년에 발표한 소설《태양은 다시 떠오른다The Sun Also Rises》13장에서 주인공 제이크 반스는 스페인 팜플로나에서 해외 친구들을 만나 술을 마신다. 대화 중에 스코틀랜드 출신 마이크 캠벨이 최근에 파산한 사실을 털어놓는다.

"어쩌다 파산했나?" 미국인 빌 고튼이 묻는다.

"두 가지 방법으로." 캠벨이 대답했다. "점진적으로, 그리고 갑자기."[3]

기반성 후회는 이렇게 찾아온다. 건강, 교육, 재정적 실수는 즉각적으로 파괴적인 결과를 가져오지 않는다. 하지만 그 모든 형편없는 결정들은 천천히 세력을 형성하면서 회오리바람처럼 서서히, 그리고 갑자기 닥친다. 무슨 일이 일어나고 있는지 깨달을 때쯤이면, 우리가 할 수 있는 일은 많지 않다.

후회의 결과를 너무 늦게 깨닫는 경우에도 사람들은 비슷한 단어를 사용했다. 플로리다주의 61세 남성은 헤밍웨이의 간결한 문장 스타일을 본의 아니게 받아들여 이렇게 써서 보내왔다.

▎ 어릴 때부터 저축하지 않았죠. 복리 이자.

46세의 호주인은 이렇게 말했다.

> 다른 전공을 선택하고 인생 초기부터 더 열심히 일했다면 평생 복리로 혜택을 누렸을 겁니다.

미시간 출신의 33세 남성은 이렇게 말했다.

> 어린 시절 독서의 중요성에 눈뜨지 못한 게 후회됩니다. 이제 독서의 가치를 깨닫고, 만약 10~15년만 더 일찍 독서를 시작했더라면 어떤 복리 효과가 나타났을까 하는 생각을 자주 해요.

복리는 강력한 개념이지만, 우리 베짱이들은 좀처럼 이해하기 힘든 개념이다.

내가 당신에게 오늘 현금 100만 달러를 한 번에 받을 것인지, 가치가 매일 두 배로 늘어나는 1페니를 한 달 동안 받을 것인지 선택하라는 제안을 했다고 가정해보자. 실험에 따르면 사람들은 대부분 100만 달러를 선택했다.[4] 이후 3주 반 동안은 그 결정이 현명해 보일 것이다. 하지만 조금 더 시간이 지나면 (30일째 되는 날) 1페니는 500만 달러가 된다. 복리의 힘은 다음 표로도 설명할 수 있다. 이는 앞서 봤던 표의 미러 이미지^{mirror image}임을 알 수 있을 것이다.

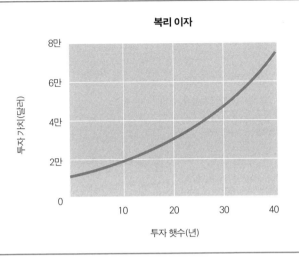

복리 이자

세로축: 투자 가치(달러), 눈금 0, 2만, 4만, 6만, 8만

가로축: 투자 햇수(년), 눈금 10, 20, 30, 40

5퍼센트의 복리 이자율로 1만 달러를 투자하면 1년 후에 500달러를 추가로 받을 수 있다. 10년 후에는 거의 6,500달러를 벌게 될 것이다. 20년이 지나면 돈이 거의 세 배로 불어난다. 30년이 지나면 당신의 돈은 4만 4,600달러로, 처음 시작할 때의 네 배가 넘는 돈이 된다. 단기적으로는 당신이 빌리거나 저축한 돈에 대한 이자가 얼마 되지 않는다. 하지만 중간 단계부터 속도가 빨라진다. 장기적으로는 폭발적으로 증가한다. 이 원리는 재정 문제에만 적용되는 게 아니다. 먹고, 운동하고, 공부하고, 읽고, 일하는 것과 관련된 작은 선택들도 시간이 지남에 따라 폭발적인 이익 또는 해악을 낳기 때문이다.

즉 우리의 뇌는 우리에게 이중적인 속임수를 쓰고 있는 셈이다. 우리로 하여금 지금의 가치를 과대평가하고 미래의 가치를 과소평가하도록 부추긴다. 그러니 우리는 선택안이 가진 비선형적인 복리 효과를 이해하지 못한다. 두 도표가 겹쳐지면 탈출하기 어려운 함정이 형성된다.

기반성 후회는 피하기 어렵기만 한 것이 아니다. 되돌리기도 어렵다. 제이슨처럼 경제적 후회를 할 때는 특히 그렇다. 다른 응답자들도 이를 생생하게 묘사한다. 캘리포니아주에 사는 어느 55세 여성은 근시안적인 재정적 선택들이 쌓여 빚더미에 올랐다고 말했다. 46세 인도 남성은 경제적 기반이 부족해 "삶을 영위할 수 있는 공간"을 확보하지 못했다. 워싱턴주에 사는 47세 여성은 이렇게 말했다. "저축할 수 있었던 돈을 낭비한 것을 생각하면 마음이 좋지 않아요." 매사추세츠주에 사는 46세의 한 여성은 "돈을 더 일찍, 더 잘 관리하는 방법"을 배우지 못했다고 말하면서 "다른 후회는 대부분 그 후회 때문에 생기는 것 같다."고 결론지었다.

기반성 후회는 지역과 성별을 막론하고 고르게 퍼져 있었다. 하지만 나이 든 사람에게서 약간 더 많이 나타났다. 삶의 기반이 약하다는 사실은 인식하는 데 시간이 걸리기 때문이다. 테네시주의 한 남자는 이렇게 말했다.

대학 때 더 열심히 공부했어야 했습니다. 더 좋은 성적을 받았다면 더 좋은 직장에 취직할 수 있었을 거고, 더 빨리, 더 많은 돈을 벌

열아홉 살 무렵 이 남자의 기반은 탄탄해 보였다. 스물아홉 살이
되자 삐걱거리는 소리가 나더니 서른아홉 살이 되었을 때 토대가
흔들리기 시작했다. 마흔아홉 살이 된 지금, 삶의 토대가 해체되는
것처럼 느껴진다. 30년 전 내린 사소해 보이는 결정들로 인해 현
재 그는 삶의 기반이 불안정하다. 실수들이 쌓인 결과를 아직 경
험하지 못한 젊은이들조차 기반성 후회를 한다. "더 열심히 공부
했더라면 좋았을 텐데." 25세의 말레이시아 여성이 말했다. "대학
에서 더 열심히 공부하고 시간을 좀 더 현명하게 보냈으면 좋았을
거라 생각해요." 인도에 사는 또 다른 25세 여성도 이렇게 말했다.

　많은 응답자는 삶의 기반을 제대로 지키지 못했을 때 나타나는
실질적인 결과뿐만 아니라 잃어버린 기회에 대해서도 안타까워했
다. 대학을 졸업한 지 20년이 넘은 49세의 한 여성은 이렇게 썼다.

╫   대학에 갈 수 있는 여건에 있다는 사실을 감사하게 생각하고 더 나
　　은 학위를 얻기 위해 좀 더 열심히 노력했더라면 좋았을 겁니다.

건강과 관련된 의사결정(나쁜 식습관과 운동 부족 등)도 비슷한 패턴
으로 삶의 기반을 위협하고 있다. '세계 후회 설문조사'에 참여한
여섯 대륙의 응답자들은 다음 39세의 콜롬비아 남성처럼 특히 어

렸을 때부터 담배를 피운 것을 후회했다.

> 담배가 건강과 주변 환경에 얼마나 해로운지 분명히 알았음에도 불구하고, 평생 담배를 너무 많이 피운 것을 후회합니다. 나는 하루에 한 갑씩, 때로는 더 많이 피웠습니다. 담배를 피우며 좌절과 불안으로부터 도망쳤습니다.

정신 건강과 관련된 기반성 후회는 종종 문제를 인식하지 못하고 해결책을 찾지 못하는 후회일 때가 많다. 오리건주에 사는 43세 남성은 이렇게 말했다.

> 20대에 정신 건강을 중요하게 생각하지 않았고, 그로 인해 자존감을 완전히 잃었다는 사실이 후회됩니다.

무너져가는 심리적 토대를 재건하기 위한 조치를 취했던 많은 사람들은 그 과정을 더 일찍 시작하지 않은 것을 후회했다. 애리조나주에 사는 44세 여성은 이렇게 말했다.

> 10~15년 더 일찍 좋은 심리치료사를 찾지 못한 것을 후회해요.

오리건주에 사는 57세의 논바이너리(여성도 남성도 아닌 제3의 성-옮긴이)는 이렇게 후회했다.

> 2002년에 처음 항우울제를 처방받았지만 2010년이 되어서야 복용하기 시작했죠. 그 약들은 신의 선물이었는데 말이죠. 내가 더 일찍 복용을 시작했더라면 그 8년이 훨씬 달라졌을지도 모른다는 생각이 듭니다.

각각의 후회에는 해결책이 내재되어 있다. 기반성 후회의 의미를 오래된 우화로 규명할 수 있었듯이, 중국 속담에서도 그에 관한 시각을 엿볼 수 있다. "나무를 심기에 가장 좋은 시기는 20년 전이었다. 두 번째로 좋은 시기는 바로 오늘이다."

기반성 귀인 오류

기반성 후회는 다음 장에서 설명할 다른 세 가지 심층 구조적 후회보다 더 까다롭다. 후회와 실망을 구분하는 것은 개인의 책임이라는 사실을 기억하라. 실망은 당신의 통제 밖에 있다. 이빨 요정이 자신에게 보상을 남기지 않았다는 사실을 깨달은 아이는 '실망'한다. 반대로 후회는 당신의 잘못이다. 베개 밑에서 아이의 이를 꺼내고 그 보상을 넣어두는 걸 잊었다는 사실을 깨달은 부모는

'후회'한다. 하지만 신체 건강, 교육 수준, 경제적 안정과 같은 문제에 있어서는 개인의 책임과 외부 환경의 경계가 모호하다.

당신이 과체중인 건 영양소를 잘못 섭취해서일까, 아니면 건강한 식습관의 본보기가 되어주기는커녕 이에 대해 가르쳐준 사람조차 없어서일까? 당신의 은퇴 자금이 부족한 건 하찮은 일에 너무 많은 돈을 쓴 탓일까, 아니면 학자금 대출을 떠안고 경제적인 여유도 없이 경력을 시작했기 때문일까? 당신이 대학을 중퇴한 건 학업에 태만해서일까, 변변치 않은 중고등학교를 다니는 바람에 대학수업을 제대로 따라갈 수 없어서인가?

가장 널리 알려진 인지 편향 중 하나는 '기본적 귀인 오류 fundamental attribution error'다. 사람들, 특히 서구인들은 행동의 원인을 그 사람이 놓인 상황과 맥락이 아니라 성격과 기질 탓으로 보는 경우가 많다.[5] 어떤 운전자가 고속도로에서 급하게 끼어들면, 즉시 그 사람을 나쁜 사람이라고 간주하는 게 전형적인 예다. 그가 병원으로 급히 달려가고 있는 사람이라고는 생각하지 않는다. 누군가가 발표를 하는 동안 불안한 모습을 보이면, 사람들 앞에 서본 경험이 많지 않은 사람이라고 생각하기보다는 선천적으로 긴장을 많이 하는 사람이라고 생각한다. 그 사람에게서만 이유를 찾으려 하고 주변 상황에 대해서는 살피려 하지 않는다.

이와 비슷한 현상이 기반성 후회에서도 나타난다. 바로 '기반성 귀인 오류 foundation attribution error'다. 우리는 우리 자신과 타인의 실패를 개인의 선택 탓으로 돌린다. 하지만 이런 실패는 우리가 통제할 수 없는 상황의 결과일 때가 많다.● 따라서 기반성 후회에 대한 수정과 회피 방법은 그 사람을 변화시키는 것뿐만 아니라 그 사람이 처한 상황과 환경까지 재구성하는 것임을 의미한다. 우리는 개인의 기본적 선택을 개선하기 위해 사회, 공동체, 가족 등 모든 차원에서 여건을 조성해야 한다. 이것이 바로 제이슨 드렌트가 하려는 일이다.

베짱이가 주는 교훈

현재 제이슨은 1,000명이 넘는 직원을 둔 소매유통업체의 사내 정책 및 프로그램을 총괄하고 있다. 직원들 대부분은 젊은 사람들이다. 그는 십 대 시절 베스트바이에서 DVD 플레이어를 팔 때보다 더 큰 사명감을 가지고 이 일에 임한다. 그는 "직원들이 삶의 기본적인 것들을 많이 탐색하도록 돕고 있습니다. 기반이 튼

● 빈곤과 박탈에 관련된 경우가 특히 그렇다. 센딜 멀레이너선Sendhil Mullainathan과 엘다 샤퍼Eldar Shahir는 그들의 훌륭한 저서《결핍: 적게 소유하는 것과 그것이 우리의 삶을 정의하는 방법Scarcity: The New Science of Having Less and How It Defines Our Lives》(한국어판《결핍의 경제학: 왜 부족할수록 마음은 더 끌리는가?》, 2014, RHK)에서 시간이나 돈, 선택권에 얽매여 있으면 지력知力에 엄청난 부담이 가해져 미래에 초점을 맞춘 현명한 결정을 내리지 못하게 된다고 주장한다.

튼하지 못한 사람은 저뿐만이 아닙니다."라고 말했다.

그는 직원들에게 기술과 인맥을 쌓는 것이 중요하다고, 당연히 미래를 위해 급여를 조금씩 저축하라고 조언한다. 그들에게 계획을 세우라고 말한 다음, 자신도 그 조언에 따라 어떻게 하는지 보여주고자 노력한다.

"나는 마흔셋에 돈이 없다는 사실을 솔직하게 밝힙니다. (제가 어렸을 때) 저 같은 마흔세 살짜리가 정직하게 말해줬으면 좋았을 겁니다." 그는 말했다. "나는 베짱이 이야기의 교훈을 전하고 있죠."

모든 심층 구조적 후회는 욕구를 드러내고 교훈을 준다. 기반성 후회가 드러내는 인간의 욕구는 안정이다. 우리 모두는 심리적 불확실성을 줄이는 교육적, 재정적, 신체적 행복의 기본 인프라를 필요로 한다. 또한 기회와 의미를 추구하기 위한 자유로운 시간과 정신적 에너지도 필요하다.

이 교훈은 2,500년 전으로 거슬러 올라간다. 앞날을 생각하라. 그 일을 하라. 지금 시작하라. 자신과 다른 사람들이 개미가 되도록 도와라.

•

열세 살 때 별로 멋지지 않다고 생각해서 색소폰을 계속 연주하는 것을 그만뒀어요. 10년이 흐른 뒤에야 얼마나 잘못 생각했는지 깨달았습니다.

23세 남성, 캘리포니아

•

처음 일을 시작했을 때만 해도 하루에 18시간, 일주일에 6일 일하면 성공할 수 있을 거라고 생각했어요. 하지만 오히려 결혼 생활이 파탄 났고 건강도 해칠 뻔했습니다.

68세 남성, 버지니아

•

엄마 없이 결혼식을 올린 게 후회돼요. 예비 신랑이 군복무 중이라 오하이오에서 멀리 떨어진 오클라호마에서 서둘러 결혼식을 올려야 했죠. 건강이 많이 안 좋았던 엄마는 한 달 뒤에 돌아가셨어요. 내가 결혼하는 모습을 보면 행복해하셨을 텐데, 내가 이기적으로 구는 바람에 그렇게 해드리지 못했죠.

51세 여성, 오하이오

8장

대담성 후회
위험을 감수했더라면

1981년 11월 저녁, 스물두 살의 미국인 브루스는 기차를 타고 프랑스 북부 지역을 지나고 있었다. 한 젊은 여성이 파리역에서 탑승해 그의 옆자리에 앉았다. 브루스의 프랑스어 실력은 형편없었지만, 여성의 영어는 괜찮아서 두 사람은 대화를 시작했다.

당시 브루스는 1년간 유럽에서 지내던 차였다. 스웨덴에서 가족과 함께 살면서 잡다한 일을 했고, 히치하이킹을 하면서 유럽 대륙을 횡단했다. 이제 그는 미국으로 돌아가는 비행기를 타기 위해 스톡홀름으로 향하고 있었다. 유레일패스가 다음 날 만료였기에 서두르고 있었다.

옆자리에 앉은 여자는 그보다 한두 살 어린 갈색 머리의 벨기에 사람이었다. 그녀는 파리에서 오페어(외국 가정에 입주하여 집안일을 하고 보수를 받으며 언어를 배우는 여성-옮긴이)로 일하다가 잠시 휴식을 취하기 위해 벨기에의 작은 고향 마을로 돌아가는 길이었다.

대화는 술술 이어졌다. 웃음도 간간이 터져 나왔다. 함께 행맨 게임을 하고 십자말풀이를 했다. 오래지 않아 두 사람은 손을 잡고 있었다.

"우리는 평생 서로를 알고 지낸 것 같았습니다." 브루스가 내게 이렇게 말했다. "그리고 그런 기분은 다시 느껴본 적이 없어요."

기차는 계속 달렸다. 시간은 쏜살같이 흘러갔다. 자정이 되기 직전, 기차가 벨기에의 한 역에 닿자 그 여자가 일어나며 그에게 말했다. "난 이제 내려야 해요."

"나도 같이 갈게요!" 브루스가 말했다.

"세상에." 그녀가 대답했다. "아버지가 날 죽일 거예요!"

그들은 기차 통로를 지나 문 쪽으로 걸어갔다. 그리고는 키스했다. 브루스는 종이에 자신의 이름과 텍사스에 있는 부모님 댁 주소를 미친 듯이 휘갈겨 그녀에게 건넸다. 기차 문이 열렸다. 그녀는 기차에서 내렸다. 문이 닫혔다.

"그냥 멍하니 서 있었어요." 이제 60대가 된 브루스가 말했다. 그는 내게 자신의 성을 밝히지 말아 달라고 부탁했다. 그가 자리로 돌아오자 승객들이 왜 여자친구와 함께 기차에서 내리지 않았는지 물었다.

"우리는 방금 만난 사이였거든요!" 브루스가 그들에게 말했다.

그는 그녀의 이름조차 몰랐다. 그들은 "이미 서로를 알고 있는 사이인 것 같았기 때문에" 이름을 주고받지 않았다고 브루스가 설명했다.

다음 날 스톡홀름에 도착한 브루스는 미국으로 돌아가는 비행기를 탔다. 40년 후 '세계 후회 설문조사'를 마치면서 그는 이렇게 이야기를 끝맺었다. "이후 그녀를 다시는 보지 못했습니다. 당시 내가 그녀를 따라 그 기차에서 내렸으면 얼마나 좋았을까 늘 생각합니다."

기반성 후회가 미리 계획하고, 노력하고, 실행하고, 안정적인 삶의 기반을 구축하지 못한 데서 생긴다면, 대담성 후회는 그 기반을 더욱 풍요로운 삶으로 가는 발판으로 활용하지 못한 데서 발생한다. 대담성 후회는 결정과 무결정이 계속 쌓이다 발생하기도 하고, 단 하나의 계기로 폭발하기도 한다. 하지만 그 근원이 무엇이든, 그것이 우리에게 던지는 질문은 항상 똑같다. 안전하게 갈 것인가, 아니면 기회를 잡을 것인가?

대담성 후회는 우리가 안전한 선택을 할 때 찾아온다. 안전한 선택을 하면 처음에는 안심할 수 있다. 우리가 고민하고 있는 변화가 너무 거대하고, 너무 파괴적이며, 너무 도전적이고, 너무 어렵게 보일 수 있기 때문이다. 하지만 결국 그 선택은 우리가 더 대담한 결정을 했더라면 더 성취감을 느낄 수 있는 결과를 낼 수 있었으리란 반사실적 사고를 유발하여 우리를 고통스럽게 만든다.

대담성 후회는 이렇게 표현된다. '내가 그 위험을 감수했더라면.'

목소리 높여 말하기

코네티컷에 사는 32세의 소비자 대출 관리자인 잭 핫셀바스는 '세계 후회 설문조사'에서 다음과 같이 말했다.

> 고등학교 시절에는 다른 사람들이 뭐라고 할지 두려워서 나서지 못했죠. 더 많은 기회를 잡지 못하고 수줍음이 많았던 것을 후회합니다.

"그때는 거절당하면 세상이 끝나는 줄 알았어요." 그는 인터뷰에서 이렇게 말했다. 상대가 '싫다'고 말하면 세상이 끝났다는 생각이 들었죠." 그래서 그는 고개를 숙이고 말을 많이 하지 않았으며 자신의 존재를 거의 드러내지 않았다. 나중에 겁 없이 행동하는 대학 룸메이트를 만난 덕분에 잭은 그런 태도를 조금이나마 고쳤다. 하지만 그는 여전히 자신이 놓친 기회와 이루지 못한 일들을 자책한다.

몇몇 조사 응답자는 브리티시컬럼비아주의 35세 남성과 거의 똑같은 언어를 사용했다. "나 자신을 대변하는 법을 배우지 못했다. (…) 사랑에서든, 학교에서든, 가족에서든, 직장에서든." 어떤 사람들은 "내 목소리를 내는 것이 두렵다."라고 말했다. 나이와 국적을 불문하고 수많은 사람이 '너무 내향적'으로 행동한 것을 후회했다.

내향성과 외향성은 골치 아픈 주제다. 대중적인 믿음과 과학적 사실이 종종 어긋나기 때문이다. 마이어스-브릭스 유형 지표Myers-Briggs Type Indicator, MBTI와 같은 검사들에 힘입어 한층 강화된 전통적인 관점은 우리가 내향적이거나 아니면 외향적이라고 주장한다. 하지만 100년 전에 이 주제를 연구하기 시작한 성격심리학자들은 대부분의 사람이 조금씩은 두 유형 모두에 해당된다는 결론을 오래전에 내렸다. 내향성과 외향성은 이분법적 성격 유형이 아니다. 인구의 약 3분의 2가 중간에 해당되는, 일종의 스펙트럼으로 이해하는 것이 좋다.[1] 그러나 양적/질적 후회 설문조사에서 자신이 지나치게 외향적이라고 말한 사람은 거의 없으며, 많은 사람은 그 반대 척도인 내향성에 기울어진 성격을 한탄했다.

예를 들어 캘리포니아의 한 남자는 자신의 "내향적인 성향"을 핑계 삼아 교실에서, 사무실에서, 심지어 "운동 경기에서조차" "목소리를 내지 않은 것"을 후회했다. 버지니아에 사는 48세 여성은 이렇게 말했다.

나의 수줍음과 내향성을 그냥 내버려둔 걸 후회해요. (…) 그런 성향이 나로 하여금 지금보다 더 나은 취업 기회, 취미 활동, 연애 기회가 있는 환경으로 나아가는 것을 막았습니다.

53세의 영국 남성은 이렇게 말했다.

십 대 시절에나 청년 시절에 너무 수줍어하고 예의 바르게 행동한 것을 후회합니다. 더 많은 위험을 감수하고, 더 적극적이고, 더 많은 인생 경험을 할 수 있었을 것입니다.

조용한 사람들과 어울리는 것을 선호하는 열혈 양향 성격자로서, 나는 서양 문화의 '외향적 이상'을 비판하는 목소리가 있을 때마다 곁에서 응원을 아끼지 않았다. 하지만 외향성으로 조금씩 나아가는 겸손한 노력이 도움이 될 수 있다는 증거가 있다. 예를 들어 캘리포니아대학교 리버사이드 캠퍼스의 세스 마골리스Seth Margolis와 소냐 류보미르스키Sonja Lyubomirsky는 일주일 동안 외향적인 사람처럼 행동하라고 요구만 해주어도 참여자들의 행복감이 눈에 띄게 증가한다는 사실을 발견했다.[2]

이와 비슷하게 불안감을 극복하고 약간의 만용을 부리는 경우에도 많은 사람이 변화를 경험했다고 보고했다. 노스캐롤라이나주의 56세 여성도 그중 한 명이다.

아이들을 낳고 아이들을 대신해 나서게 될 때까지 내 목소리를 찾는 법을 배우지 못했습니다. 그 전에는, 특히 학교에서 남을 괴롭히거나 못되게 구는 아이들에게 아무 말도 하지 않았죠. 그때는 어떻게 말해야 할지 몰랐습니다. '내가 너무 조용히 있지 않았더라면 좋았을 텐데.'라고 생각합니다.

앞으로 나서서 행동하기

유레일 기차에서의 만남 후 몇 달이 지났을 때, 브루스는 텍사스주 칼리지스테이션에 살고 있었다. 브루스의 어머니는 프랑스 우표와 파리 소인이 찍힌 편지를 브루스의 집으로 보냈다. 그 안에는 손으로 쓴 글씨가 위에서 아래까지 채워진 종이 한 장이 들어 있었다. 서툰 영어로 쓰여 있어 편지에 담긴 감정을 헤아리기가 어려웠다. 브루스는 그제야 그녀의 이름이 산드라라는 사실을 알게 됐지만 그뿐이었다. "정신 나간 소리처럼 들리겠지만 난 당신을 생각하며 미소 지어요." 산드라는 이렇게 적었다. "나를 잘 모르시겠지만 내 심정을 이해하실 거라고 확신해요." 그 말은 다정하게 들렸다. 이상하게 형식적인 맺음말을 제외한다면 말이다. "좋은 하루 보내요!" 산드라는 자신의 성을 적지도 않았고, 주소도 기재하지 않았다.

1980년대 초는 인터넷이 없던 시절이라 그렇게 연락이 끊겼다. 브루스에게는 문이 다시 열리다 닫힌 것이다.

그는 그녀를 쫓는 대신 편지를 치우는 쪽을 택했다. "나는 계속 집착할 수는 없다고 결론지었어요. 계속 생각하기 때문이죠."

대담성 후회의 고통은 "만약에 그랬다면?"의 고통이다. 토머스 길로비치와 빅토리아 메드벡을 비롯한 연구자들은 사람들이 했던 행동보다 행동하지 않은 것을 더 후회한다는 사실을 거듭 발견했다. "행동하지 않은 것에 대한 후회는 (…) 후회스러운 행동보다 반감기가 더 길다." 길로비치와 메드벡은 초기 연구 중 하나에서 이렇게 썼다.[3] 내가 실시한 '미국 후회 프로젝트'에 따르면, 행동하지 않은 것에 대한 후회가 행동에 대한 후회보다 거의 두 배나 많았다. 심지어 중국, 일본, 러시아처럼 개인주의가 덜한 문화에서도 마찬가지로 행동하지 않은 것에 대한 후회가 우세하다는 사실이 다른 연구에서 밝혀지기도 했다.[4]

이런 차이가 나타나는 핵심적 이유는 우리가 행동한 경우에는 그 결과 무슨 일이 일어났는지 알기 때문이다. 결과를 이미 확인한 선택안에 대해서는 후회의 반감기를 줄일 수 있다. 하지만 우리가 행동하지 않았을 때(예를 들어 기차에서 내리지 않았을 때)는, 이후에 사건들이 어떻게 전개되었을지 추측만 할 수 있을 뿐이다. 길로비치와 메드벡은 이렇게 말한다. "행동하지 않은 것에 대한 후회가 행동했던 것에 대한 후회보다 더 오래 살아 있고 현재적이며 완료되지 않았기 때문에, 우리는 그것을 더 자주 상기시킨다."[5] 미국 시인 오그던 내쉬Ogden Nash도 한때 저지른 일에 대한 후회와 하지 않은 일에 대한 후회의 차이점에 대해 긴 시를 쓴 적이 있다.

> 그것은 태만의 죄이며, 두 번째 종류의 죄악이다.
> 너희의 피부 아래 알을 낳는다.[6]

행동의 결과는 명확하고 구체적이며 제한적이다. 무행동의 결과는 일반적이고 추상적이며 한계가 없다. 무행동은 우리의 피부로 파고들어 알을 낳고 끝없는 추측을 부화시킨다.

로맨스의 영역에서 대담성 후회가 만연한 이유도 그 때문일 것이다. 아일랜드에 사는 37세 남성의 사연과 다를 바 없는 수백 개의 사연을 보면 후회하는 자들을 위한 스마트폰 데이팅 앱을 만들고도 남을 정도다.

> 대학에서 내 생애 가장 멋진 여성을 만났지만, 그녀에게 데이트 신청을 할 용기가 없었습니다.

오클라호마에 사는 61세 여성은 이렇게 후회했다.

캘리포니아에 사는 65세 남성은 이렇게 후회했다.

반사실적 가능성은 매우 광범위하기 때문에 대담성 후회는 오래
지속된다. 만약 브루스가 11월 저녁에 산드라와 함께 기차에서
내렸다면 어땠을까? 어쩌면 12월의 짧은 로맨스로 끝났을 수도
있다. 아니면 브루스가 태평양 연안의 미 북서부 지역이 아니라
유럽에서 중장년기를 보냈을 수도 있다. 또는 벨기에인과 미국인
부부 사이의 아이들이 태어나 부모가 우연히 만난 이야기를 지치
도록 들었을 수도 있다.

모든 대담성 후회의 중심에는 성장의 가능성이 좌절당한 이야
기가 있다. 더 행복하고, 더 용감하고, 더 발전한 사람이 될 수 있
었던 가능성이 좌절된 것이다. 단 한 번의 삶이라는 제한된 기간
내에 몇 가지 중요한 목표를 달성하는 데 실패한 것이다.

깨어 있는 시간의 절반 이상을 보내는 직장의 세계는 특히 이
런 종류의 후회를 키우는 비옥한 토양이다. 33세의 남아공 여성
은 다음과 같은 글을 남겼다.

> 사회생활 초기에 더 대담하게 용기를 내지 못하고 다른 사람들이 나를 어떻게 생각하는지에 너무 많이 신경 쓴 것을 후회합니다.

어린 시절의 수줍음을 후회하는 사람 중 한 명인 잭 핫셀바스도 뉴욕주의 주도主都인 올버니에서 보낸 어린 시절을 회상한다. 그는 "올버니에서 일자리를 구해 뉴욕주를 위해 일하다가 20년 후에 은퇴하고 연금을 받다가 죽는 거죠."라고 말했다. 안락함 속에서 머물기는 언제나 쉬웠고, 불확실성 속으로 페달을 돌리기는 어려웠다. 잭의 아버지는 많은 모험을 하지 않았다. 하지만 그는 아들에게 자기처럼 살지 말고 자기가 하는 말을 따르라고 했다. 아버지가 해준 말은 "현실에 안주하지 마."였다.

직장의 세계에서 현실에 안주해 살았던 많은 사람은 중년이 되어 자신의 선택을 바라보면서 그렇게 살지 않았더라면 좋았을 것이라 생각한다. 펜실베이니아에 사는 56세 남성은 이렇게 후회한다. "14년 전에 이미 현 직장에 결코 만족하지 못할 거라는 걸 알았으면서도 계속 남아 있었던 것을 후회합니다." 마찬가지로 53세의 영국 남성은 이렇게 후회한다. "직감에 따라 더 빨리 안전한 직장을 떠나 내 핵심 가치에 충실하지 못한 것을 후회합니다." 오리건주에 사는 54세 여성은 이렇게 후회한다. "30대 후반에 보다 대담하게 새로운 지역으로 가서 취직하지 않았던 것을 후회합니다." 그리고 나서 그녀는 자신의 후회를 '안주'라는 한 단어로 요약했다.

특히 흔하게 나타난 대담성 후회는 자기 사업을 시작하지 못한 것에 대한 후회였다. 대형 제약회사에서 수년간 근무한 니콜 세리나는 토론토 인근에 컨설팅 및 교육 회사를 차렸다. 그녀는 더 빨리 시작하지 않은 것을 후회했다.

"직장생활 초반에 좀 더 과감히 행동해야 했습니다." 캘리포니아의 한 기업가는 이렇게 말했다. "결국 그 자리에 오르긴 했지만, 윗사람들 말에 귀 기울이느라 시간을 낭비했어요."

사업에 실패한 몇몇 응답자는 사업을 하며 경험한 과도한 위험 부담에 대해 후회했다. 그들은 지식이나 기술이 부족해서, 혹은 기업가 정신이 필요함을 제대로 이해하지 못했기 때문에 실패했다고 말했다. 하지만 도약 자체를 하지 않았던 것을 후회한 사람들과 비교하면 확실히 그 수는 비율상 많지 않았다. 그들 중 상당수는 다시 한 번 시도하고자 했다. 예를 들어, 인터넷 초창기였던 1997년에 더그 론더스는 플로리다 중부에서 웹 교육업체를 차렸다. "수년간 유지하다가 결국 실패했다."라고 그가 말했다.

> 말에서 떨어졌고, 말을 타는 것이 내게 맞지 않는다고 판단했습니다. 그 후 20년 동안 다른 사람들의 말 뒤에서 쟁기를 잡고 살았죠. 하지만 다시 말에 올라타지 않았던 것을 후회합니다. 57세가 된 지금, 말을 다시 타는 방법을 알아내려고 여전히 노력 중입니다.

어떤 사람들에겐 위험을 무릅쓰지 않아 성장을 이루지 못한 문제가 직업적 문제이지만, 대다수에게는 개인적인 문제였다. 많은 경우 대담성 후회는 성장을 수단으로 삼는 게 아니라 성장 그 자체에 내재된 가치를 실현하고자 하는 욕구를 반영하고 있었다.

예를 들어, 외국으로 나갈 기회를 잡지 못한 수백 명의 사람들이 그 결정을 자신의 가장 후회스러운 일로 꼽았다. 나는 후회 사연으로 만든 데이팅 앱이 실패하면 해외 유학을 안 한 것을 후회하는 대학생들을 위한 특별 여행 패키지를 판매하는 사이트를 만들 수 있을 것 같다.

"가장 후회되는 건 내가 저지른 나쁜 짓이나 어리석은 짓이 아니에요. 하지 못한 일들이죠." 오스트레일리아 애들레이드에 사는 젬마 웨스트가 이렇게 말했다.

> 가장 큰 후회는 열여덟 살 때 유럽 배낭여행을 가지 않은 것이에요. 두려웠기 때문이죠. 그래서 저의 가장 친한 친구는 호주인에게 가장 중요한 이 통과의례를 다른 사람과 함께했습니다.

유타주에 사는 47세 여성은 이렇게 말했다.

> 지금보다 젊었을 때 (대출금, 아이, '직장다운 직장', 그리고 어른으로서의 모든 책임을 짊어지기 전에) 더 많이 여행하지 못한 것이 후회됩

니다. 지금은 그럴 자유가 없다고 생각해요.

오하이오주에 사는 48세 남성은 이렇게 말했다.

좀 더 모험적이지 않았던 것을 후회합니다…. 시간을 들여 여행하고, 탐험하고, 세상의 더 많은 것을 경험했으면 좋았을 테지요. 실망에 대한 두려움이 나를 지배하도록 내버려 뒀고, 나 자신의 기대보다 다른 사람들의 기대를 더 중요하게 여겼습니다. 나는 항상 '좋은 군인'이었고 주변 사람들을 기쁘게 하려고 열심히 노력했어요. 좋은 삶을 살고 있습니다만, 다른 사람들과 공유할 수 있는 경험을 더 많이 했으면 좋겠습니다. 언젠가는….

대담성 후회는 앞서 언급한 오하이오주 출신 남성의 이야기처럼 탐험과 관련된 경우가 많다. 그리고 응답자들은 가장 중요한 탐험 중 하나가 내면의 탐색이라고 답했다. 진정성을 추구하는 데에는 대담함이 필요하다. 진정성이 좌절되면 성장도 좌절된다. 이 점을 가장 잘 보여주는 사례는 전 세계 수십 명이 대담하지 못한 자신의 후회를 다음의 한 문장으로 표현했다는 사실이다. "나 자신에게 진실하지 못했다."

자신의 정체성을 표현하는 사람들은 자신의 정체성이 지배적인 문화에 반하는 경우에도 거의 후회하지 않았다. 자신의 정체성을 억누른 사람들은 삶을 온전히 살아갈 수 있는 가능성을 거부당한 것 같다고 이야기했다. 예를 들어 캘리포니아에 사는 53세 응답자는 이렇게 말했다.

> 동성애자라고 더 일찍 커밍아웃하지 못한 것을 후회합니다. 그게 다른 사람이 나를 보는 시선이나 업무 성과와 동료들과의 유대감에 확실히 영향을 미쳤습니다.

매사추세츠주에 사는 50세 여성은 이렇게 말했다.

> 소수 민족 여성이자 이민자로서 억양, 피부색, 문화 때문에 다른 사람들이 나를 조롱할 때 목소리를 높이거나 바로잡지 않은 것을 후회합니다.

36세의 뉴요커는 이렇게 썼다.

> 어린 시절 부모님께 레즈비언이라고 커밍아웃하지 않은 것을 후회해요. 나는 여러 해 동안 이성애자인 척하면서, 내가 여자를 사랑한다는 사실을 세상에 말하지 못했습니다.

궁극적으로 대담한 행동은 자신의 목소리를 내는 것이고, 그 과정에서 때로 다른 사람들과 마찰이 일어날 위험도 수반한다. 하지만 결국 자신을 위한 새로운 길을 열어준다.

기차, 비행기, 자아실현

브루스는 산드라의 편지를 버리지 않았다. 원래는 버리려고 했다. 심지어 버린 줄로 알고 있었다. 하지만 우리와 대화를 나눈 후 그는 오래된 상자를 뒤지기 시작했고 서류 더미 사이에서 편지를 발견했다. 40년 동안 보지 못했던 편지였다. "산드라의 손글씨가 내 기억 속에 남아 있었습니다." 그가 말했다. 그녀의 엉성한 글씨체는 "우리가 신문을 보며 함께 했던 낱말 맞추기처럼 익숙하게 느껴졌다." 그는 편지를 스캔해서 나에게 이메일로 보내기도 했다.

그러나 아내에게는 보여주지 않았다. 브루스는 1980년대 중반에 결혼해 성인이 된 두 자녀가 있다. 하지만 그는 아내에게 기차 이야기를 한 적도 없고, 그 여자나 편지에 대해서도 언급한 적이 없다. 아내가 배신으로 여길 거라고 생각해서가 아니다. 그보다는 그런 대화가 어떤 결과를 낳을지 모르기 때문이다.

"결혼을 후회한다고 말할 수는 없지만, 결혼 생활은 매우 힘들었습니다." 그가 말했다. "결혼 생활을 유지하는 데는 여러 가지 이유가 있죠. 그리고 그중에는 그렇게 하겠다고 약속했기 때문이라는 이유도 있습니다."

"벨기에의 그 역에서 내렸다면 어떤 일이 일어났을지 생각해 본 적 있나요?" 내가 그에게 물었다.

"네. 하지만 또 새로운 후회를 하게 될 것 같아서 너무 많이 생각하지 않습니다. 나는 그 후회가 또 다른 거대한 후회의 기반이 되기를 원하지 않습니다!"라고 그는 농담을 했다.

하지만 그 편지를 다시 읽은 후, 그는 산드라를 찾을 수 있을지 모른다는 실낱같은 희망을 품고 크레이그리스트 파리^{Craigslist Paris}의 '사람을 찾습니다' 코너에 메시지를 올렸다. 그것은 40년이라는 어둠 속에 던진 단 한 번의 불꽃이다('만약에 그랬다면?'에 응답하기 위한 처절한, 어쩌면 마지막 시도일 수 있다).

한때 젊은 승객이었던 두 사람이 이제 60대가 된 상황에서, 브루스가 그녀를 찾는다면 다시는 같은 실수를 저지르지 않을 것이다. 그는 무슨 일이 있어도 그녀와 함께할 기회를 잡을 것이다.

모든 심층 구조적 후회는 욕구를 드러내고 교훈을 준다. 대담성 후회가 들춰내는 인간의 욕구는 성장이다. 개인적인 발전에 대한 욕구, 풍요로운 세상을 즐기고 싶은 욕구, 평범한 삶보다 더 많은 것을 경험하고픈 욕구 말이다.

교훈은 분명하다. 목소리를 높여라. 데이트 신청을 하라. 여행을 떠나라. 꿈꾸던 사업을 시작하라. 기차에서 내려라.

●

1991년 여름에 레이라는 녀석과 싸우지 않은 것을 후회합니다. 나는 그 자리를 떠났고, 나 자신을 위해 맞서지 못한 것을 늘 후회했습니다.

44세 남성, 네브래스카

●

낙태한 것을 후회해요. 젊은 대학생이었고 두려워서 그랬지만, 그 이후로 낙태한 사실이 계속 괴로웠습니다.

34세 여성, 인디애나

●

레즈비언으로 커밍아웃하는 데 너무 오래 걸렸습니다.

32세 여성, 브라질

9장

도덕성 후회
옳은 일을 했더라면

케일린 비지아노가 신혼 1년차였을 때 그들 부부와 최근 친구가 된 남자가 예고 없이 아파트에 들렀다. 당시 케일린은 스물한 살이었다. 그녀는 남편 스티븐을 고등학교 시절에 만났고, 시카고 외곽 지역에서 친구들과 대가족에 둘러싸여 서로 가깝게 자랐다. 이제 두 사람은 해병인 스티븐이 주둔하고 있는 애리조나주 경계에서 두 시간 거리인 캘리포니아 남부에 살고 있다. 삶은 쉽지 않았다. 스티븐이 신병 훈련소에 들어갔을 때 케일린은 간호학교를 중퇴했다. 케일린은 그를 따라 버지니아로 갔다가, 그다음 아는 사람 하나 없는 이 건조한 사막 지역으로 왔다.

그 남자 역시 해병이었고 스티븐이 집에 없는 것을 미리 알고 방문했다. 그는 스티븐이 더 이상 케일린을 사랑하지 않으며, 그녀를 떠날 계획임을 동료들에게 알렸다고 말했다. 젊고 외롭고 마음이 약했던 케일린은 그의 말을 믿었다. 두 사람은 술을 몇 잔 마신 다음 몇 잔 더 마셨다. 그리고 2년 후 케일린은 '세계 후회 설문조사'에 이런 사연을 보냈다.

> 외도했던 것을 후회해요. 잠시 약한 모습을 보였던 대가는 고통뿐이었죠.

조엘 클레믹이 결혼한 지 11년이 되던 해, 10월 어느 날 밤 그의 아내 크리스타는 익명의 전화 한 통을 받았다. 당시 35세였던 조엘과 32세였던 크리스타는 그들이 자란 캐나다 중부의 중간 규모 도시에서 세 아이를 키우며 살고 있었다. 조엘은 고등학교를 졸업한 후 바다 시공업자로 일했지만, 부부가 지역 기독교 선교 연합 교회를 발견한 후 결혼 초기에 직업적 궤도를 바꾸었다. 조엘은 신학교에 입학해 목회학 공부를 했으며, 교회 부목사로서 일하고 있었다.

그날 저녁에 전화를 건 사람은 크리스타에게 조엘이 다른 여자를 만나고 있다고 말했다. 크리스타는 조엘을 비난하고 추궁했다. 그는 그 사실을 부인했다. 그녀가 몰아붙였다. 그는 또다시 부인했다. 그녀는 다시 몰아붙였다. 그가 고백했다. 크리스타는 그에게 집에서 나가라고 했다. 교회 측도 곧 조엘의 일탈을 알게 되었고, 이사회는 조엘을 해고했다. 조엘은 자신의 가장 큰 후회를 이렇게 표현했다.

> 나는 외도로 내 진실성, 직업, 우정을 잃어버렸으며, 가족과 석사 학위, 그리고 신앙까지 잃을 뻔했습니다.

도덕성 후회는 후회의 심층 구조를 이루는 네 가지 범주 가운데 가장 작은 범주로서, 전체 후회의 약 10퍼센트를 차지한다. 하지만 이 후회는 가장 고통스럽고 가장 오래 지속된다. 또한 다른 세 가지 후회보다 더 복잡하다. 탄탄한 삶의 기반(예를 들어 학교에서 열심히 공부하거나 돈을 모으는 등)을 구축하는 것이 현명한 일이라는 데는 거의 모든 사람이 동의한다. 또한 많은 사람이 '대담성'을 구성하는 요소(시원찮은 직장에 안주하는 대신 사업을 시작하고, 소파에서 게으름을 피우는 대신 세계를 여행하는 등)에도 동의한다. 하지만 당신과 나, 그리고 거의 80억에 달하는 인류는 '도덕적으로 행동하는 것'이 무엇인지에 관해 저마다 다른 정의를 내린다.

그 결과 도덕성 후회는, 양자택일의 갈림길에서 시작된다는 기본 구조는 다른 세 가지 후회들과 같지만, 더욱 광범위한 일련의 가치들과 연결되어 있다. 예를 들어, 우리는 누군가를 세심하게 대할 것인지 아니면 해를 끼칠 것인지 선택할 수 있다. 혹은 규칙을 따를지 아니면 무시할지 선택할 수도 있다. 때로 집단에 충성을 유지할지 아니면 배신할지 선택해야 하는 상황에 직면한다. 특정한 사람이나 제도를 존중할 것인지 아니면 불복종할 것인지, 신성을 지킬 것인지 아니면 모독할 것인지를 선택할 수도 있다.

하지만 구체적인 내용이 무엇이든, 우리는 결정적인 순간에 양심이 잘못됐다고 말하는 길을 선택하곤 한다. 다른 사람들에게 상처를 주고, 속임수를 쓰고, 묵인하고, 공정의 기본 원칙을 어긴다. 서약을 어기고, 권위를 무시하고, 존중받아야 할 대상을 깎아내린다. 처음에는 그 결정이 기분 좋게(심지어 짜릿하게) 느껴지지만, 시간이 지나면서 그 결정은 우리를 갉아먹는다.

도덕성 후회는 이렇게 표현된다. '내가 옳은 일을 했더라면.'

도덕성의 의미

이따금 세상을 이해하는 방식을 완전히 바꿔놓는 책을 만날 때가 있다. 내게 그런 책 중 하나가 조너선 하이트Jonathan Haidt가 2012년에 발표한《바른 마음: 좋은 사람이 정치와 종교에 의해 분열되는 이유The Righteous Mind: Why Good People Are Divided by Politics and Religion)》(한국어판《바른 마음: 나의 옳음과 그들의 옳음은 왜 다른가》, 2014, 웅진지식하우스)이다. 하이트는 현재 뉴욕대학교 사회심리학과 교수로, 초기에 도덕심리학 연구에 몰두했다.[1] 이 책에서 그는 자신과 다른 학자들의 연구조사를 들어 사람들이 행동의 옳고 그름을 어떻게 판단하는지를 설명한다.

《바른 마음》을 읽으며 이 주제의 밑바탕을 이루는 연구에 마음이 끌렸고, 이는 두 가지 핵심 측면에서 내 사고방식을 뒤집었다.

첫째, 나는 이전까지만 해도 인간이 도덕적으로 중요한 질문(예를 들어 사형은 정당한가? 조력자살을 합법화해야 하는가?)에 직면하면, 쟁점을 논리적으로 추론해 결론에 도달한다는 믿음을 갖고 있었다. 상충되는 주장을 평가하고, 양측의 의견을 숙고하고, 합리적인 결정을 내리는 판사처럼 이런 질문에 접근한다고 생각했다. 하지만 하이트의 연구에 따르면 이는 사실이 아니다. 무엇이 도덕적인지 숙고할 때 우리는 옳고 그름에 대해 즉각적이고 본능적이며 감정적인 반응을 보인다. 그런 다음 그 직관을 정당화하기 위해 이성을 이용한다.[2] 이성은 내가 생각했던 것처럼 편견 없는 선고를 내리는, 검은 옷을 입은 법조인이 아니다. 이성은 직관의 언론 담당 비서이며, 그의 임무는 상사를 방어하는 것이다.

《바른 마음》이 내 관점을 바꿔놓은 두 번째 측면은 특히 이 책과 관련이 있다. 하이트에 따르면, 도덕성은 서양사회의 대다수 중도좌파 비종교인들이 일반적으로 알고 있는 것보다 훨씬 더 광범위하고 다양하다. 만약 내가 (하이트와 서던캘리포니아대학교의 제시 그레이엄 교수와 버지니아대학교의 브라이언 노섹 교수가 한 논문에 썼던 것처럼)[3] "모르는 아이의 손바닥에 핀을 꽂는 행위"가 잘못된 것인지 질문했다고 가정해보자. 진보·보수·중도를 떠나 우리 모두는 그 행동이 잘못되었다고 말할 것이다. 어떻게 무고한 아이를 해치는 행위를 지지할 수 있겠는가? 마찬가지로 계산대 직원이 쳐다보지 않을 때 계산대에서 돈을 훔치는 행위의 도덕성에 관해 묻는다면, 거의 모든 사람이 이 역시 옳지 않은 행동이라는 데 동의할 것이다. 아무 이유 없이 다른 사람에게 해를 끼치는 일이나 거짓말, 속임수, 도둑질에 관해서는, 출신 배경과 신념을 막론하고 일반적으로 무엇이 도덕적인지에 대해 모든 사람의 의견이 일치한다.

하지만 북미와 유럽을 제외한 나라의 수많은 사람들은 말할 것도 없고, 많은 정치적 보수주의자들에게 도덕성은 배려와 공정의 미덕을 넘어선 문제다. 예를 들어, 아이들이 부모에게 말대꾸하는 것은 잘못된 것일까? 어른들을 이름으로 부른다면? 미국인이 시민권을 포기하고 쿠바로 망명하는 것이 잘못인가? 성경이나 코란을 쓰레기통에 버리는 것이 잘못인가? 여성이 낙태하거나, 남자가 다른 남자와 결혼하거나, 성별에 상관없이 여러 명의 배우자를 두는 것은 잘못된 것인가? 앨라배마주 블라운트 카운티에 있는 침례교회와 캘리포니아주 버클리에 있는 유니테리언(정통 교의인 삼위일체론과 예수의 신성을 부정하는 교파-옮긴이) 교회에서는 이 질문에 대해 서로 다른 대답을 내놓을 것이다. 한 집단은 도덕적이고 다른 집단은 악해서가 아니다. 한 집단은 도덕성을 좁은 관점(다른 사람들에게 해를 끼치거나 속이지 말라)에서 정의하고, 다른 집단은 더 넓은 관점(다른 사람들에게 해를 끼치거나 속이지 말라, 또한 소속집단에 충성하고 권위에 귀 기울이며, 신성을 수호하라)에서 정의하기 때문이다.

하이트와 그의 동료들은 이 이론을 '도덕성 기반 이론Moral foundations theory'이라고 부른다.[4] 그들은 진화생물학, 문화심리학, 그리고 다른 여러 분야를 활용해 도덕성에 대한 믿음이 다섯 가지 기둥 위에 세워져 있음을 보여준다.

- 배려/가해: 인간의 아이들은 다른 동물의 새끼들보다 더 취약하기 때문에 그들을 보호하기 위해 상당한 시간과 노력을 들여야 한다. 그 결과 진화는 우리에게 배려의 윤리를 심어주었다. 약자를 보살피고 보호하는 사람들은 친절하다. 그들에게 해를 끼치는 사람들은 잔인하다.
- 공정/부정: 인류의 성공은 진화학자들이 '호혜적 이타주의'라고 부르는 교류를 비롯한 협력에 늘 좌우돼 왔다. 이는 우리가 신뢰할 수 있는 사람들을 소중히 여기고 우리의 신뢰를 깨뜨리는 사람들을 경멸한다는 뜻이다.
- 충성/불충: 우리의 생존은 개인의 행동뿐만 아니라 집단의 결속력에도 달려 있다. 그래서 자신의 팀, 종파, 국가에 충실하면 존경받고, 부족을 버리면 지탄받는다.
- 권위/전복: 영장류에게 위계질서는 구성원들을 보살피고 공격자

로부터 보호하는 역할을 한다. 위계질서를 훼손하는 사람들은 그룹의 모든 사람을 위험에 빠뜨릴 수 있다. 이러한 진화적 충동이 인간의 도덕성으로 확장되면, 우두머리에 대한 경의와 복종 같은 특성이 미덕이 된다.[5]

- 정결/모독: 우리 조상들은 결핵균에서 나병균에 이르기까지 온갖 종류의 병원균과 싸워야 했다. 그래서 후손들은 병원균을 피하는 능력과 더불어 정결을 깨트리는 것과 같은 보다 광범위한 불순함으로부터 스스로를 지키기 위해 이른바 '행동 면역 시스템'을 발달시켰다. 도덕의 영역에서 "정결에 대한 우려는 (정치 이데올로기와 같은 다른 토대 및 인구구조 차원을 넘어서) 동성 결혼, 안락사, 낙태, 음란물에 대한 문화 전쟁 양상을 보이는 것"이라고 일련의 학자들이 썼다.[6]

도덕성 기반 이론은 배려가 정결보다 더 중요하다거나, 권위가 공정보다 더 중요하다고 말하지 않는다. 또 어떤 하나의 도덕성 기반을 따라야 한다고 말하지도 않는다. 단순히 인간이 어떤 행동의 도덕성을 평가하는 방식을 범주화해놓은 것에 불과하다. 이 이론은 규범적인 것이 아니라 서술적이다. 하지만 그 서술이 발휘하는 힘은 상당하다. 이 이론은 인간의 이성과 현대 정치에 대한 내 생각을 바꿔놓았을 뿐만 아니라, 도덕성 후회를 해석하는 명쾌한 방법을 제공했다.

후회를 일으키는 다섯 가지 죄

기만. 불륜. 절도. 배신. 신성모독. 사람들이 설문조사에 제출한 도덕성 후회를 보면 십계명 교육 영상을 만들기 위한 제작 노트처럼 읽힌다. 하지만 앞에서 설명한 다섯 가지 도덕성 틀에서 보면, 사람들이 보고한 다양한 후회 유형의 초점이 분명해진다. 배려/가해, 공정/부정과 관련된 후회가 대다수지만 나머지 세 개 중 두 범주에 대한 후회도 잘 나타나 있다.

1. 가해 Harm

1920년대에 사회학자 로버트 린드 Robert Lynd 와 헬렌 린드 Helen Lynd 는 고전이 된 《미들타운 Middletown》을 쓰기 위해 미국 중산층의 정신을 탐색하는 장기 프로젝트를 시작했다. 이들이 연구 현장으로 선택한 곳은 인디애나주 먼시 Muncie 였다.[7] 이곳은 지금도 여전히 어떤 면에서는 전형적인 미국의 작은 마을이다. 그리고 그곳은 스티브 로빈슨이 미국인의 전형적인 어린 시절 경험 중 하나라고 할 수 있을 괴롭힘을 자행했던 곳이기도 했다.

스티브는 8학년 때 먼시 지역으로 이사했다. 그는 내향적이고 친구를 사귀는 것이 어색한, 몸집이 작은 아이였다. 하지만 그는 위협적인 존재가 됨으로써 자신의 약점을 감추려 했다. 그는 반

친구들을 비웃고 조롱했다. 싸움도 걸었다. 열여섯 살 때는 한 학생을 때려 앞니 두 개를 부러뜨렸다.

이제 43세가 된 스티브는 그런 쓸데없는 공격성을 가장 깊이 후회한다.

자신을 화나게 하지 않는 사람에게 상처를 주는 건 잘못이라는 데에는, 정치적 신념에 상관없이 거의 모든 사람들이 동의한다. '미국 후회 프로젝트'와 '세계 후회 설문조사'에서 남을 해친 것과 관련된 도덕성 후회가 그 어떤 후회보다 더 많이 보고되었다는 사실은 놀라운 일이 아니다. 그리고 가장 흔한 가해는 괴롭힘이었다. 수십 년이 지난 지금도 수백 명의 응답자가 또래를 괴롭혔던 경험을 가장 후회했다.

예를 들어, 뉴욕에 사는 52세 남성은 이렇게 말했다.

> 나는 7학년 때 전학 온 아이를 괴롭혔습니다. 그 아이는 베트남 출신으로 영어를 거의 할 줄 몰랐죠. 내가 한 짓이 끔찍해요!

테네시주에 사는 43세 여성은 이렇게 말했다.

> 중학생 때 키가 작고 통통한 몸매에 삐죽삐죽한 금발 머리를 가진 아이를 '지기Ziggy'라고 부르며 놀렸어요. 그 별명이 널리 퍼진 것을 깨달은 그 아이의 표정을 나는 결코 잊지 못할 겁니다. 저 역시 몇

년 동안 괴롭힘을 당하고 난 뒤라, 스스로를 '권력'을 휘두르는 사람의 위치에 올려놓은 그런 짓은 잔인한 행동이었습니다. 금세 후회했고 다시는 그런 짓을 하지 않았습니다.

스티브는 친구를 괴롭히기 전부터 "이러면 안 된다는 걸 알고 있었다"고 했다. 하지만 그는 그렇게 했다. 그는 관심을 즐겼다. 그는 권력의 맛을 음미했다. 하지만 그는 자기 행동에 대해 잘 알고 있었다. 사실 그도 집과 학교에서 종종 괴롭힘을 당한 피해자였다. "가해자와 피해자, 양쪽 모두 경험해보았고, 그 기분이 어떤지 알면서도 여전히 다른 사람을 괴롭혔다는 사실이 가장 후회스럽습니다."라고 그는 말했다.

대담성 후회와 달리 도덕성 후회는 하지 않은 행동을 후회하기보다는 했던 행동을 주로 후회한다는 특징이 있다. 하지만 킴 캐링턴을 비롯한 일부 경우처럼 괴롭힘의 방관자라는 사실만으로도 후회를 불러일으킬 수 있다.

킴은 여덟 살 때 미네소타주 아이언 레인지의 작은 마을에서 초등학교가 있는 큰 마을로 매일 스쿨버스를 타고 등교했다. 더 외딴 지역의 농가에 사는 또 다른 소녀도 버스를 탔다. 매일 그 소녀가 버스에 탈 때마다 다른 아이들은 마치 악취라도 맡은 듯 코를 막고 저속한 말을 뱉으며 그 아이가 앉을 자리를 내주지 않았다.

어느 날, 킴은 괴롭힘을 당하는 소녀를 위해 몸을 옆으로 옮겨 옆자리를 내주었다. 두 사람은 차를 타는 내내 다정하게 대화를 나눴다. 하지만 그 친절 때문에 킴은 그날 학교에서 따돌림을 당했다. 그래서 다음 날 소녀가 탑승했을 때 킴은 자리를 내주지 않았다.

"나는 진실한 마음을 잃었어요. 한밤중에 그 사실이 저를 괴롭혔습니다. 그 생각을 하면 여전히 눈물이 납니다." 현재 캔자스시티에 살고 있는, 50세가 된 킴이 말했다. 불쌍한 그 소녀는 더 이상 스쿨버스를 타지 않았다. "유감스럽게도 그녀와 친구가 되지 못했어요. 나는 그녀를 지지해주지 못했죠. 나는 잘못을 저질렀고 상황을 바로잡을 기회는 없었습니다."

남을 해친 것에 대한 후회는 어린 시절의 악의에만 국한되지 않았다. 사람들은 직장 동료를 모욕하고, 자신에게 호감을 보이는 이성을 무시하고, 이웃을 위협했다고 말했다. 대부분 남을 해치는 행위는 말로 하지만 때로는 주먹으로 하기도 한다. 그리고 괴롭힘 같은 행동과 관련된 이러한 후회는 세계적으로 나타났다.

영국의 53세 남성은 이렇게 말했다.

열여덟 살 때 어떤 남자를 때린 적이 있습니다. 그 후 35년 동안 삶의 모든 차원에서 숨어 지냈습니다. 나는 겁쟁이입니다.

남아프리카공화국의 57세 남성은 이렇게 말했다.

> 전 여자친구에게 뚱뚱해서 헤어지는 거라고 말한 것을 후회합니다. 30년이 흐른 지금도, 그때 내가 준 상처를 생각하면 자다가도 깹니다.

다른 사람에게 상처를 주는 것이 명백히 잘못된 일인 만큼 많은 사람이 훗날 존경받을 만한 행동을 하는 것으로 그 후회를 만회하려 한다. "예전의 나 자신을 돌아보면 그저 창피할 뿐이에요." 스티브가 내게 말했다. "하지만 어른이 된 후에는 더 나은 사람이 되려고 노력했습니다." 그는 고등학교를 졸업한 후 심리학, 간호학, 형사 및 사법 분야에서 학위를 취득했다. 그는 소아과 간호사이자 비행 아동 상담사로 일해 왔다. "과거에 잘못을 저질렀지만, 지금 상황에서는 옳은 일을 하고 싶어요." 그가 내게 말했다. "사람들이 심리적 안정을 느낄 수 있도록 노력하고 있고, 요즘은 이 일에 자부심을 느낍니다."

2. 부정 Cheating

'세계 후회 설문조사'에 등장한 불성실한 배우자는 이 장의 첫머리에 소개한 케일린과 조엘뿐만이 아니다. 물론 가장 많았던 후회는 다른 사람들에게 상처를 준 후회, 특히 남을 괴롭힌 후회였지만 부부 간 부정행위에 대한 후회 역시 거의 근소한 차이로 그 뒤를 이었다. 대다수 문화권 사람들이 진실을 말하고, 약속을 지키고, 합의된 규칙에 따라 행동해야 한다는 데 동의하고 있었다.

몇 가지 사례에서 사람들은 다른 사람을 속여 물건을 빼앗은 적이 있다고 고백했다. 캘리포니아에 사는 16세 소년은 "상자에서 현금을 훔친 것을 후회"했고, 루마니아에 사는 51세 남성은 "군대 동기의 하모니카를 훔친 것이 부끄럽다"고 썼다.

학업 관련 부정행위에 대한 후회는 많지는 않아도 다양한 연령대에서 나타났다. 버지니아에 사는 22세 여성은 "학교에서 부정행위를 한 것을 후회합니다."라고 말했다. 뉴저지의 68세 남성은 이렇게 말했다. "1학년 때 다른 친구가 미적분 시험에서 부정행위를 하도록 도운 것을 후회합니다. 그 일을 바로잡을 방법을 아직도 찾지 못했습니다."

반면, 불륜은 육대주와 수십 개국에서 가장 많이 발생한 '부정'과 관련된 후회였다.

어느 50세 여성은 이렇게 말했다.

불륜을 저질렀습니다. 내 인생 최악의 실수였죠. 이제는 내가 남편에게 끔찍한 짓을 했다는 사실을 안고 살아가야 합니다. 결혼생활이 얼마나 불행했는지 터놓고 말하지 못하고 그렇게나 어리석은 일을 벌였으니, 나 자신을 용서할 수 없을 것 같아요.

어느 50세 남성은 이렇게 말했다.

나 자신에 대한 믿음과 역경을 견디는 힘을 잃고 아내를 속였다는 사실을 후회합니다. 하루도 후회하지 않은 날이 없습니다.

어느 55세 여성은 이렇게 말했다.

남편을 두고 바람을 피웠습니다. 그는 가족을 사랑하는, 믿을 수 없을 만큼 사랑스러운 사람이었죠. 내가 왜 이런 행동을 했는지조차 확실하지 않습니다. 나는 그를 사랑했어요. 나는 네 아이를 둔 젊은 엄마였고, 우리는 끈끈한 가족이었습니다. 함께 즐거운 시간을 보냈고, 전혀 걱정이 없었는데도, 나는 그런 짓을 저질렀습니다.

가해와 부정은 겹치는 부분이 많다. 불륜은 배신당한 배우자에게 상처를 주기 때문이다. 하지만 응답자들이 가장 많이 후회하는 이유는 그들이 가한 고통을 넘어서서 그들이 산산조각 낸 신뢰 때문이었다.

"우리는 맹세했어요. 그런데 나는 그를 배신했죠." 케일린이 내게 말했다. "아내에게 서약한 것을 어겼어요." 조엘이 말했다. "진실성을 내동댕이쳤습니다."

텍사스대학교에서 근무하는 조슬린 업쇼(실명이 아닌 가명을 써달라고 요청했다)는 결혼 생활이 활기를 잃으면서 직장 동료와 9개월 동안 불륜을 저질렀다. 결국 그녀는 남편에게 말했고 그들은 상담 치료를 받으러 갔다.

결혼 생활은 이어졌다. 하지만 그녀는 여전히 그 문제로 괴로워한다.

"남편과 나는 서로 서약했죠. 그런데 전 약속을 지키지 않았습니다. 남편은 저를 신뢰했는데 나는 그를 실망시켰어요." 그녀가 말했다. "좋은 사람이 되고 싶다면 거짓말과 부정행위를 '하지 말아야 할 목록'에서 꽤 높은 위치에 두어야 합니다."

케일린, 조엘, 조슬린은 자신들의 실수를 바로잡지는 못했지만 적어도 더 나은 상황을 만들기 위해 노력했다. 케일린은 경솔한 행동을 한 다음 날 아침 남편에게 고백했다. "나는 평생 아무것도 훔친 적이 없어요. 나는 시험에서 부정행위를 한 적이 없어요. 그래서 그런 일이 일어났을 때, 참을 수 없었습니다." 그녀의 남편은 침착함을 유지했고 두 사람은 신뢰를 다시 쌓았다. "그는 세상에서 가장 좋은 사람이에요." 케일린이 말했다.

조엘의 상황은 더 충격적이었다. 그는 다른 여성과 아이를 낳았다. 하지만 그는 "'간음하지 말라'고 말씀하시는 신에 대한 책임의 무게를 결코 떨쳐버릴 수 없었다." 그는 아내와 화해했다.

그들은 이사를 했고 캐나다에 있는 다른 교회에서 일을 시작했다. "제가 아내를 배신했다는 사실은 정말 최악의 고백 중 하나입니다." 그가 내게 말했다. "신뢰받지 못한다는 것이 무엇인지 경험했기 때문에 믿음과 신뢰에 대한 이해가 깊어졌습니다."

종교가 없는 조슬린은 자신의 행동을 후회하면서 더 깊이 공감하게 되었다고 말한다. "이런 일이 일어나기 전까지는, 내 정직함에 대해 일종의 믿음이 있었어요. '나는 착한 아이다.' '나는 절대 잘못을 저지르지 않을 것이다.' 그런데 '명백한' 잘못을 저질렀지요. 덕분에 사람은 실수를 저지른다는 사실에 눈을 뜨게 됐어요." 그녀는 어렸을 때 사람을 좋은 사람과 나쁜 사람으로 나누었다고 했다. "그게 사실이 아니라는 사실을 깨닫기까지 오랜 시간이 걸렸습니다."

3. 불충 Disloyalty

찰리 맥컬로프는 1981년에 메릴랜드대학교 기계공학과를 졸업하면서 군 입대를 고민했다. 그는 군대가 요구하는 헌신과 군대에서 생기는 동지애를 높이 평가했다. 하지만 돈을 더 많이 주는 일자리 제의가 들어와서, 결국 민간 기업을 선택했다. "나라를 위해 일하는 사람 중에서도, 특히 군대에 있는 사람들은 조국을 정말 사랑합니다." 그가 내게 말했다. "군인이 되지 못한 것이 후회스럽습니다."

집단에 대한 충성은 핵심적인 도덕적 가치다. 일부 정치 문화와 민족 문화에서는 다른 문화보다 유독 열성적으로 표현된다. 그래서인지 이 도덕성 후회는 가해와 부정에 대한 후회만큼 많지 않았다.

게다가 사람들이 보내준 후회의 내용은 집단을 포기한 것이 아니라 집단에 대한 의무를 다하지 못한 아쉬움에 대한 것이 더 많았다. 예를 들어, 1973년에 징병제가 폐지되면서 병역 의무가 사라진 미국에 사는 응답자들은 찰리와 비슷한 의견을 제시했다.

미시간에 사는 44세의 한 여성은 자신의 가장 큰 후회를 이렇게 표현했다.

군에 입대하지 않은 것, 공군이 되지 않은 것입니다.

뉴햄프셔에 사는 58세 남성은 이렇게 후회했다.

나는 대학 진학 전이나 졸업 후에도 군에 입대해서 조국에 봉사할 생각을 하지 않았습니다. 우리 가족 중 유일하게 군대에 가지 않은 사람은 저뿐이에요. 다시 그 시절로 되돌아가 군에 복무하고 싶습니다.

위스콘신에 사는 53세 여성은 이렇게 말했다.

> 군대에서 봉사하지 않은 걸 후회해요…. 아메리코[AmeriCorps](미국 내 지역사회 봉사단체-옮긴이)든 평화봉사단이든, 어디에서 어떤 역할을 하든, 나라에 봉사하는 건 대단히 중요해요.

하이트가 《바른 마음》에도 썼듯이, 충성심이라는 도덕적 기반은 집단이 유대감을 다지고 연합하는 데 도움이 된다. 이는 "특히 당신의 팀이 다른 집단과 싸울 때, 누가 팀 플레이어이고 누가 배신자인지"를 보여준다.[8]

다소 실망스럽지만 이 조사에서는 현대판 베네딕트 아놀드[Benedict Arnold](미국 독립전쟁 중 변절해서 영국군에 가담한, 반역과 배신의 상징-옮긴이)나 가롯 유다[Judas Iscariot](유다 이스카리오트, 예수를 배신한 인물-옮긴이)는 단 한 명도 나타나지 않았다. 사실 찰리는 군대에 방위 장비를 납품하는 대규모 방위산업체에서 일하게 되었다. 하지만 군대와 인접해 있다는 것만으로는 충분하지 않았다. 그는 생존을 위해 서로가 서로에게 의지하는 '고난과 희생의 경험'을 하지 못한 것을 후회한다. "누군가를 섬기고 있지 않다면, 그것은 당신 자신을 섬기고 있지 않다는 뜻입니다." 그가 내게 말했다. "희생은 상대방에게도 이롭지만, 자신의 영혼에도 이로운 일입니다."

4. 전복 Subversion

도덕성 후회 중 권위/전복 토대와 관련 있는 후회가 가장 적었다. 소수의 사람들이 '부모님의 체면을 손상시킨 일'과 '선생님께 무례하게 군 일'을 후회했다. 인도의 24세 남성은 다음과 같은 이야기를 전해줬다.

> 아버지와 나는 가게를 운영하고 있는데, 학교에서 저를 가르쳤던 선생님도 물건을 사러 오십니다. 선생님은 저와 아버지를 알고 계시지만, 아버지는 선생님을 모르셨죠. 저희는 단골손님에게 할인을 해드리고 있는데 선생님도 그중 한 명이었습니다. 나는 아버지가 선생님을 안다고 생각했기 때문에 아버지에게 그분이 내 선생님이라고 말하지 않았죠. 선생님은 돈을 전액 지불하셨고 개의치 않으셨습니다. 하지만 선생님이 떠나고 나서 아버지는 저에게 왜 선생님이라고 알려주지 않았느냐고 하셨죠. 존경과 감사를 표하고 물건 값도 할인해드려야 했는데, 그러지 못한 게 우리에게는 너무나 수치스럽고 무례한 일이었어요. 나는 그 기억을 떠올릴 때마다 깊이 후회합니다.

하지만 이런 사연은 비교적 드물었다. 이런 유형의 도덕성 후회가 많지 않은 한 가지 이유는 내가 수행한 양적 설문조사에서는 미국인을 표본으로 삼았던 데다 질적 조사에서도 미국 응답자가 가장 많았기 때문으로 보인다. 존중을 보다 중요한 문화적 가치로 여기는 나라와 지역에서 더 많은 표본을 추출했다면, 이런 유형의 도덕성 후회가 더 흔히 나타났을지도 모른다.

5. 모독 Desecration

신성을 침해한 것에 대한 후회는 권위를 무너뜨린 것에 대한 후회보다 더 많았다. 이 후회는 특히 지난 60년 동안 가장 격렬한 논쟁을 낳은 쟁점 중 하나인 낙태를 두고 격한 감정을 불러일으켰다.

미국인들은 낙태가 적법하다는 점에 대해서는 대략 의견 일치를 보이지만 낙태의 도덕성에 대해서는 의견이 엇갈린다. 갤럽에 따르면 미국인의 약 4분의 3이 적어도 특수한 경우에는 낙태가 법적으로 허용되어야 한다고 생각한다. 하지만 44퍼센트는 "도덕적으로 용인할 수 있다"고 생각한 반면, 47퍼센트는 "도덕적으로 옳지 않은 일"이라고 생각한다.[9] 그 차이는 내 연구에서 분명하게 드러났다.

낙태에 대한 후회는 괴롭힘과 불륜에 대한 후회만큼 널리 퍼져 있지는 않았지만, 제법 많았다. 아칸소에 사는 50세 여성은 이렇게 말했다.

나는 스무 살에 낙태했어요. 내 인생에서 가장 큰 후회죠. 두 번째로 큰 후회는 스물다섯 살에 또 한 번 했다는 사실입니다.

이러한 후회는 부분적으로는 가해에 관한 후회였지만, 실은 그보다 더 중대한 것, 즉 낙태가 생명의 신성함을 모독하는 행위라는 믿음에서 온 후회였다.

예를 들어 펜실베이니아에 사는 60세 여성은 이렇게 썼다.

남편과 세 번째 아이를 가졌을 때 낙태한 것을 후회해요. 우리는 34년 전에 결혼했습니다. 둘째 아이를 임신했을 때 너무 힘들었죠. 남편은 둘째 아이가 태어난 지 1년도 채 되지 않아 내가 또 다른 임신의 고통을 겪는 것을 원치 않았습니다. 한편으론 남편이 그렇게 생각한 건 셋째 아이로 인한 경제적 부담 때문이 아니었을까 싶어요. (⋯) 나는 병원에 가는 내내 울었고 그 이후로 매일 슬퍼했습니다. (⋯) 사랑으로 빚어낸 생명, 그 생명을 끊어버렸다는 부담이 매일 매순간 저를 짓누르고 있습니다.

푸에르토리코에 사는 58세 여성은 이렇게 후회했다.

낙태를 했습니다. 천국에서 그 아이를 만나면 미안하다고 말하겠습니다.

100여 년 전 프랑스의 사회학자 에밀 뒤르켐^{Émile Durkheim}은 종교 사상(내 생각에는 다른 많은 신념 체계도 마찬가지라고 보지만)의 결정적인 특징은 "세상을 두 영역으로 나누는 것이다. 하나는 신성한 모든 것을 아우르는 영역이고 다른 하나는 불경한 영역이다."라고 썼다.[10] 우리가 두 영역 사이의 경계에 대해 항상 동의하는 것은 아니다. 하지만 우리가 신성하다고 믿는 것을 저버리면, 그 결과로 후회가 발생한다.

도덕성 후회들은 특이한 범주다. 양적으로는 가장 적지만 가장 다양하다. 개인적 측면에서는 가장 고통스러운 후회이지만, 집단적 측면에서는 개선을 가져올 수 있는 후회이기도 하다. 수십 년 전 다른 사람들에게 상처를 주거나, 부당하게 행동하거나, 공동체의 가치를 훼손한 사건들 때문에 밤잠을 설치며 절망하는 성인 남녀의 모습에는 뭔가 고무적인 것이 있다. 그것은 선을 행하려는 욕망이 우리의 DNA 어딘가에 각인되어 있고 우리 영혼 깊숙한 곳에 자리 잡고 있음을 암시한다.

모든 심층 구조적 후회는 욕구를 드러내고 교훈을 전한다. 도덕성 후회의 경우에 그 욕구는 선함이다. 우리가 종교 서적, 철학책, 부모의 훈계에서 익히 들어온 그 교훈은 이것이다. 의심스러울 때는 옳은 일을 하라.

- 토끼에게 먹이를 주면서 쓰다듬다가 실수로 토끼가 우리에서 빠져나오게 놔뒀더니, 플라스틱 조각을 먹고 죽었어요.

38세 여성, 중국

- 행동하지 못했어요. 그 여자에게 데이트 신청을 하지도 않았고, 더 일찍 사업을 시작하지도 않았고, 콘퍼런스에서 강연자로 설 기회도 붙잡지 않았습니다. 내가 저지른 그 어떤 실수보다도 행동하지 않은 것을 후회합니다.

43세 남성, 캐나다

- 할머니가 임종하실 때 사탕을 가져다 드리지 못했어요. 할머니가 특별히 요청하셨는데도 말이죠.

35세 남성, 아칸소

10장

관계성 후회
손을 내밀었더라면

관계성 후회를 이해하기 위해, 네 명의 여자와 두 개의 우정, 그리고 두 개의 문에 관한 이야기를 들어보자.

첫 번째 여성은 아이오와주 디모인 출신으로 미네소타주 미니애폴리스에 사는 셰릴 존슨이다. 셰릴은 50대 초반이다. 그녀는 남편, 체육관 운동, 최근에 맡은 업무, 집 짓기, 책 집필에 전념하며 살고 있다.

1980년대 후반에 셰릴은 디모인에 있는 드레이크대학교에 다녔고, 그곳에서 이 이야기의 두 번째 여성과 금세 친구가 되었다. 그녀의 이름은 젠이다.

셰릴과 젠은 같은 여학생 클럽에 속해 있었고 약 40명의 여성과 함께 한집에 살았다.[1] 그 그룹 중에서, 이 두 사람의 진지함과 야망이 돋보였다. 셰릴은 여학생 클럽의 회장이 되었고, 젠은 전체 학생회장으로 선출되었다. "우리는 다른 학생들보다 대학 생활을 조금 더 진지하게 받아들였고, 그 때문에 괴짜로 통했죠."라고 젠이 말했다. "우리가 관계를 맺을 수 있었던 이유 중 하나는 둘 다 사회적으로 비주류라는 느낌 때문이었습니다." 그들은 늘 대화를 나눴고, 서로의 열정과 열망을 지지했다. 그들은 세상을 향한 원대한 계획을 세웠다.

1990년 졸업 직후 젠은 결혼해 버지니아로 이사했다(신부 들러리는 셰릴이었다). 그리고 얼마 지나지 않아 젠은 셰릴을 신혼집으로 초대했다. 그러면서 셰릴더러 자기 남편의 친구를 만나 보라고 했다. 그가 셰릴의 좋은 짝이 될 것으로 생각했기 때문이다.

셰릴은 깜짝 놀랐다. 그녀는 다른 대학 동기와 2년 동안 사귀고 있었기 때문이다. "그 사람이 좋은 짝이라고 생각했어요." 셰릴은 이렇게 말했다. "젠은 내가 사귀던 남자를 알고 있었지만, 그가 나의 좋은 짝이라고 생각하지 않았습니다." 셰릴은 초대를 정중하게 거절했다. 이후 젠과의 관계에서 드라마 같은 전개는 없었다. 감정이 상한 일도 없었다.

그 후 몇 년 동안 셰릴과 젠은 미국의 다른 지역에 살았고, 이메일이 널리 보급되기 전이라 편지와 카드로 연락을 주고받았다. 셰릴은 결국 남자친구를 버렸고, 이제야 그를 '잘못된 남자'라고 부르면서 이렇게 말했다. "이제 성숙한 사람이 되었기 때문에 젠이 무엇을 보았는지 알 수 있습니다."

이후 2년의 시간 동안 편지 왕래가 서서히 줄어들다가 결국 연락이 끊겼다. 셰릴은 25년 동안 젠과 대화를 나누지 않았다. 두 사람은 젠의 결혼식 이후 한 번도 직접 만나지 못했다.

"우리는 어떤 식으로든 사이가 틀어지지 않았어요. 그냥 흘러가는 대로 내버려뒀을 뿐이죠." 셰릴이 내게 말했다. "나는 내 인생에서 그런 관계를 유지하지 못한 것을 후회합니다. 지난 몇 년간 내가 겪은 성장을 함께 나눌 수 있었던 사람이 또 한 명 있었으면 좋겠어요."

부재는 그녀를 불안하게 한다. "한 달 후에 죽는다면, 간직하고 싶은 관계가 있나요?" 셰릴이 말했다. "25년이 지난 지금도 그 우정이 내게 깊은 의미가 있다는 걸 그녀가 알았으면 좋겠습니다."

어느 봄날 오후에 줌으로 대화를 나누던 중, 나는 셰릴에게 우정을 되살릴 생각이 있는지, 아니면 적어도 젠에게 전화를 걸거나 이메일을 보내거나 편지를 쓸 생각이 있는지 물었다.

"문은 열려 있는 것 같아요." 그녀가 대답했다. "내가 겁쟁이가 아니었다면 손을 내밀었을 겁니다."

관계성 후회는 후회의 심층 구조에서 가장 큰 범주다. 관계성 후회는 관계가 느슨해졌거나 불완전한 경우에 발생한다. 배우자, 파트너, 부모, 자식, 형제자매, 친구, 동료 등 이런 후회를 유발하는 관계의 유형은 다양하다. 단절의 성격도 다양하다. 어떤 관계는 점점 닳아 해진다. 또 어떤 관계들은 갑자기 찢어진다. 어떤 관계는 시작부터 잘못됐다.

하지만 어느 경우라도 이런 후회는 공통된 줄거리를 공유한다. 한때 온전했거나 온전했어야 하는 관계가 더 이상 존재하지 않는다. 죽음이 그 사이를 갈라놓을 때처럼 우리가 할 수 있는 일이 없는 경우도 있다. 하지만 우리는 다양한 역할(딸, 삼촌, 여학생회 자매 등) 속에서 관계의 고리를 맺고 싶어 한다. 그러려면 노력이 필요하고, 불확실성을 감수해야 하며, 거절의 위험도 각오해야 한다. 그래서 우리는 선택에 직면한다. 관계를 온전하게 만들려고 노력할 것인가, 아니면 해결되지 않은 상태로 놔둘 것인가?

관계성 후회는 다음과 같이 표현된다. '내가 손을 내밀기만 했더라면.'

닫힌 문과 열린 문

세 번째 여성은 에이미 노블러다. 캘리포니아주 패서디나에 사는 에이미는 뉴저지주 체리힐에서 자랐다. 중학교 때 그녀는 디파라는 소녀를 만났다.

디파의 집은 그들이 다니던 학교에서 불과 몇 블록 떨어진 곳에 있었으며, 그녀의 부모는 힘들게 맞벌이를 하고 있었기에 디파는 소위 열쇠아동Latchkey kid(맞벌이 부모를 둔 아이들-옮긴이)이었다. 에이미와 디파는 방과 후에 디파의 빈집으로 가서 자유를 만끽하며 우정을 쌓았다. 에이미는 그 당시 오후 시간들을 인생에서 가장 행복했던 때로 기억한다. "친한 친구와의 교제라는 게 바로 그런 게 아닐까 싶어요." 그녀가 내게 말했다.

에이미와 디파는 고등학교 시절에도 친하게 지냈고, 졸업 후에도 계속 연락을 유지했다. 1998년 디파는 에이미의 결혼식에 참석했다. 에이미의 부모님도 2000년에 디파의 결혼식에 참석할 정도로 두 가족은 가까웠다. 에이미는 결혼 선물로 디파에게 그녀가 좋아하는 요리법을 담아 정성스레 직접 만든 요리책을 건넸다. "어린 시절 친구만한 관계가 없잖아요, 아시죠?" 에이미가 말했다.

2005년, 디파의 남편은 아내의 주변 사람들에게 디파가 악성 암 진단을 받았다는 내용의 편지를 보냈다. 많은 질병이 그렇듯, 두려운 소식과 안심되는 소식이 번갈아 들려오곤 했다. 디파는 차도를 보이면서 아기를 낳았다. 하지만 2008년 여름에 암이 재발했고 예후가 좋지 않았다. 디파의 상태가 괜찮아지기도 했지만, 결국 페이스북을 통해 친구들과 가족들에게 수명이 1년밖에 남지 않았음을 알렸다.

에이미는 오랜 친구에게 전화하고 싶었다.

하지만 그 오랜 친구에게 전화 거는 것을 계속 미루고 있었다.

2008년 12월 어느 늦은 밤, 에이미는 다른 친구로부터 디파의 건강이 심각하게 나빠졌다는 메시지를 받았다.

다음 날, 에이미는 디파와 이야기를 나누려고 뉴저지에 있는 디파의 집에 전화를 걸었지만, 전화를 받은 사람은 디파가 그날 아침 일찍 사망했다고 말했다.

"그 순간, 내가 바보같이 기회를 잃어버렸다는 사실을 처절하게 깨달았습니다." 에이미가 말했다. "왜 내가 전화를 걸지 않는지 의아해하며 친구가 죽었을 거란 생각이 떠나지 않습니다. 다시는 그런 식으로 행동하지 않겠다고 맹세했습니다."

사람들은 종종 후회를 문에 비유해서 이야기한다. 에이미의 후회는 '닫힌 문' 후회다. 그녀가 내게 말했듯이, 디파와의 관계를 회복할 기회는 사라졌다. 셰릴의 후회는 '열린 문' 후회다. 대학 친구와 다시 연락할 기회는 남아 있다. 두 가지 유형의 후회 모두 우리를 괴롭히지만 이유는 다르다. 닫힌 문 후회는 그것에 대해 아무것도 할 수 없기 때문에 괴롭다. 열린 문 후회는 노력이 필요하긴 하지만, 우리가 해결할 수 있기에 괴롭다.

'세계 후회 설문조사'에서 많은 참가자가 문이 닫혔을 때 상실감을 느낀다고 답했다. 51세의 캘리포니아 남성은 일곱 살 때 부모님이 이혼하면서 아버지와 단절됐다. 그는 격주로 아버지를 방문했지만 "그 관계는 피상적이었다. (…) 깊은 대화도 없고, 서로를 제대로 알아가지도 못했다." 중학생이 되면서 발길을 끊었다.

그는 10대 후반과 20대 초반에 아버지와 다시 연락했다.

> 하지만 그때도 우리는 어떠한 유대감도 형성하지 못했습니다. 아버지는 17년 전에 세상을 떠났고, 나는 종종 다 자란 아들로서 아버지와 맥주 한 잔 함께 마시지 못한 것을 후회합니다.

54세 여성은 이렇게 말했다.

> 엄마에게 더 잘해주지 못한 게 후회됩니다. 어렸을 때 나는 내가 엄마보다 훨씬 똑똑하다고 생각해서(전형적인 10대였습니다) 엄마를 대수롭지 않게 대했어요. 그리고 자라면서 엄마와 정치 문제에 대해 논쟁했습니다. 우리는 각자 자신의 관점에 대해 열정적이었죠. 이제 엄마는 떠났고, 나는 엄마가 너무 그리워서 때로는 숨이 막힐 정도입니다. 나는 엄마에게 못되게 굴었어요. 그래서 내가 그럴 자격이 있는지는 잘 모르겠지만, 내 딸들은 내가 엄마에게 했던 것보다 내게 더 자상하게 대해주기를 기도합니다.

워싱턴D.C.에 사는 45세 여성을 포함해 많은 사람이 미처 할 말을 하지 못한 채 닫힌 문을 마주하게 된다.

> 오빠가 41세에 갑자기 세상을 떠났습니다. "사랑해."라는 말을 더

‖   많이 하지 않은 것을 후회합니다.

아이오와주에 사는 44세 여성의 다음 사연과 비슷한 후회도 많았다.

‖   대학 시절 코치이자 멘토였던 분의 장례식에 참석하지 않은 것을 후회합니다. 당시 아기가 태어난 지 2주밖에 안 됐는데, 겨울이라 날씨가 궂을까 걱정이 되었고, 장례식 장소까지는 차로 3시간이 넘게 걸렸어요. 의사결정 과정에서 이런 핑계를 몇 번이고 반복해서 입력했습니다. 내 결정이 옳았다고 스스로를 설득하려고 애썼죠. (…) 15년 전 그때를 생각할 때마다 핑계, 후회, 핑계, 후회, 핑계, 후회, 이렇게 머릿속에서 핑계와 후회가 탁구를 치듯 왔다 갔다 합니다.

마이크 모리슨, 카이 엡스튜드, 닐 로즈가 2012년에 수행한 연구에 따르면, 사회적 관계에 대한 후회는 우리의 소속감을 위협하기 때문에 다른 유형의 후회보다 더 크게 느끼게 된다. 타인과의 관계가 느슨해지거나 붕괴될 때 우리는 고통을 겪는다. 그리고 그것이 자신의 잘못일 때는 더 큰 고통을 겪는다. 연구자들은 "소속의 욕구는 인간의 근본적인 동기일 뿐 아니라 후회의 근본적인 요소"라고 썼다.[2]

닫힌 문은 우리를 괴롭힌다. 우리에겐 이를 되돌릴 방법이 없기 때문이다. 모든 것이 끝났다. 하지만 꿈쩍도 하지 않는 문은 이면에 이점을 숨겨 놓고 있다. 이 문은 후회가 어떻게 우리를 더 나은 사람으로 만들어주는지 보여주는 또 다른 사례다.

디파가 세상을 떠난 지 몇 년 후, 에이미는 또 다른 어린 시절 친구가 암 진단을 받았다는 소식을 들었다. "나는 (디파와의) 경험을 계속 되짚어 보았습니다." 에이미는 이렇게 말했다. "아무리 힘들어도 행동할 필요가 있었어요." 에이미는 이 친구에게 자주 전화를 걸었다.

그리고 아픈 친구를 방문했다. 두 사람은 이메일과 문자 메시지를 주고받았다. "내가 항상 그 친구를 생각하고 있음을 알 수 있도록 최선을 다했어요. 그녀와 조금 더 함께 있고 그녀가 처한 상황을 함께 하기 위해 혼신의 노력을 기울였습니다."

그 친구는 2015년에 세상을 떠났다. "그녀가 죽을 때까지 관계를 유지했어요." 에이미가 내게 말했다. "그렇다고 죽음을 받아들이는 게 쉬워지지는 않았어요. 하지만 후회는 없습니다."

단절과 표류

셰릴과 젠은 한 번도 다투지 않았다. 사소한 말다툼도 없었다. 자신들의 우정이 깨진 것을 거론한 적도 없었다. 둘의 우정은 그저 희미해지며 사라졌을 뿐이다.

설문조사에서 관계성 후회를 경험했다고 말한 사람들은 수천 명이 넘었지만, 관계가 끝나는 방식은 단 두 가지 유형, 즉 단절과 표류뿐이었다.

가족 간의 단절은 대개 모욕, 폭로, 배신 등 촉매가 되는 사건으로부터 시작된다. 이 사건은 언성이 높아지고, 험악한 위협이 오가고, 접시가 부서지는 등 연속극이나 에드워드 올비Edward Albee(가정불화가 등장하는 희곡 〈누가 버지니아 울프를 두려워하랴〉의 작가-옮긴이)의 희곡에 나올 법한 싸움으로 번진다. 외부인의 관점에서는 근본적인 불만이 사소하고 쉽게 바로잡을 수 있는 것처럼 보이더라도, 단절은 당사자들을 분개하게 하고 적대적으로 만든다.

예를 들어, 71세의 캐나다 남성은 다음과 같이 후회했다.

> 크리스마스에 다섯 살짜리 손자의 행동을 두고 아들과 충돌했는데 잠깐의 말다툼이 큰 논쟁으로 번졌습니다. 그로 인해 소원해진 관계는 거의 5년 동안 지속되고 있습니다. 그 이후로 우리는 대화를 나누거나 소통하지 않았습니다.

텍사스에 사는 66세 여성은 이렇게 썼다.

> 며느리를 알게 되었을 때 부정적인 반응을 보인 것을 후회합니다. (…) 며느리가 우리 집 근처에 살고 싶어 할 것이라 믿었지만, 내 아들은 며느리의 고향이 있는 오스트레일리아로 이민을 준비하고 있었습니다. 그들은 떠났고 지금은 관계가 소원해졌습니다.

표류는 더 진부한 이야기를 따른다. 여기에는 흔히 눈에 띄는 기승전결이 없다. 거의 눈에 띄지 않게 일어난다. 어느 날 관계가 형성되었다가, 어느 날 고개를 들면 관계가 사라지고 없다.

펜실베이니아의 한 여성은 이렇게 후회했다.

> 더 좋은 친구, 자매, 딸이 되기 위해 시간을 들이지 않았습니다. 시간을 흘려보내고 갑자기 내가 마흔여덟이라는 사실을 깨달았죠.

캄보디아에 사는 41세 남성은 이렇게 썼다.

> 좋은 친구들이 연락을 끊고 떠나가도록 내버려 둔 것이 후회됩니다.

많은 사람이 지나고 나서야 상황을 인식할 수 있었다. 펜실베이니아에 사는 62세 남성은 이렇게 말했다.

> 직장 동료들과 더 깊은 관계를 맺기 위해 더 열심히 노력했더라면

좋았을 거예요. 나는 같은 곳에서 30년 넘게 일해왔지만, 지금까지 함께 일했던 사람들 가운데 친하다고 말할 만한 사람이 있을지 확신이 서지 않습니다.

관계의 단절은 더 극적이다. 하지만 관계의 표류는 더 흔하다.

표류는 고치기가 더 어려울 수도 있다. 단절은 분노와 질투 같은 감정을 만들어내는데, 이는 친숙하고 식별하기 쉬우며 이해하기 쉽다. 표류는 더 미묘하고 덜 정당하게 느껴질 수 있는 감정을 수반한다. 그리고 관계성 후회를 하는 수백 명의 사람이 묘사하는 이런 감정들 중 첫 번째는 '어색함'이다.

셰릴은 옛 친구와 재회할 생각을 하며 이렇게 자문했다. "젠이 내 소식을 듣지 않는 것이 더 나을까요? 아니면 젠이 내 소식을 듣고 소름 끼치게 만드는 것이 좋을까요?" 친구를 소름 끼치게 만들지 모른다는 우려는 늘 우세했다. 그녀는 25년이 지난 지금 '손을 뻗는 것'이 이상하게 보일까 봐 걱정한다. 그런 행동이 친구에게 '부적절해 보일까 봐' 두려워한다.

에이미가 디파에게 전화를 걸지 못했던 것도 같은 장벽 때문이었다. "이런 식으로 들릴까 봐 어색했습니다. '지난 몇 년 동안 너와 대화를 나누지 못했잖아. 하지만 네가 죽어가고 있다는 소식을 들으니까, 내가 전화하는 거야!'라고 말이죠." 에이미가 해명했다. "그녀에게 전화를 걸었을 때 겪을 불편한 감정을 두려워하지 않았더라면 좋았을 텐데요."

만약 에이미가 그런 감정에 맞섰다면 아마도 놀랍고, 심지어 만족스러운 결과가 생겼을 것이다. 인간은 놀라운 존재다. 비행기를 조종하고, 오페라를 작곡하고, 스콘을 굽는다. 하지만 다른 사람들이 어떻게 생각하는지, 그리고 그들이 어떻게 행동할지 예측하는 데는 아주 서툴다. 설상가상으로 우리는 자신이 이런 일에 얼마나 미숙한지 깨닫지 못한다.[3] 그리고 어색함을 인지하고 예측하는 데는 그보다 더 서툴다.

2014년에 사회심리학자 니콜라스 에플리Nicholas Epley와 줄리아나 슈뢰더Juliana Schroeder는 시카고 지역에서 기차와 버스를 타고 통근하는 사람들을 모집해 그들 중 일부에게 낯선 사람들과 대화를 시작해보라고 요청했다. 모집된 사람들은 그렇게 대화를 청하는 자신들도 거북할 거라고 느꼈지만, 대화하기를 요청받는 상대방은 자신들보다 더 불편할 것이라고 예상했다. 두 예측 모두 빗나갔다. 대화를 시작한 사람들은 생각보다 쉽게 대화를 시작했다. 그들은 대화 없이 혼자 있었던 대조군보다 출퇴근길을 더 즐겼다. 그들과 대화를 나눈 이들도 싫어하는 기색을 보이지 않았다. 그들도 말을 걸어온 사람만큼 대화를 즐겼다.

에플리와 슈뢰더는 "사람들은 사회적 관계의 결과를 오해하고 있다."라고 썼다.[4] 통근자들은 손을 뻗는 것이 모두를 불편하게 할까 봐 걱정했지만, 기우에 불과했다. 전혀 불편한 행동이 아니었다.

2020년 펜실베이니아대학교의 에리카 부스비Erica Boothby와 코넬대학교의 바네사 본스Vanessa Bohns는 관련 현상을 조사했다. 바로 다른 사람들을 칭찬하는 데에 지나치게 신중한 우리의 태도에 대한 조사였다.

부스비와 본스는 칭찬을 하면 상대가 의아하게 여길 것이라 생각하는 사람이 많다는 사실을 발견했다. 그들은 "어색해하는 모습을 보일까 봐, 상대가 자신의 수많은 결함과 과실을 알아채고 판단할까 봐" 걱정한다. 하지만 실험 결과 (자신과 타인에 대한) 예측은 완전히 빗나갔다. 그들은 칭찬을 받는 사람이 얼마나 "성가시고 불편하고 짜증이 날지"를 극도로 '과대평가'했고, 그 사람이 얼마나 긍정적으로 반응할지는 '과소평가'했다.[5] 그러나 사람들은 전혀 어색해하지 않았다.

이는 사회심리학자들이 '다원적 무지'라고 부르는 현상이다. 우리는 우리의 믿음이 대다수 사람들의 믿음과 크게 다르다고 착각한다. 특히 그러한 개인적인 생각이 대중의 행동과 맞지 않는 것처럼 보일 때 더욱 그렇다.

우리가 강의를 이해하는 데 어려움을 겪으면서도 질문을 하지 않는 이유는, 다른 사람들이 질문을 하지 않는 게 그들이 강의를 이해한다는 것을 의미한다고 잘못 이해하기 때문이다. 그리고 자신이 바보처럼 보이기를 원하지 않기 때문이기도 하다.

하지만 다른 사람들도 똑같이 어리둥절한 상태이며, 바보같이 보일까 봐 똑같이 불안해할 수 있다고 생각하지는 않는다. 강의를 이해하지 못해 혼란스럽지만, 다른 사람은 혼란스럽지 않을 것이라고 잘못 생각하기 때문에 혼란에서 벗어나지 못한다! 대학생을 대상으로 한 설문조사에 따르면 대다수 학생은 과음하지 않는다고 답했다. 하지만 이렇게 답한 학생들은 자신들은 예외고 동기들은 항상 고주망태가 되도록 마신다고 생각한다. 그렇기 때문에 진심으로 지지하는 사람이 거의 없다고 봐도 좋은 사회적 규범이 희한하게도 강화되는 것이다.[6]

멀어진 사람과 다시 관계를 회복할 때 어색함을 걱정하는 우리의 패턴도 이와 일치한다. 우리는 너무 자주 자신의 선택이 유별나다고 생각한다. 셰릴은 다시 연락해도 젠이 관심이 거의 없을 것이며, 자신과 나눈 대화를 모두 이상하게 여길 것이라고 주장했는데, 나는 그녀에게 그 반대의 경우를 가정해보라고 요청했다.

젠이 그녀에게 손을 뻗으면 어떤 기분이 들까?

"만약 오늘 그녀에게서 메시지를 받는다면, 맙소사, 눈물이 날 것 같아요." 그녀가 내게 말했다. "그녀에게서 소식을 듣게 된다면, 그리고 이렇게 오랜 세월이 지난 후에도 여전히 우리의 우정에 대해 생각하고 있다고 말한다면 내 인생이 바뀔 것입니다."

"행복은 사랑이다. 이상 끝!"

한 집단의 평생에 걸쳐 행복을 가장 오랫동안 추적한 연구는 하버드의과대학의 '성인 발달 연구Study of Adult Development'로, 연구자 중 한 명의 이름을 따서 '그랜트 연구Grant Study'로도 알려져 있다. 여러분도 아마 들어봤을 것이다. 1938년 하버드대학교 연구원들은 268명의 학부생을 모집한 후 80년 동안 추적 조사했다. 이 연구가 수행된 기간과 그 세밀한 연구 내용은 놀라울 정도다. 연구자들은 남성들의 아이큐를 측정하고, 필체를 분석하고, 눈썹과 고환을 관찰했다. 그리고 혈액을 채취하고, 뇌파를 측정하고, 평생 수입을 계산했다. 이 연구의 대담한 목표는 왜 어떤 사람들은 일과 삶에서 성공하는 반면 어떤 사람들은 허우적대는지 알아내려는 것이었다.

명백한 한계(연구 대상은 모두 미국 백인 남성이었다)에도 불구하고, 그랜트 연구는 심리학 역사상 가장 중요한 장기 프로젝트 중 하나다. 연구자들은 나중에 이 남성들의 자녀와 배우자도 연구 대상에 포함시켰다. 1970년대에는 다양한 사회경제적 집단을 포함하기 위해 456명의 보스턴 지역 노동자도 추가했다. 이러한 노력이 모여 나온 결론은 진지하고, 교훈적이며, 아마도 보편적인 것으로 여겨진다.

2017년, 하버드대학교 학내 신문 〈하버드 가제트Harvard Gazette〉는 이렇게 요약했다.

> 돈이나 명성보다 친밀한 관계가 사람들을 평생 행복하게 해준다.
> (…) 이러한 유대는 삶의 불만을 해소하고, 정신적·신체적 쇠퇴
> 를 늦추는 데 도움이 되며, 사회계층이나 아이큐, 심지어 유전자보
> 다 더 정확하게 행복하게 장수하는 삶을 예측해내는 척도다. 이는
> 하버드 출신 남성과 도시 빈민가 참여자 전반에 걸쳐 사실로 판명
> 됐다.[7]

어린 시절 부모와 따뜻한 관계를 유지한 남성들은 부모 자식 간
의 유대감이 더 느슨한 남성들보다 성인이 되어서 더 많은 돈을
벌었다. 또한 노년기에 더 행복했고 치매에 걸릴 확률도 낮았다.
결혼 생활이 탄탄했던 사람들은 삶의 과정에서 신체적·정서적
고통을 덜 겪었다. 개인 간의 친밀한 우정은 콜레스테롤 수치보
다 건강한 노화를 더 정확히 예측할 수 있는 척도였다. 사회적 지
지와 공동체와의 유대는 사람들을 질병과 우울증으로부터 보호
하는 데도 도움이 되었다. 한편 외로움과 단절은 어떤 경우에는
치명적이었다.

　2017년, 정신과 의사이자 현재 이 연구의 책임자인 로버트 왈
딩거 Robert Waldinger 는 한 기자에게 이 연구의 핵심을 다음과 같이
설명했다. "자신의 몸을 돌보는 것도 중요하지만, 인간관계를 돌

보는 것도 자기관리의 한 형태입니다. 그것이 바로 이 연구를 통해 밝혀진 비밀이라고 생각합니다."[8]

'세계 후회 설문조사'에 참여한 많은 사람들도 그랜트 연구의 발견과 비슷한 결론에 도달한 것 같다. 57세의 캘리포니아 여성을 예로 들어보자.

> 의붓딸이 어렸을 때 더 많이 껴안아주지 못한 것을 후회해요. 내가 친엄마를 대신하려 든다고 생각할까 봐 우려했고, 딸에게 엄마가 얼마나 필요한지도 깨닫지 못했습니다.

오하이오에 사는 62세 여성은 이렇게 말했다.

> 우리 부모님은 일 년 간격으로 집에서 임종을 맞이하셨어요. 부모님의 마지막 시간 동안 손을 잡고 그분들이 내게 준 사랑스러운 순간들에 대해 더 많이 이야기하며 시간을 보내지 못한 것을 후회합니다. 우리 가족은 포옹을 하거나 울거나 키스를 하는 등 애정 표현을 잘하지 못했고, 부모님을 위해서든 나를 위해서든 그런 표현이 필요하다는 걸 몰랐어요.

플로리다에 사는 71세 노인은 이렇게 말했다.

딸이 14살에 트랜스젠더가 됐다고 커밍아웃했을 때 나는 그 상황을 잘 이해하지 못했어요. 그 결과, 내 하나뿐인 아이이자 내가 이 세상에서 가장 사랑하는 사람에게 엄청난 고통을 안겼습니다. 그 이후로 상황이 바뀌어서 지금은 내가 아이의 가장 큰 지지자이지만, 가장 중요한 시기에 부모가 되지 못한 나 자신을 절대 용서하지 않을 것입니다.

'세계 후회 설문조사'에서 밝혀진 한 가지 주목할 만한 (비)발견은 부모와 관련된 것이었다. 수백 명의 사람이 잘못된 배우자와 결혼하거나 실망스러운 파트너를 선택한 것에 대해 후회한다고 말했지만, 자녀를 둔 것을 후회한 사람은 1만 6,000명이 넘는 응답자 중 20명도 되지 않았다.[9] 행동과학과 대중문화는 어떤 의미에서 로맨스에만 너무 많은 관심을 기울이는 반면, 다른 가족 관계에는 충분한 관심을 보이지 않는다.

실제로 2020년에 24개 국가를 대표하는 40명 이상의 학자 그룹이 27개 국가의 데이터를 조사한 결과, 학술지가 짝짓기에 대한 연구로 도배되어 있지만, 실제로 전 세계 사람들은 '짝짓기 목표보다 가족 간의 유대관계와 관련된 목표를 우선시한다'고 결론을 내렸다.[10] 복잡하게 얽힌 로맨스보다 단점이 적으면서 더 큰 행복이 오래 지속되는 가족 관계를 더 많이 연구하면 우리의 이해도 넓어질 것이다.

하버드대학교의 또 다른 정신과 의사인 조지 베일런트 George Vaillant는 30년 이상 그랜트 연구를 이끌었다. 그는 2012년도 미출간 원고에서 자신이 경험에서 배운 것을 회고했다. 80년 동안 수백 명의 피험자, 수천 건의 인터뷰, 수백만 건의 자료를 수집한 끝에 그는 인류의 번영에 관한 가장 오랜 연구의 결론을 이렇게 요약할 수 있다고 말했다. "행복은 사랑이다. 이상 끝!"[11]

결국 우리가 인간으로서 씨름하는 문제는 놀라울 정도로 단순하다. 우리 삶에 의의와 만족을 부여하는 것은 의미 있는 관계다. 이 관계들이 고의 때문이든 부주의 때문이든 파탄에 이른 경우 관계 회복을 가로막는 것은 어색함이다. 우리는 관계를 회복하려는 노력이 수포로 돌아갈까 봐 두려워한다. 하지만 이런 우려는 거의 항상 잘못된 것이다. 물론 때때로 거절당할 것이다. 하지만 우리는 다시 손 내밀 때 자신이 얼마나 어색할지는 '과대평가' 하고, 다른 사람들이 우리의 제안을 얼마나 환영할지에 대해서는 '과소평가'하는 경우가 더 많다.

따라서 이 단순한 문제의 해결책은 훨씬 더 단순하다. 어색함을 잠시 접어두자는 것이다.

에이미 노블러는 닫힌 문 후회에 대해 생각하면서, 시간을 거슬러 과거의 자신에게 갈 수만 있다면 이렇게 속삭이고 싶다고 말한다. "어색하고, 너무도 불편하고 무섭겠지만, 다른 한편으로 생각해보면 그런 경험을 하게 된 것을 다행이라고 생각하게 될 거야.

어차피 그땐 해답 없는 그 질문들을 생각하지도 못했을 테고 막상 그 질문이 상대방한테 어떤 영향을 미칠지도 모르는 일이니까."

셰릴은 젠과의 관계에서 '열린 문'을 바라보면서 적어도 당장 실행에 옮기진 않겠지만 그 다음엔 어떤 행동을 취하면 될지 직감으로 알았다. "상대에게 모습을 드러내는 쪽으로 실수를 저지르는 편이 거의 항상 낫습니다. 비록 어색함은 있더라도, 죽는 것도 아닌 걸요. 괜찮을 거예요. 하지만 당신이 당신을 드러내지 않으면 영원히 관계를 잃게 될 겁니다."

모든 심층 구조적 후회는 욕구를 드러내고 교훈을 준다. 관계성 후회에서 인간의 욕구는 사랑이다. 낭만적인 의미의 사랑만이 아니라, 부모, 자녀, 형제자매, 친구들을 모두 아우르는 광범위한 개념의 사랑 말이다.

닫힌 문이 전하는 교훈은 다음번에는 더 잘해야 한다는 것이다. 열린 문이 전하는 교훈은 지금 당장 실행에 옮기라는 것이다. 만약 당신이 중요하게 생각하는 관계가 무너졌다면 전화를 걸어라. 직접 찾아가라. 당신이 느끼는 바를 솔직하게 말하라. 어색함을 밀어내고 손을 내밀어라.

●

가장 큰 후회는 삶의 다양한 면면에서 (교육, 인간관계, 휴가 계획, 집에서 먹는 음식에 이르기까지) 내 욕구와 바람에 대해 좀 더 적극적으로 말하지 않은 것입니다.

51세 남성, 뉴저지

●

나무를 더 많이 심었더라면 좋았을 거예요.

57세 남성, 영국

●

소셜 미디어에 내 인생을 오래 노출한 것을 후회합니다. 너무 많은 것을 과도하게 공유해서, 이제는 나의 너무 많은 부분이 '밖에' 존재하고 있는 것처럼 느껴져요.

27세 여성, 워싱턴

11장

기회와 의무

요즘에는 전화기마다 카메라가 달려 있고, 주머니마다 전화기가 들어 있지만, 20세기에는 사진 촬영이 지금보다 더 복잡했고 비용도 많이 들었다. 젊은이들은 잘 모를 텐데 설명하자면 이렇다.

과거에는 사진작가들이 필름으로 사진을 찍었다. 버튼을 눌러 카메라 셔터를 열면 순간적으로 빛이 들어왔다. 그런 다음 빛은 필름의 화학물질과 상호작용하여 이미지를 기억한다.

결과는 다소 이상하다. 사진작가들이 카메라에서 꺼낸 필름 띠를 보면, 실제로 밝은 부분은 어두웠고 실제로 어두운 부분은 밝았다. 이는 사진을 만드는 중간 단계로 '네거티브negative'라고 불렸다. 사진작가들이 그 네거티브 필름을 종이에 인쇄하면 명암이 뒤바뀌어 원래의 색조가 복원된다.

후회도 이와 비슷한 방식으로 작용한다. 네 가지 핵심 후회는 좋은 삶의 네거티브 이미지로 작용한다. 사람들이 가장 후회하는 것이 무엇인지 파악하여, 그 모습을 뒤집어 생각해보면 우리가 가장 가치 있게 여기는 것을 알아낼 수 있다.

그렇다면 우리 모두가 궁극적으로 원하고 필요로 하는 것은 무엇일까?

아래 표에 요약된 후회의 심층 구조가 답을 제공한다.

후회의 심층 구조		
	표현되는 방식	인간의 욕구
기반성 후회	그 일을 했더라면	안정
대담성 후회	위험을 감수했더라면	성장
도덕성 후회	옳은 일을 했더라면	선함
관계성 후회	손을 내밀었다면	사랑

우리는 물질적·신체적·정신적 행복의 견고한 기반인 안정을 추구한다.

우리는 제한된 시간을 활용하여 새로움을 추구하고 대담하게 행동함으로써 탐구하고 성장하기를 희망한다.

우리는 옳은 일(도덕적 약속을 지키는 좋은 사람이 되고, 또 그렇게 보이는 일)을 하고 싶어 한다.

우리는 사랑으로 결속된 우정과 가족 관계를 형성하기 위해 다른 사람들과 연결되기를 갈망한다.

견고한 기반. 약간의 대담성. 기본적인 도덕성. 의미 있는 관계. 후회라는 부정적인 감정은 긍정적인 삶의 길을 보여준다.

"할 수 있었는데"와 "해야 했는데"

거울을 보면 한 사람이 보일 것이다. 하지만 눈을 좀 더 가늘게 뜨면 세 개의 '자아'가 보일 것이다. 이는 컬럼비아대학교의 사회심리학자 토리 히긴스Tory Higgins가 1987년에 처음으로 제안한 동기부여 이론이다. 히긴스는 우리 모두에게 '실제적 자아', '이상적 자아', '당위적 자아'가 있다고 주장했다.

실제적 자아는 현재 우리가 소유하고 있는 속성들을 한데 묶어 놓은 덩어리다. 이상적 자아는 우리가 될 수 있다고 믿는 자아, 즉 우리의 희망·소망·꿈이다. 그리고 당위적 자아는 우리가 마땅히 그래야 한다고 믿는 자아, 즉 우리의 의무·약속·책임이다.[1]

히긴스는 우리의 행동을 부추기고 우리가 추구하는 목표를 결정짓는 것은 이 세 자아의 불일치라고 주장했다. 예를 들어 이상적 자아는 건장하고 건강한 사람이지만 실제적 자아는 무기력하고 과체중이라면 그 괴리가 운동을 시작하려는 동기가 된다. 만약 나의 당위적 자아가 연로한 친척을 돌봐야 한다고 믿지만, 실제적 자아는 6개월 동안 할머니를 찾아뵙지 않았다면, 나는 사무실을 일찍 나서 할머니 댁에 갈 것이다. 하지만 우리가 이런 노력을 하지 않을 때, 즉 실제 자아와 나머지 두 자아 사이의 간극이 지속되면 불쾌한 감정이 그 간극을 메운다.

2018년에 뉴스쿨New School for Social Research의 샤이 다비다이Shai Davidai와 여러 논문에 자주 등장하는 토머스 길로비치는 후회를 분석하기 위해 히긴스의 이론을 활용했다. 사람들은 시간이 지날수록 했던 행동보다 행동하지 않은 것을 더 후회한다는 길로비치의 이전 연구를 확장하여, 그들은 여섯 가지 연구를 수행한 끝에 한 가지 결론에 도달했다. 즉 사람들은 자신의 당위적 자아에 부응하지 못한 경우보다 자신의 이상적 자아에 부응하지 못한 경우에 더 많이 후회한다는 것이다. '할 수 있었는데'라는 후회가 '해야 했는데'라는 후회보다 3배 정도 많았다.

아마도 그 이유는 이 두 가지 후회의 감정적 결과가 상반되기 때문일 것이다. 실제적 자아와 이상적 자아 사이의 불일치는 우리를 낙담하게 만든다. 하지만 우리의 실제적 자아와 당위적 자아 사이의 불일치는 우리를 불안하게 만들고, 따라서 행동할 가능성을 높인다. 우리는 당위와 관련된 후회에 대해서 절박감을 더 크게 느끼기 때문에 과거의 행동을 되돌리거나, 잘못한 사람들에게 사과하거나, 실수로부터 교훈을 얻는 등의 방법으로 바로잡으려 할 가능성이 더 크다.[2] '할 수 있었는데'는 '해야 했는데'보

다 더 오래 우리를 괴롭힌다. '해야 했는데'는 끝에 가서 바로잡는 경우가 많기 때문이다.●

이 분석은 후회의 심층 구조를 들여다볼 수 있는 또 다른 창을 제공한다. 이상적 자아가 되지 못한 것은 '기회'를 추구하지 못했기 때문이다. 당위적 자아가 되지 못한 것은 '의무'를 이행하지 못했기 때문이다. 네 가지 핵심 후회는 모두 기회나 의무, 또는 둘 다를 포함한다.

예를 들어, 대담성 후회(내가 그 위험을 감수했더라면)는 전적으로 우리가 붙잡지 못한 기회에 관한 것이다.[3] 기반성 후회(내가 그 일을 했더라면) 또한 주로 우리가 추구하지 않은 기회(교육, 건강, 건전한 재정)에 관한 것이다. 관계성 후회(내가 손을 내밀었다면)는 기회와 의무가 섞여 있다. 지키지 못한 우정을 쌓을 기회는 물론, 소홀히 했던 가족과 다른 사람들에 대한 의무도 포함한다. 도덕적 후회(내가 옳은 일을 했더라면)는 다하지 못한 의무에 관한 것이다.

결과적으로 보면 기회와 의무가 후회의 중심에 있지만 기회가 더 두드러진다. 이것은 우리가 한 일보다 하지 않은 일을 후회

● 이 관점은 《죽을 때 가장 후회하는 다섯 가지: 소중한 이별에 의해 변화된 삶The Top Five Regrets of the Dying: A Life Transformed by the Dearly Departing》 (한국어판 《내가 원하는 삶을 살았더라면》, 2013, 피플트리)에도 나온다. 2012년에 출간된 이 책은 호스피스 간호사 브로니 웨어Bronnie Ware가 일부 환자들의 후회를 기록한 책이다. 환자들이 그녀에게 말한 두드러진 후회 가운데 하나는 이러했다. "남들이 기대하는 삶이 아니라 나 자신에게 진실한 삶을 살 용기가 있었더라면 좋았을 텐데."

할 가능성이 더 높은 이유도 설명해준다. 닐 로즈와 에이미 서머 빌은 이렇게 썼다. "행동하지 않은 것에 대한 후회는 행동에 대한 후회보다 더 오래 지속되는데, 그 이유는 놓쳐버린 기회가 더 크게 인식되기 때문이기도 하다."[4]

기회의 중요성은 양적 연구를 활용한 '미국 후회 프로젝트'에서 수집한 자료를 다시 검토하면서 더욱 분명해졌다. 이 설문조사의 규모와 범위 덕분에 하위 집단 간의 차이를 조사할 수 있었다. 여성의 후회는 남성의 후회와 다를까? 흑인 미국인은 백인 미국인과 다른 후회를 할까? 당신이 부자인지 가난한 사람인지에 따라 삶에 대한 후회도 달라질까?

간단히 대답하자면, 집단 간의 차이는 크지 않았다. 더 길고 흥미로운 답을 하자면, 실제로 드러난 차이가 후회의 동인으로 작용해 기회의 중요성을 강화했다는 것이다.

응답자의 교육 수준을 예로 들어보자. 대학 학위를 가진 사람들은 대학 학위가 없는 사람들보다 직업에 대해 후회할 가능성이 더 높았다. 언뜻 들으면 놀랄지도 모른다. 일반적으로 대학 학위를 취득하면 직업 선택의 폭이 넓어진다. 하지만 이것이 바로 대학 졸업자들이 경력에 대한 후회를 더 많이 하는 이유일 수 있다. 삶이 그들에게 더 많은 기회를 제공했고, 따라서 잡지 못한 기회도 더 많은 것이다.

소득도 비슷한 패턴을 보였다. 당연히 재정에 대한 후회는 가계 소득과 밀접한 관련이 있었다. 가계 소득이 낮을수록 재정 관련 후회를 할 가능성이 더 높다. 하지만 직업에 대한 후회는 정반대였다. 즉, 소득이 높을수록 경력을 후회할 가능성이 더 높았다. 다시 말하지만, 더 많은 기회가 주어질수록 실현되지 못한 기회에 대한 후회도 커질 수 있다.

교육에 대한 후회는 대학을 다녔지만 졸업하지 않은 사람들 사이에서 가장 만연했다. 이 집단의 네 명 중 한 명은 교육에 대해 가장 크게 후회했다. 이 경우에는 기회가 가로막힌 것이 원인일 수 있다.

이 설문조사에서 나타난 인종에 따른 후회의 차이는 기회의 박탈 때문일 가능성이 크다. 인종 간 후회의 차이는 한 가지 측면을 제외하고는 미미했다. 유색 인종은 백인종보다 교육에 대한 후회가 더 많았는데, 이는 미국에서 인종에 따라 교육 기회에 대한 접근성에 차이가 있다는 점으로 설명될 가능성이 크다.

나이 또한 기회의 중요성(그리고 역설)을 보여주었다. '미국 후회 프로젝트' 조사에서 20세 청년의 행동에 대한 후회와 무행동에 대한 후회는 동등한 수준으로 나타났다. 하지만 나이가 들면서 행동하지 않은 것에 대한 후회가 우세했다. 50세에는 행동하지 않은 후회가 행동에 대한 후회보다 두 배나 많았다. 실제로 데이터에 따르면 행동하지 않았을 때의 후회를 예측하게 해주는 가장 강력한 척도는 나이였다. 자신 앞에 놓인 기회가 줄어들면(나

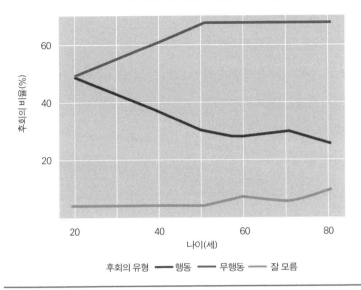

나이가 들수록 무행동에 대한 후회가 커진다

후회의 유형 ━━ 행동 ━━ 무행동 ━━ 잘 모름

출처: 다니엘 핑크 외, '미국 후회 프로젝트'(2021)

이 든 사람들의 경우처럼) 사람들은 자신이 하지 않은 일을 후회하는 것 같다.

하지만 그들은 다른 곳에서 기회를 찾기도 한다. 예를 들어, 30~65세는 직업과 재정에 대한 후회가 가장 많았다. 이 연령대에서는 이러한 영역에서 기회가 아직 남아 있기 때문일 것이다. 하지만 나이가 들수록 교육, 건강, 경력에 대한 후회가 적었고, 가족에 대한 후회가 더 많았다. 한 가지 이유는 70세가 되면 박사 학위를 취득하거나 새로운 직업을 갖거나 수십 년 동안의 고된 삶을 보상받을 기회가 상대적으로 제한되기 때문이다. 그러한 문들은 닫히고 있다. 하지만 세상을 떠나기 전에 단절된 형제와 화해할 기회는 남아 있다. 이 문은 여전히 열려 있다.

남녀 간의 차이는 크지 않았지만 존재했다. 예를 들어 남성은 여성보다 경력을 후회할 가능성이 더 컸다. 남성 5명 중 1명은 이 범주에서 후회를 표현한 반면, 여성은 12퍼센트에 불과했다. 이와는 대조적으로 여성은 남성보다 가족에 대한 후회를 더 많이 하는 것으로 나타났다(여성 24퍼센트, 남성 18퍼센트). 이 차이에 대한 명확한 설명을 제공할 수 있는 질문이 이 설문조사에는 없었다. 하지만 평균적으로 남성들은 직업적 기회를 더 중시할 가능성이 크고, 여성들은 관계의 기회를 더 중시할 가능성이 크다고 추측할 수는 있다.●

● 기존 연구에서 밝혀진 남녀 간의 차이 한 가지는 성적性的 후회와 관련이 있다. 2013년 UCLA의 앤드류 갤퍼린Andrew Galperin과 마티 헤이슬턴Martie Haselton이 진행한 연구에 따르면, 일반적으로 남성의 성적 후회는 무행동(함께 자지 않은 사람들)과 관련이 있다. 한편 여성의 성적 후회는 행동(함께 잤던 사람들)과 더 많이 관련이 있다. 마찬가지로 닐 로즈도 연애에 있어 남성의 후회는 일반적으로 행동하지 않는 것과 관련이 있는 반면, 여성의 후회는 했던 행동과 하지 않은 행동 모두에서 더 고르게 나타난다는 것을 보여주었다(참고: Galperin, Andrew, Martie G. Haselton, David A. Frederick, Joshua Poore, William Hippel, David M. Buss, and Gian C. Gonzaga. "Sexual regret: Evi dence for evolved sex differences." *Archives of Sexual Behavior* 7, no. 42 (2013): 1145 - 61; Roese, Neal J., Ginger L. Pennington, Jill Coleman, Maria Janicki, Norman P. Li, and Douglas T. Kenrick. "Sex differences in regret: All for love or some for lust?" *Personality and Social Psychology Bulletin* 32, no. 6 (2006): 770 - 80).

꿈과 의무

우리는 이행하지 않은 의무보다 놓쳐버린 기회를 더 자주 후회한다. 하지만 우리는 모든 것을 실현한 삶이란 꿈과 의무가 뒤섞여 있는 삶이라는 것도 알고 있다.[5] 후회가 제공하는 네거티브 이미지는 우리 자신에 대한 꿈과 다른 사람에 대한 의무가 결합될 때 완전한 인간이 된다는 점을 분명히 보여준다.

의무만 있고 기회가 없는 삶은 억제된 삶이다. 기회만 있고 의무를 다하지 않는 삶은 공허한 삶이다. 기회와 의무가 융합된 삶이 참된 삶이다.

3부에서는 기존의 후회를 변모시키고 미래의 후회를 예측함으로써 참된 삶을 꾸려가는 방법을 다루고자 한다.

DANIEL H. PINK

THE POWER OF REGRET

후회 활용하기

●

나는 제시카에게 더는 다정하게 대하지 않았어요. 그녀가 생리를 할 때도 학교에서 사흘간 그녀를 '블러디 메리'라고 불렀어요.

39세 여성, 노스캐롤라이나

●

아내에게 키스하지 못했던 것이 계속 후회됩니다. 62년 결혼 생활 동안 너무 바쁘다는 핑계로 그러지 못했는데 아내가 코로나19로 세상을 떠났습니다.

84세 남성, 텍사스

●

악보를 읽거나 악기를 연주하는 법을 배우지 못한 것을 후회합니다. 음악을 좋아하지 않더라도 악기 연주가 삶에 도움이 되는 귀중한 기술이라는 사실을 깨달았습니다.

17세 여성, 일본

실행 취소(Ctrl+Z)와 '적어도' 실행

12장

제프 보슬리는 그저 멋진 사람이 되려고 노력했을 뿐이다.

그는 스물아홉 살에 미 육군에 입대했고, 포트 브래그^{Fort Bragg}(미 육군 공수부대와 특수작전부대의 기지-옮긴이)에서 가장 나이가 많은 하사관이었다. 심지어 훈련 담당 부사관보다도 많았다. 그는 동료들과 어울리고 싶었다. 그래서 어느 날 밤 몇몇 친구들과 기지에서 나와 시내 문신 가게에 들어갔다.

제프는 전우들에게 깊은 인상을 줄 수 있는 이미지나 문구를 찾고 있었다. 극도의 남자다움과 전사로서의 풍모를 물씬 풍기고 싶었다. 그는 왼쪽 팔을 문신 부위로 선택했다. 왜냐하면 "소총 총신을 들고 있을 때 보이는 팔이기 때문"이었다.

문신사는 가까운 컴퓨터로 가 MS워드 프로그램을 열고 파피루스 서체를 선택했다. 그리고는 약 100달러를 받고 제프의 왼팔에 검은 글씨로 몇 글자를 새겼다.

NO REGRETS
(후회하지 않는다)

제프는 거의 10년간 군에 복무했고 그린베레Green Beret(미 육군 특수 부대요원-옮긴이)가 되었다. 제대 후 콜로라도주 콜로라도 스프링스에서 소방관으로 일했다. 그때 12년간 함께 살던 아내와 이혼했다. 결혼 생활이 끝났을 때, 그는 자신에 대해 뭔가를 깨달았다. 지난 삶에 '후회가 많다'라는 사실이다. 그는 대학을 더 진지하게 다니지 않은 것(8년간 대학을 두 군데 다녔으나 학위는 없음)을 후회했다. 이혼해서 아내에게 상처를 준 것을 후회했다. 또한 연기에 대한 오랜 열망을 한 번도 실행에 옮기지 못한 것도 후회했다.

충동적으로 문신을 한 지 14년이 지났을 때, 제프는 자신의 문신이 단순히 심미적이지 않다는 문제만 갖고 있는 게 아니라는 걸 알았다(그는 파피루스 서체가 "가장 진부하고 한물간 글씨체"라고 말했다). 그 문신은 진실도 아니었다.

나와 대화를 나누면서 제프는 이렇게 말했다. "후회했어요. 나는 분명 후회했죠. 그것이 제게 연료를 공급했습니다. 후회는 엿같은 거지만, 나는 '후회하지 않아.'라거나 '후회할 게 없어.'라고 말하는 사람들보다 후회를 더 좋아합니다."

후회에 자극받은 그는 콜로라도 중부에서 캘리포니아 남부로 이사해 현재 배우로 생계를 유지하고 있다. 그리고 더 이상 믿지 않는 신조를 자신에게 끊임없이 상기시키는 왼팔의 문신을 제거하기로 결정했다. 이 과정은 고통스럽고 시간이 많이 걸릴 뿐 아니라 비용도 많이 든다. 피부과에서 정기적으로 레이저 시술을 받아야 하고 가격도 문신 시술보다 열 배 이상 비싸다.

"시술 받으러 갈 때마다, 신입 간호사나 의사가 보이면 '저 후회하고 있어요.'라고 말합니다. 그 농담이 내게서 떠나지 않네요."

후회를 어떻게 활용해야 할까? 후회가 우리를 인간답게 만든다면, 더 나은 사람이 되고 더 만족감을 느끼기 위해 후회를 어떻게 이용해야 할까?

그 출발점은 후회의 구조에서 중요한 특징 중 하나를 다시 살펴보는 것이다. 행동에 대한 후회와 행동하지 않은 것에 대한 후회의 차이, 즉 우리가 한 일에 대한 후회와 하지 않은 일에 대한 후회의 차이 말이다. 행동에 대한 후회는 상대적으로 적다. 나는 이 짤막한 장에서 현재를 바꾸기 위해 후회를 변화시키는 방법을 설명하려 한다. 그리고 다음 장에서는 좀 더 복잡하긴 하지만 행동에 대한 후회와 행동하지 않은 것에 대한 후회를 변화시켜 미래를 개선시키는 방법을 설명할 것이다.

행동에 대한 후회의 경우, 초기 목표는 당면한 상황을 더 나은 방향으로 바꾸는 것이다. 항상 가능한 것은 아니지만, 우리에게는 이 목표를 달성할 수 있는 두 가지 방법이 있다. 우리는 이 후회를 되돌릴 수 있다. 바로잡거나, 선택을 되돌리거나, 결과를 지워버릴 수 있다. 제프와 그의 문신이 그 예다. 한편 '적어도'라는 표현을 사용하여 행동에 대한 후회에 대응하면 상황을 좀더 긍정적으로 받아들이는 데 도움이 된다. 두 방식 모두 미래를 대비하는 데는 큰 도움이 되지 않지만, 현재를 재정비하는 데는 도움이 된다.

1단계. 실행 취소

당신이 이유 없이 가장 친한 친구의 뺨을 때리거나 장례식에서 친척들에게 고인의 험담을 했다고 해보자. 아마 후회할 것이다. 대부분은 그럴 것이다. 하지만 엔터테인먼트 기업 임원이라면 이러한 지각없는 행동 속에서 텔레비전 프로그램의 씨앗을 보기도 한다.

1993년부터 네덜란드 텔레비전에서 방영된 〈미안해요Het Spijt Me〉는 이후 20년 동안 다양하게 변주되며 장수한 프로그램이다. 이 프로그램의 기본 형식은 항상 두 명의 주인공, 즉 후회하는 사람(가령 절친한 친구를 때린 사람)과 부당한 대우를 받은 사람(가령 친구에게 뺨을 맞은 사람)이 등장한다는 점이다.

이 프로그램의 원래 버전에서는 후회하는 사람이 토크쇼 스타일로 소파에 앉아 스튜디오의 청중들 앞에서 자신의 후회에 관해 털어놓는다. 그런 다음 청중과 함께, 프로그램 제작자들이 후회의 대상을 추적해서 그의 관점에서 이야기를 듣고, 그에게 사과를 받아들일지 묻는 영상을 시청한다. 네덜란드라 그런지 항상 꽃이 등장했다.

만약 후회의 대상이 사과를 받아들이면, 그가 스튜디오에 방문해 미닫이문을 열고 성큼성큼 걸어가 무대에서 후회하는 사람에게 인사를 건넸다(그 프로그램의 후속 버전에서는 후회하는 사람이 상대방의 집 아래쪽에 있는 길에서 기다렸다). 보상이 이루어지면서 둘은 눈물을 흘리며 포옹을 했다.

후회를 연구하는 선도적인 사회심리학자 마르셀 질렌버그가 이끄는 연구에서 네덜란드 연구원 세 명은 사람들이 어떤 후회를 되돌리고자 하는지 알아보기 위해 〈미안해요〉의 두 시즌을 분석했다. 그들은 그 프로그램에서뿐만 아니라 방영되지 않은 일상 속에서도 행동하지 않은 것에 대한 후회보다 행동에 대한 후회를 되돌릴 가능성이 훨씬 더 크다는 것을 발견했다.[1] 우리는 하지 않은 행동보다 했던 행동을 바로잡으려는 경향이 있다.

이유는 다양하다. 8장과 9장에서 살펴봤듯이, 행동에 대한 후회는 일반적으로 구체적인 사건에서 비롯되며 우리가 신속하게 반응하기 마련인 '격한' 감정을 끌어낸다. 이와 대조적으로 행동하지 않은 것에 대한 후회는 더 추상적이고 덜 강렬한 감정을 유발한다.

게다가 행동하지 않은 것에 대한 후회는 대부분 본질적으로 되돌리기가 어렵다. 20대에 접어들고 나서야 고등학교 때 열심히 공부하지 않았던 것을 후회해도 그때로 다시 돌아갈 수는 없다. 유일한 선택지는 미래에 집중하는 것이다.

하지만 행동에 대한 후회는 현재를 재조정할 기회를 준다. 즉, 기존의 키보드에서 'Ctrl+Z'(취소하는 기능을 가진 단축키-옮긴이)를 누를 수 있다.● 예를 들어 약한 아이를 괴롭히거나, 배우자를 두고 바람을 피우거나, 동료를 모욕하는 행동에 뒤따르는 도덕적 후회의 경우, 사과는 취소하기의 한 형태이다. 위대한 사회학자 어빙 고프먼Erving Goffman은 사과란 "상대로부터 용서받기 위해 바람직하지 않은 사건에 대해 자신이 비난받을 만하다는 사실을 인정하고 후회하는 것"이라고 했다.[2] 그래서 용서를 받게 되면 과거의 감정적 · 도덕적 부채가 줄어들어 마음속 장부의 원장 재조정이 적어도 부분적으로는 이루어진다.

우리가 한 일을 되돌리면 현재 상황이 개선된다. 도움이 된다. 하지만 후회를 되돌리는 것은 그것을 지우는 것과는 다르다. 제

● 나는 Mac 사용자라 'Command+Z'를 누른다.

프 보슬리는 문신 제거 수술을 여러 번 받은 후에도 왼팔에 새겨진 글자가, 읽을 수는 없지만 완전히 사라지지는 않았다고 말했다. "지금은 거의 멍처럼 보여요." 그가 말했다.

그러므로 행동에 대한 후회를 해결하려면 먼저 다음과 같은 질문을 던져보자.

- 다른 사람들에게 해를 끼친 적이 있다면(흔히 도덕성 후회, 때로는 관계성 후회와 관련된 경우), 사과나 감정적·물질적 보상을 통해 만회할 수 있을까?
- 스스로에게 해를 끼쳤다면(흔히 기반성 후회, 때로는 관계성 후회와 관련된 경우), 그 실수를 바로잡을 수 있을까? 예를 들어 빚을 갚거나, 직장에서 몇 시간 더 일하는 것으로 해결할 수 있을까? 관계가 단절된 사람에게 즉시 연락할 수 있을까?

행동에 대한 후회를 되돌릴 수 있다면 (가벼운 신체적 또는 형이상학적 멍이 남는다 해도) 그렇게 하도록 노력하라. 하지만 되돌릴 수 없다 해도 두려워하지 마라. 당신에게는 또 다른 가능성이 있다.

2단계. '적어도' 실행

현재를 바로잡는 또 다른 방법은 이전의 행동을 고치는 것이 아니라 그 행동에 대해 생각하는 방식을 바꾸는 것이다. 내 개인적인 사례를 하나 들어보겠다.

30년 전, 나는 대학을 갓 졸업한 뒤 로스쿨에 진학했다. 나는 이를 후회한다. 그것이 재앙은 아니었지만, 꽤나 형편없는 결정이었다. 만약 좀 더 시간을 갖고 결정하거나 완전히 다른 진로를 택하는 더 현명한 결정을 했더라면, 로스쿨에 바친 시간을 좀 더 충만하고 더 나은 세상을 만드는 데 쓸 수 있었을 것이다. 그리고 사회생활 초기 몇 년 동안의 고생을 덜었을 것이다. 하지만 로스쿨에서 아내를 만났는데 그것은 내 행복에 중요한 영향을 끼친, '영광스러운 승리'였다. 이런 종류의 후회는 되돌릴 수 없다. 하지만 그 고통을 완화하는 한 가지 방법이 있다. 그것은 '했더라면If Only'에서 '적어도At Least'로 생각을 바꾸는 것이다. 로스쿨에 진학한 것은 실수였다. 하지만 '적어도' 나는 내 아내를 만났다.

'적어도'가 우리의 행동을 바꾸거나 미래의 성과를 향상시키지는 못하지만, 현재를 재평가하는 데는 도움이 된다. 예를 들어, '세계 후회 설문조사'에 참여한 몇몇 여성들은 전 남편과 결혼한 것을 가장 후회하는 일로 꼽았다. 하지만 자녀를 둔 경우 그처럼 신중하지 못한 결혼 생활에서 낳은 아이들은 소중하게 여겼다.

"한심한 남자와 결혼한 것은 후회하지만, 적어도 나는 훌륭한 아이들을 얻었어요." 은빛 햇살(어려움 속에서 발견하는 희망의 은유적 표현-옮긴이)을 찾는다고 해서 구름의 존재가 부정되는 것은 아니다. 하지만 구름에 대한 또 다른 관점을 얻을 수는 있다.

'적어도'는 잘못된 결혼 결정과 같은 중대한 후회에도 유용하지만, 네 가지 범주에 속하지 않는 자잘한 후회를 다룰 때 특히 유용하다. 예를 들어 최근에 새 차를 샀는데 지금은 그 결정을 후회하고 다른 제조사의 모델을 구입하고 싶어 한다고 가정해보자. 당신이 운전하고 있는 그 차가 안전하고 기능적이라면, 그 자동차는 당신의 지속적인 행복과 만족에 거의 영향을 미치지 않는다. 사실 소유하고 있는 차가 평범하든 고급스럽든 간에, 우리는 그 차에 금방 익숙해진다.[3] 따라서 후회로부터 미래를 위한 교훈(다음에는 차량을 구입하기 전에 소비자 가이드를 더 주의 깊게 확인하자)을 얻는 한편으로, '적어도'를 찾아야 한다. 더 나빠질 수 있었던 상황을 생각하는 것이다. "적어도 좋은 가격에 샀어." "적어도 트렁크 공간이 더 좁은 다른 브랜드의 모델은 사지 않았어." "적어도 그만한 값어치는 있어."

'적어도'는 후회를 안도감으로 바꿀 수 있다. '적어도'는 그 자체로 우리의 행동을 바꾸지는 않지만, 행동에 대한 감정을 변화시키며, 이것이야말로 값진 일이다. '적어도'는 '했더라면'에 비해 머릿속에 잘 떠오르지 않기 때문에 적시에 불러내야 한다. '적어도'는 항생제처럼 작용한다. 때때로 약상자를 열고 꺼내 먹어야 심리적 면역 체계를 강화하고 해로운 감정을 물리칠 수 있다.[4] 이 항생제를 너무 자주 사용하면 효능이 떨어진다. 그러나 현명하게 사용하면 몸이 건강하게 기능할 수 있게 도와준다.

그러므로 당신을 낙담시키는, 행동에 대한 후회가 엄습한다면 자신에게 물어보라.

- 지금 후회하고 있는 결정이 어떻게 더 나빠질 수 있었을까?
- 이 후회의 '은빛 햇살'은 무엇인가?
- 다음 문장의 뒷부분은 어떻게 완성해야 할까? "적어도⋯."

이 책을 쓰는 동안 제프는 여전히 더디고 고통스러운 문신 제거 과정을 겪으며 자신의 후회를 되돌리기 위해 노력하고 있었다. 몇 차례 더 치료받아야 하고 돈도 더 많이 필요했다.

하지만 '적어도' 그는 더 큰 글씨체로 문신을 새기진 않지 않았나.

●

평생 이성적 사고를 연구하는 데 시간을 쏟았고 감정과 기분을 이해하는 데는 소홀했습니다.

40세 여성, 브라질

●

내면의 목소리를 무시한 것, 좀 더 대담해지라는 간절한 목소리에 귀 기울이지 않았던 것(다른 나라로 이주하거나 형편없는 상사를 만났을 때 이직하는 것), 나 자신을 살피기보다 사회의 기대에 부응하려고만 했던 것을 후회해요.

47세 여성, 싱가포르

●

1999년, 암울한 업무 회의에 들어가는 길에 카멜 담배 한 갑을 집어든 것을 후회합니다. 지금까지도 나는 즐거움보다는 습관적으로 담배를 많이 피우고 있습니다.

44세 남성, 웨스트버지니아

자기노출, 자기연민, 자기거리두기

셰릴 존슨을 마지막으로 만났을 때 그녀는 관계성 후회와 씨름하고 있었다. 그녀는 대학 동창인 젠과의 헌신적인 우정을 20년 이상 소원하게 내버려 두었기에, 한때 누렸던 친밀함과 동료애가 그리웠다. 그녀의 후회는 행동하지 않은 것에 대한 후회이기에 되돌릴 수 없다. 25년의 공백을 되돌리는 것은 불가능하다. '적어도'를 활용해 위안을 얻을 수도 없다. "우정은 사라졌지만 적어도 크게 다투지는 않았어."라고 말하는 것은 위안을 삼기에도 현재를 의미 있게 재정비하는 데도 도움이 되지 않는다.

셰릴이 할 수 있는 최선의 대응(행동에 대한 후회이든 무행동에 대한 후회이든 후회에 대응하는 최적의 방법)은 후회를 통해 미래를 개선하는 것이다. 앞으로 나아가겠다는 구체적인 의도를 가지고 과거를 돌아본다면 후회를 발전의 연료로 바꿀 수 있다. 후회는 우리를 더 현명한 선택, 더 높은 성과, 더 큰 의미로 이끌 수 있다. 그리고 과학은 그 방법을 알고 있다.

후회의 부정적인 감정을 무시하기보다는(혹은 더 나쁘게, 후회에 빠져 허우적대기보다는), 감정은 생각을 위한 것이고 생각은 행동을 위한 것임을 기억하자. 간단한 3단계 과정을 통해 우리는 후회를 드러내고, 후회와 우리 자신을 바라보는 방식을 재구성하고, 그 경험에서 교훈을 얻어, 이후의 결정을 새롭게 할 수 있다.

1단계. 자기노출: 드러내고 덜어내기

원숭이들은 믿을 수 없을 정도로 복잡한 사회를 건설했지만, 화폐를 찍어내고 그 공급을 조절하는 중앙은행은 설립하지 못했다. 그래서 영장류학자들은 원숭이가 중요하게 여기는 가치를 계량화하기 위해 '액체 화폐'(영장류학자가 아닌 우리는 주스라고 부르는 것)를 도입했다. 연구자들은 자신들이 원하는 대로 원숭이의 행동을 유도하기 위해서 얼마나 많은 과일 주스가 필요한지, 반대로 원숭이들이 자기가 원하는 대로 행동하기 위해서 얼마나 기꺼이 주스를 내어주는지 측정함으로써, 영장류의 우선순위를 평가했다.

듀크대학교의 로버트 디너Robert Deaner, 아미트 케라Amit Khera, 마이클 플랫^{Michael Platt}은 이 기법을 개발하는 데 힘썼고, 2005년에 이 기법을 사용해 수컷 원숭이 무리가 서열과 성별 신호를 얼마나 중요하게 여기는지 측정했다. 연구들은 원숭이들에게 서열이 낮은 원숭이의 사진을 보게 하려면 많은 양의 주스를 줘야 한다는 사실을 발견했다. 하지만 서열이 높은 원숭이와 암컷 원숭이의 엉덩이 사진은 너무 매력적이어서 원숭이들은 그저 그것을 보려고 주스를 포기했다. 다시 말해, 원숭이들은 중요하지 않은 원숭이를 봐야 할 때는 '액체 화폐'를 요구했지만, 강하거나 매력적인 원숭이를 보기 위해서는 기꺼이 '액체 화폐'를 '지불'했다. 이 모든 것은 원숭이가 지배력과 성적 적합도의 표지에 높은 가치를 둔다는 것을 암시한다.[1]

2012년 프린스턴대학교의 심리학자 다이애나 타미르^{Diana Tamir}와 하버드대학교의 제이슨 미첼^{Jason Mitchell}은 이 기법을 변형해 원숭이의 가까운 친척인 인간이 가장 중요시하는 가치를 평가했다. 한 연구에서 두 학자는 실험참가자들에게 자기 소신을 피력하는 것, 타인의 신념을 평가하는 것, 사소한 퀴즈에 답하는 것 중 하나를 선택하라고 했다. 그리고 각 활동에 대해 각기 다른 비용을 지불하겠다고 말했다. 195번의 실험 끝에 사람들의 선호도가 뚜렷하게 드러났다. 그들은 자신에 대해 이야기하는 것을 '좋아했다.' 너무 좋아한 나머지 두 활동보다 훨씬 더 적은 돈을 받아도 개의치 않았다. 타미르와 미첼이 쓴 바 "원숭이들이 자기 집단의 우월

한 개체를 보려고 주스 보상을 기꺼이 포기하는 것처럼 (…) 이들도 자신에 대해 말하기 위해 기꺼이 돈을 포기했다."[2]

타미르와 미첼은 기능적 자기공명영상을 이용해 이들의 뇌에서 일어나는 일을 관찰한 결과, 자신에 대한 정보를 공개한 사람들은 음식, 돈, 섹스에 반응하는 뇌 부위(측좌핵nucleus accumbens과 복측피개 영역ventral tegmental area)가 더 활성화된다는 사실을 발견했다. 연구자들은 이 연구가 "자기노출self-disclosure이 본질적으로 보상을 준다는 사실을 뒷받침하는 행동적·신경학적 증거를 모두 제공했다."라고 결론지었다.[3]

행동/무행동에 대한 후회를 비롯한 모든 후회에 대응하는 첫 번째 단계는 바로 자기노출이다. 우리는 보통 자신에 대한 부정적인 정보를 다른 사람들에게 드러내는 것을 꺼린다. 어색하기도 하고 부끄럽기도 하다. 하지만 방대한 양의 문헌이, 생각·감정·행동을 다른 사람에게 말하거나 글로 표현하면 신체적·정신적·직업적으로 다양한 혜택을 얻을 수 있음을 분명히 보여준다. 이런 자기계시self-revelation는 혈압을 낮추고, 성적을 높이며, 대처 능력을 향상시키는 등의 효과가 있다.[4] 실제로 타미르와 미첼은 "우리 종은 다른 사람들에게 자기 생각을 드러내고 싶어 하는 본질적인 욕구가 있을지도 모른다."라고 주장한다.[5]

자기노출은 후회할 때 특히 유용하다. 후회를 부정하는 것은 우리의 마음과 몸에 부담을 준다. 후회를 너무 세게 움켜쥐면 우리는 해로운 반추에 빠질 수 있다. 더 좋은 접근법은 드러내고 덜어내는 것이다. 후회를 털어놓음으로써 우리는 그 부담을 어느 정도 줄일 수 있고, 이를 통해 후회를 이해하는 길을 닦을 수 있다.

예를 들어 캘리포니아대학교 리버사이드 캠퍼스의 소냐 류보미르스키를 비롯한 심리학자들은 사람들이 부정적 경험과 긍정적 경험을 각기 다른 방식으로 처리해야 한다고 결론지었다. 이 연구에서 사람들은 후회와 같은 부정적인 경험에 대해 글을 쓰거나 녹음기에 대고 그것에 대해 하루에 15분씩 대화를 나누는 경우 전반적인 삶의 만족도가 상당히 증가했고, 그 경험에 대해 생각하는 것만으로는 얻을 수 없는 신체적·정신적 만족감을 경험했다. 하지만 긍정적인 경험의 경우는 그 반대였다. 성취와 좋았던 시절에 대해 글을 쓰거나 이야기하면 긍정적 감정이 얼마간 사라졌다.[6]

말이든 글이든 언어는 우리의 생각을 정리하고 통합시킨다. 후회를 다루는 데 있어 자기노출이 그토록 중요한 이유다. 자기노출은 머릿속의 모호한 추상적 개념들을 구체적인 언어 단위로 바꿔준다. 이는 부정적인 감정에 긍정적인 영향을 미친다.[7]

앞서 말했듯 우리가 감정을 생각의 신호로 이용할 때 후회는 우리를 더 나은 사람으로 만들어준다. 감정이 생각을 위한 것이고 생각이 행동을 위한 것이라고 여기면, 후회는 의사결정을 강화하고, 성과를 높이고, 의미를 심화시키는 마법을 발휘한다. 후회에 대해 글을 쓰거나 다른 사람에게 후회를 털어놓으면 그 경험은 감정의 영역에서 인지의 영역으로 옮겨간다. 언어는 통제할 수 없을 정도로 이리저리 휘몰아치는 불쾌한 감정을 그물에 가두어 고정하고 분석할 수 있게 해준다. 반대로 긍정적인 경험에 대한 동일한 접근법은 덜 효과적이다. 인생의 행복한 순간에는 분석이나 이해를 피하는 것이 그 순간의 경이로움과 기쁨을 유지하는 데 도움이 된다. 아주 멋진 일을 낱낱이 분석하는 것은 그 사건의 탁월성을 약화시킬 수 있다.[8]

자기노출에 대해 한 가지 염려되는 점이라면, 특히 과거에 경솔하게 행동했거나 믿음을 저버렸거나 용기를 내지 못했던 경험을 털어놓을 경우 상대가 나를 탐탁지 않게 생각할지도 모른다는 것이다. 하지만 이는 생각보다 훨씬 덜 중요하다. 물론 지나치게 드러내는 사람들도 있을 수 있다. 자신에 대한 내밀한 정보를 과도하게 공유하는 건 다른 사람들을 불편하게 만들 수 있다. 하지만 이런저런 증거에 따르면 자기노출은 상대방의 판단을 유발하기보다는 친밀감을 훨씬 더 많이 형성한다. 어떤 주요 문헌 자료에 따르면 "내밀한 정보를 공개하는 사람들이 낮은 수준의 정보를 공개하는 사람들보다 '더' 호감을 받는 경향이 있다."고 한다.[9]

하지만 다른 사람들이 당신을 어떻게 생각하는지 불안하다면, 자신 외에 다른 누구에게도 후회를 털어놓을 필요가 없다.

1990년대에 텍사스대학교 사회심리학자 제임스 페니베이커^{James} Pennebaker가 시작해 30년 동안 그와 다른 학자들이 꾸준히 발전시킨 획기적인 연구에 따르면 감정적 어려움에 대해 글을 쓰는 것만으로도 (심지어 혼자서만 볼 생각이라 해도) 강력한 효과를 볼 수 있다. 병원 가는 횟수가 줄어들고, 장기적으로 기분이 좋아지고, 면역 기능이 강화되고, 성적이 향상되며, 실업자의 경우 더 빨리 일자리를 찾을 수 있다.[10] 게다가 페니베이커는 이러한 이점에 파급력이 있다고 판단했다. "이와 같은 자기노출 현상은 환경, 수많은 개인차 요인 및 여러 서구 문화에 걸쳐 광범위하게 퍼져 있는 것으로 보이며, ('좋아요' 같은) 사회적 피드백을 얻으려는 노력과는 무관하다."[11]

어떤 후회든 후회를 다루는 첫 단계는 그것을 드러내는 것이다. 셰릴 존슨은 '세계 후회 설문조사'를 마친 후, 자신이 유지하지 못한 강력한 우정에 대해 나와 이야기를 나눔으로써 그렇게 했다. 대화를 나누는 동안 그녀는 자신의 경험을 누구에게도 털어놓은 적이 없다고 말했다. 덕분에 명확히 알게 됐고 얼마간 안도했다고도 전했다.

자기노출은 내적으로도 보상을 주고 외적으로도 가치가 있다. 우리의 짐을 가볍게 해주고, 추상적인 부정적 감정을 더 구체적으로 만들어주며, 유대감을 형성하게 한다. 그러므로 미래를 개선하기 위해 후회를 활용하려면 다음 중 하나를 시도해보라.

- 자신의 후회에 대해 15분씩 3일간 써라.
- 자신의 후회에 대해 15분씩 3일간 녹음기를 틀어놓고 이야기하라.
- 직접 만나거나 전화를 걸어 다른 사람에게 그 후회를 털어놓아라. 무슨 일이 일어났는지 충분히 자세히 설명하되, 후회를 되새기거나 우울한 감정에 빠질 가능성을 피하기 위해 시간 제한(30분 정도)을 설정하라.

2단계. 자기연민: 정상화하고 중화하기

후회를 털어놓으면 자신에게나 다른 사람들에게나 본모습이 노출된다. 일단 노출되면 어떻게 대응할지 선택해야 한다. 자신을 질책할 것인가? 아니면 스스로를 끌어올릴 것인가? 자기비판을 시작하는 것과 숨은 자존감을 짜내는 것 중 어느 쪽이 더 효과적일까?

답은 둘 다 아니다.

평생 자기비판에 대한 확고한 의지를 갖고 이 기술을 갈고 닦는 사람으로서, 나는 그 기술의 효과에 대한 증거를 찾는 과정에서 놀라지 않을 수 없었다. 증거가 없다시피 했기 때문이다. 깊게 자리 잡은 성향이 아닌 특정 행동에 대한 자기비판의 경우 효과가 있을 때도 있다. 하지만 신중하게 관리하고 억제하지 않으면 자기비판은 내면을 향한 일종의 '미덕 과시virtue signaling'로 변질되기도 한다. 자기비판이 강인함과 야심을 드러내기도 하지만 생산적인 행동을 이끌어내기보다 반추와 절망을 부를 때가 많다.[12]

그 대척점에 있는 자존감이 더 효과적일 수 있다. 칭찬을 쏟아내고 참가상을 남발하는 일부 양육/교육 분야에서 높이 평가하는 자존감은 스스로를 얼마나 가치 있게 여기는지 보여주는 척도다. 스스로를 얼마나 긍정적으로 생각하는가? 자신의 특성과 행동을 얼마나 긍정적으로 평가하는가? 가령 설문조사에서 자존감이 높은 사람들은 자신의 외모, 두뇌, 인기도에 최고 점수를 주는 반면, 자존감이 낮은 사람들은 스스로를 그 반대로 평가한다(흥미롭게도 두 경우 모두 실제로 얼마나 똑똑하고 매력적이고 인기가 있는지와는 무관했다).[13] 우리 모두는 오늘 생존하고 내일 번영하기 위해 어느 정도 기본 수준 이상의 자존감을 필요로 한다. 그리고 자존감을 높이려는 노력은 성과를 높이고 우울과 불안을 줄일 수 있다.

하지만 자존감에는 단점이 있다. 자존감은 진정한 성취와 관계없는 무분별한 긍정을 심어주기 때문에 나르시시즘을 조장하고 공감을 감소시키며 공격성을 부추길 수 있다. 예를 들어 범죄자들은 일반인보다 자존감이 높다. 또한 자존감은 자신의 집단에 대한 편견과 다른 집단에 대한 편견을 조장할 수 있다.[14] 자존감은 상대적이기 때문에 스스로를 좋게 평가하기 위해 종종 다른 사람들을 폄하하기도 한다. 에드워드 데시Edward Deci, 리처드 라이언[Richard Ryan], 고故 앨버트 밴듀라[Albert Bandura] 등 지난 50년 동안 가장 뛰어난 사회과학자들이 자존감에 대한 대안을 오랫동안 탐구한 이유가 바로 이런 결함 때문이다.

가장 강력하고 유망한 대안(그리고 자기노출 후 취해야 할 후회 대응 과정의 두 번째 단계)은 거의 20년 전에 텍사스대학교의 심리학자 크리스틴 네프[Kristin Neff]가 선도한 '자기연민[self-compassion]'이다.

자기연민은 우리가 실수하거나 실패할 때, 비슷한 곤경에 처한 친구나 가족, 심지어 낯선 사람을 대할 때보다 자신에게 더 가혹하게 대한다는 네프의 인식에서 비롯되었다. 그녀는 그것이 역효과를 낳는다는 사실을 보여주었다. 좌절과 실패의 순간에 스스로를 비하하거나 질책하는 대신, 타인에게 하는 것처럼 자신에게 온정과 이해심을 베풀어야 한다. 자기연민은 맹렬한 비난을 최소한의 친절로 대체하는 데서 시작된다. 자기연민은 우리의 실수를 무시하거나 약점을 무시하지 않는다. "자기연민은 그저 불완전하고, 실수하고, 삶의 어려움에 직면하는 것이 인간이 공유하는 경험의 일부"라는 사실을 인식한다.[15] 부정적인 경험을 '정상으로 인식'함으로써 우리는 그것들을 '중화'시킨다. 자기연민은 우리가 부정적인 감정을 다룰 때 (그것을 억누르거나 과장하거나 지나치게 동일시하지 않게) 중도를 선택하도록 격려한다.

자기연민도 학습할 수 있다.[16] 자기연민을 터득하면 그 효과가 상당하다. 네프를 비롯한 학자들의 연구에 따르면, 자기연민은 낙관주의, 행복, 호기심, 지혜를 증대시킨다.[17] 개인적 주도성과 감성 지능을 향상시키고,[18] 정신력을 강화시키며,[19] 더 깊은 사회적 관계를 맺게 해준다.[20] 자기연민은 비생산적인 마음의 방황을 막아주고,[21] 학생들이 학업 부진에 대처할 수 있도록 도와줄 수 있다.[22] 또한 우울증, 불안, 스트레스, 완벽주의, 수치심을 경감시키며,[23] 외상 후 스트레스 장애 증상을 완화한다.[24] 90개 이상의 연구를 종합한 2019년의 메타 분석에 따르면, 자기연민은 면역 기능 향상을 포함해 신체 건강도 증진시킨다.[25]

어떤 의미에서 자기연민은 자존감의 단점은 빼고 장점만 제공한다. 허영심과 비교를 통해 기분을 좋게 하려는 자존감의 욕구를 차단하는 동시에 자기비판 때문에 심신이 쇠약해지는 일로부터 우리를 보호해준다.

그 힘은 특히 후회에서 분명히 드러난다. 2016년 멤피스대학교의 심리학자 지아 웨이 장Jia Wei Zhang과 캘리포니아대학교 버클리 캠퍼스의 세리나 첸Serena Chen은 자기연민이 후회를 극복하고 교훈을 얻는 데 어떤 영향을 미치는지 탐구했다. 연구팀은 참가자 수백 명을 모집해 각자 가장 후회하는 일을 적어보라고 했다. 그런다음 참가자들을 무작위로 세 집단으로 나누었다. 첫 번째 집단은 '연민과 이해의 관점에서' 자신의 후회에 대해 스스로에게 편지를 썼다. 두 번째 집단은 '(부정적인 자질이 아니라) 긍정적인 자질을 확인하는 관점에서' 자신의 후회에 대해 스스로에게 편지를 썼다. 대조군인 세 번째 집단은 자신이 좋아하는 취미에 대해 글을 썼다.

자기연민으로 후회에 접근한 사람들은 자존감으로 후회에 접근한 사람들보다 행동을 바꿀 가능성이 더 큰 것으로 나타났다. 이런 사소한 글쓰기 개입만으로도 사람들은 미래에 그 행위(후회가 행동에 관계된 것인지, 아니면 무행동에 관계된 것인지 상관없이)를 하지 않을 방법을 계획하게 되었다. 장과 첸은 이렇게 썼다. "자기연민은 사람들로 하여금 자신의 후회를 포용하도록 유도하는 듯하다. 그리고 그렇게 기꺼이 자신의 후회를 곁에 두려는 의지는 개인의 발전을 위한 길을 발견하는 기회가 된다."[26]

셰릴처럼 후회하는 사람에게 자기연민은 우정을 유지하기 위해 더 많은 노력을 기울이지 않은 자신에게 면죄부를 주는 것이 아니다. 깨진 우정 앞에 후회하는 타인을 대하듯이 자신에게도 관대하게 대하는 것이다. 이는 장과 첸의 표현처럼 후회를 곁에 두는 것이자 끝장난 우정을 그녀의 성격 탓으로 돌리지 않는 것이다. 그리고 셰릴이 내게 몇 번이나 말했던 "내가 다 망쳤어요." 같은 말을 하지 않고, 대신 자신의 후회가 얼마나 정상적이고 보편적이며 인간적인지 깨닫는 것을 의미한다.

자기연민적 접근법은 일부 사람들이 두려워하는 것처럼 안일함을 조장하지는 않는다.[27] 자책은 동기를 부여하는 것처럼 보이지만(미국인이라면 동기부여의 심성 모형mental model 으로 악을 쓰며 벌겋게

달아오른 얼굴로 핏대를 세우는 축구 코치를 떠올릴 것이다) 그것은 종종 무력감을 낳는다. 이와 대조적으로 자기연민은 자신의 어려움에 정면으로 맞서고 그 문제에 책임을 지게 만든다는 사실이 밝혀졌다. 네프는 이렇게 썼다. "따라서 자기 면죄를 위한 변명이 되기는커녕, 자기연민은 올바른 이유로 우리를 앞으로 나아가게 한다."[28]

따라서 자기연민의 과학을 바탕으로 후회를 바꾸는 두 번째 단계는 다음 세 가지 질문을 하는 것이다.

- 친구나 친척이 당신과 같은 후회를 했다면 그 사람을 친절하게 대하겠는가, 아니면 경멸하겠는가? 만약 당신의 대답이 친절이라면, 그 방법을 당신 자신에게 적용하라. 당신의 대답이 경멸이라면 다른 대답을 시도해보라.

- 이런 종류의 후회는 다른 사람들도 겪는 일일까, 아니면 당신만 겪은 일일까? 당신의 실수가 우리의 공통된 인간성의 일부라고 생각된다면, 그 믿음을 곰곰이 되새겨보자. 그 믿음은 거의 항상 사실이다. 세상에서 당신 혼자만 그런 후회의 경험이 있다고 생각된다면 7~10장을 다시 읽어보라.

- 이 후회는 당신의 삶에서 불쾌한 순간을 나타낼 뿐인가, 아니면 당신의 삶을 규정하는가? 다시 한번 말하지만, 후회를 인식할 가치는 있지만 그것을 당신의 삶과 지나치게 동일시해서는 안 된다

고 생각한다면, 당신은 제대로 길을 가고 있는 것이다. 이 후회가 당신의 정체성을 구성한다고 믿는다면, 다른 사람에게 어떻게 생각하는지 물어보라.

자기연민의 핵심을 이루는 이 세 가지 질문은 우리를 이 과정의 마지막 단계로 이끈다.

3단계. 자기거리두기: 분석하고 전략 짜기

적어도 표면적으로 율리우스 카이사르^{Julius Caesar}와 엘모는 어울리지 않는 짝이다. 카이사르는 2,000년 전에 살았던 로마의 정치가이자 장군이자 역사가로서, 셰익스피어의 희곡으로 불멸의 존재가 되었다. 엘모는 지저분한 붉은색 털과 오렌지색 코를 가진 약간 정신 나간 머펫(팔과 손가락으로 조작하는 인형-옮긴이)으로, 국적은 불분명하지만, 마지막 집 주소는 세서미 스트리트였다.

하지만 이 두 인물 모두 '일리이즘^{illeism}', 즉 자신을 3인칭으로 지칭하는 수사법을 쓰는 데 전문이다. 카이사르는《갈리아 전기 ^{Commentarii de Bello Gallico}》에서 갈리아 전쟁 당시 자신이 이룬 업적을 서술하면서 'I(나)' 또는 그 외의 1인칭 대명사를 쓰지 않았다. 그 대신 이렇게 썼다. "카이사르는 정탐꾼들을 통해 자기 부하들이 그 산을 장악했다는 사실을 알게 되었다." 엘모도 자신이 정신적 삶에 얼마나 열심인지를 설명하면서 "엘모는 배우는 게 좋아!"로 표현하는 등 1인칭을 거부하는 구조를 선호한다.

어떤 사람들은 일리이즘을 짜증스럽게 여긴다(다니엘 핑크는 신경 쓰지 않는다). 하지만 이런 말투와 서술 스타일은 후회 대응 과정의 마지막 단계를 잘 보여준다. 스스로를 3인칭으로 지칭하는 것은 사회심리학자들이 말하는 일종의 '자기거리두기self-distancing'이기 때문이다.

우리가 후회를 포함한 부정적인 감정에 시달릴 때 나타나는 반응 중 하나는 그 감정에 몰두하는 것이다. 하지만 몰입은 우리를 반추의 늪에 빠뜨릴 수 있다. 이보다 더 효과적이고, 오래 지속되는, 더 나은 접근법은 반대 방향으로 움직이는 것이다. 즉, 무작정 뛰어드는 것이 아니라 영화에서 카메라가 뒤로 빠지듯 줌아웃을 해서, 우리의 상황을 무관심한 관찰자로서 바라보는 것이다.

자기노출이 후회를 짊어지는 부담을 덜어주고, 자기연민이 그 후회를 무력한 결점이 아닌 인간이 공유한 불완전함으로 재인식하게 해주면, 자기거리두기는 수치심이나 원한 없이 냉정하게 후회를 검토하고 미래의 행동을 이끄는 교훈을 얻을 수 있도록 후회를 '분석'하고 '전략을 수립'하는 데 도움을 준다.

자기거리두기는 당신의 역할을, 후회의 어둑한 심해에서 수영하는 스쿠버 다이버에서 후회의 수면 위로 올라와 비행하며 그 형태와 해안선을 관찰하는 해양학자로 바꾼다. 이 주제를 연구한 두 명의 저명한 학자인 미시간대학교의 에단 크로스Ethan Kross와 캘리포니아대학교 버클리 캠퍼스의 외즐렘 에이덕Özlem Ayduk에 따르면 "자기거리두기를 한 사람들은 자신의 경험을 상세히 이야기하는 데 집중하기보다 경험을 재구성하여 통찰을 얻고 마음을 정리하는 데 더 집중한다."[29] 자꾸 곱씹는 몰입행위에서 벗어나 좀 더 거리를 두고 재구성하는 행동으로 옮겨감으로써 감정이 통제되고 행동의 방향이 변한다. 결과적으로, 자기거리두기는 사고력을 강화하고,[30] 문제 해결 능력을 향상시키며,[31] 지혜를 심화시키고,[32] 스트레스가 많은 상황에서 높아지곤 하는 혈압을 낮춰준다.[33]

우리는 세 가지 방법으로 후회와 거리를 둘 수 있다.

첫 번째, 우리는 공간을 통해 거리를 둘 수 있다. 이 전형적인 방법이 '벽에 붙은 파리 기법fly-on-wall technique'으로 알려져 있는 건 놀랄 일도 아니다. 자신의 관점에서 후회를 검토("젠과의 끈끈한 우정이 깨지도록 내가 내버려뒀고 그걸 고치려고 아무것도 하지 않아서 다 망쳐버렸어.")하는 대신 중립적인 관찰자의 관점에서 그 장면을 바라보자. "소중한 우정이 서서히 망가지는 걸 내버려두고 있는 사람을 봤어. 누구나 실수를 해. 젠처럼 의미 있는 사람에게 더 자주, 꼬박꼬박 연락함으로써 실수를 만회할 수 있어."

당신은 자신의 문제보다 다른 사람의 문제를 더 잘 해결하는 경우가 많다는 사실을 알아차렸을 것이다. 왜냐하면 당사자보다 자세한 사정에 덜 얽매이므로 그들이 보지 못하는 전체 그림을 볼 수 있기 때문이다. 실제로 크로스와 캐나다 워털루대학교의 이고르 그로스만[Igor Grossmann]은 다른 사람의 상황을 평가하듯 한 걸음 물러나 자신의 상황을 평가하면 이러한 지각의 격차를 줄일 수 있다는 사실을 보여주었다. 타인의 문제를 해결할 때 으레 그러듯 자신의 문제도 효율적으로 판단하게 되는 것이다.[34] 마찬가지로 중요한 것은 '벽에 붙은 파리 기법'이 (보다 쉽게 개인의 문제로 치부하지 않게 해줌으로써) 후회를 개선의 도구로 바꾸는 데 필수적인 비판을 견디고 이로부터 배울 수 있도록 도와준다는 사실이다.[35] 이런 종류의 거리두기는 정신적인 것일 뿐만 아니라 물리적인 것일 수도 있다. 다른 장소로 옮겨 후회를 분석하거나, 의자에 앉을 때 앞으로 숙이기보다 뒤로 기울이는 것만으로도 문제가 더 쉽게 느껴지고 대처하는 과정에서 느끼는 불안감도 줄어든다.[36]

두 번째, 시간을 통해 자기거리두기를 할 수 있다. 과거로 시간 여행을 떠나는 능력은 후회를 낳지만 이 능력은 후회를 분석하고 후회에서 깨달음을 얻는 전략을 세우는 데도 활용할 수 있다. 가령 한 연구에 따르면 참가자들에게 10년 후에 부정적인 상황에 처한다면 어떤 생각이 들지 떠올리게 하자 일주일 뒤의 상황을 상상해볼 때와 달리 스트레스가 줄고 문제 해결 능력도 향상되는 것으로 나타났다.[37]

머릿속으로 미래의 일을 상상하는 것(그런 다음 후회를 회고적으로 검토하는 것)은 벽에 붙은 파리 기법과 유사하게 한 발 떨어진 곳에서 전체상을 관망하는 시각을 작동시킨다. 이는 문제를 더 작고, 더 일시적이며, 더 극복하기 쉬워 보이게 해준다.[38] 예를 들어, 셰릴은 10년 후에 자신의 후회를 되돌아보며 어떻게 반응할지 상상해볼 수 있다. 그녀는 갈라진 우정을 35년 동안 계속 남겨둔 채 여전히 죄책감을 느끼고 있을까? 아니면 젠이나 다른 사람들과의 관계성 후회를 해결하고 만족해하고 있을까? 오늘의 돋보기보다 미래의 쌍안경을 통해 문제를 회고적으로 보는 시뮬레이션을 해보면, 우리는 자기정당화를 자기개선으로 대체할 수 있게 된다.[39]

카이사르와 엘모가 가르쳐준 세 번째 방법은 언어를 통한 자기거리두기다. 크로스와 에이덕을 비롯한 연구자들은 흥미로운 연구를 통해 '자기성찰 중에 자기 자신을 지칭하는 용어를 미묘하게 바꾸면 스트레스 상황에서 생각하고 느끼고 행동하는 방식을 조절하는 능력에 영향을 미칠 수 있다'고 결론지었다.[40] 우리가 자기 자신과 대화할 때 1인칭을 버리면, 그로 인해 생기는 거리가 생기면서 위협이 도전으로 재구성되고 고통이 의미로 대체된다. 예를 들어 그로스만을 비롯한 몇몇 동료들이 연구한 바에 의하면, 사람들에게 자신의 어려움에 대해 글을 쓰게 하면서 카이사르의 방식대로 '나(I)', '나를(me)', 그리고 '나의(my)'와 같은 1인칭 대명사가 아닌 '그녀(she)', '그들(them)'과 같은 3인칭 대명사를 사용하게 하면 참가자들의 지적 겸손함이 더 자주 드러나고

난관을 통해 추론하는 능력이 향상된다는 사실을 발견했다.[41] 산다 돌코스^{Sanda Dolcos}와 돌로레스 알바라신^{Dolores Albarracín}의 연구에 따르면 2인칭으로 후회를 표현하는 것(자신을 '나'가 아니라 '너'라고 칭함) 또한 행동을 강화하고 미래 행동을 개선하려는 의지를 굳건하게 만든다.[42] 이와 유사하게, 사람들이 '불특정 주어'(사람 일반을 지칭할 때 사용하는 'you')를 쓰면 부정적인 경험의 낙인을 없애고 사람들이 그 경험에서 의미를 끌어내는 데 도움이 된다.[43]

그리고 엘모가 보기보다 현명한 건지도 모르겠다. 이름으로 자신을 지칭하는 것도 이와 비슷한 효과가 있기 때문이다. 가령 크로스가 주도한 또 다른 프로젝트에서는 2014년 에볼라 유행 당시 이 질병을 떠올릴 때 '나(I)' 대신 자기 이름을 사용한 참가자들의 경우 겁을 먹을 필요가 없는 이유를 사실에 근거해 더 잘 판단하는 것으로 나타났다.[44] 언어를 통한 자기거리두기는 많은 노력을 들일 필요도 없고 시간이 많이 소요되지도 않는다는 사실도 중요하다. 신경 영상 연구에 따르면 그 효과가 1초 내로 나타나기 때문이다.[45]

따라서 자기거리두기의 효과를 경험하고 싶다면 다음 중 하나를 시도해보라.

- 가장 친한 친구가 당신과 똑같은 후회를 하고 있다고 상상해보라. 후회가 그에게 주는 교훈은 무엇인가? 그에게 다음에 무엇을 하

라고 말하겠는가? 최대한 구체적으로 말하라. 이제 그 조언을 자신에게 적용하라.

- 당신이 오염되지 않은 깨끗한 검사실에서 후회를 분석하는 중립적인 전문가(후회 과학 박사)라고 상상해보자. 여러분은 어떤 진단을 내릴 것인가? 무엇이 잘못되었는지 임상 용어로 설명하라. 그리고 어떤 처방을 내릴 것인가? 이제 당신의 이름과 '너'라는 2인칭 대명사를 사용해서 후회에서 배워야 할 자잘한 단계들을 간략히 설명하는 이메일을 자신에게 써라.

- 사업이나 경력과 관련된 후회라면 인텔 전前 최고경영자였던 앤디 그로브Andy Grove의 기법을 시도해보라. 그는 이렇게 자문했다고 한다. "내 자리에 내일 새로운 사람이 온다면, 후임자는 어떻게 할 것인가?"[46]

- 지금부터 10년 후 당신이 이 후회에 대처한 방법을 자랑스럽게 돌아본다고 상상해보라. 무엇을 했는가?

올바르게 회고할 때라야 비로소 앞으로 나아갈 수 있다. 자기노출, 자기연민, 자기거리두기라는 세 단계는 후회를 안정과 성취, 목적을 위한 강력한 힘으로 바꿀 수 있는 간단하면서도 체계적인 방법을 제공한다.

하지만 아직 끝나지 않았다. 후회가 발생하기 전에 미리 예측함으로써 앞으로 나아가는 것 역시 가능하다.

후회하지 않을 일곱 가지 다른 기술

1. 후회 모임을 만들라

후회 모임을 일종의 독서 모임이라고 생각하라. 친구 5~6명과 함께 모여서 커피나 차, 음료를 마신다. 그들 중 두 명에게 자신의 큰 후회를 생각해 오라고 요청하라. 그리고 그에 대해 이야기하게 하라. 나머지 사람들은 이들의 후회를 듣고 어떤 후회 범주에 속하는지 생각해본다(행동인가, 행동하지 않은 것인가? 네 가지 핵심 후회 중 무엇에 해당하는가?). 그런 다음 각 후회에 대해 자기노출–자기연민–자기거리두기 과정을 거친다. 모임이 끝나면 두 사람은 행동 방침을 정한다(거북한 상사에게 말을 걸거나 좋아하는 사람에게 데이트 신청하기 등). 다음 회의에서 나머지 사람들이 두 사람이 행동을 이행했는지 확인한다. 그런 다음 다른 두 사람이 자신들의 후회를 공유한다.

2. 실패 이력서를 작성하라

사람들은 대부분 이력서를 가지고 있다. 우리가 얼마나 자격이 있고, 능숙하며, 훌륭한 사람인지를 보여주는 직업·경험·자격 증명서 목록 말이다. 스탠퍼드대학교 교수인 티나 실리그Tina Seelig는 실패를 상세하고 자세하게 정리한 '실패 이력서'도 필요하다고 말한다. 실패 이력서는 우리가 후회를 다루는 또

한 가지 방법이다. 이것을 만드는 것 자체가 일종의 공개 행위다. 그리고 실패 이력서를 주인공이 아니라 관찰자로서 바라보면 자기 실수에 위축되지 않으면서도 실패에서 교훈을 얻을 수 있다. 몇 년 전, 나는 실패 이력서를 작성하고 내가 저지른 많은 실수에서 교훈을 얻으려고 노력했다(민망한 실수를 대면하는 것만으로도 충분하다). 나는 똑같은 두 가지 실수를 거듭 반복했다는 걸 알게 되었고, 이를 알아낸 덕분에 다시 그런 실수를 저지르는 일을 피할 수 있었다.

3. 자기연민을 학습하라

사회과학 연구 논문을 읽고 이해하는 데 20년을 바쳤지만 자기연민에 대한 연구만큼 나를 강하게 사로잡은 것도 없다. 나는 자기연민을 이해하면서 지나친 자기비하를 자제할 수 있었다. 자책은 마조히스트적인 쾌감을 주지만 효과는 별로 없다는 것을 확신했기 때문이다. 자기연민을 통해서 나한테만 일어난 일이라고 생각했던 문제들이 실상 흔하디흔하며 해결 가능하다는 것을 알게 됐다. 크리스틴 네프의 웹사이트 https://self-compassion.org 에서 자신의 자기연민 수준을 측정할 수 있다. 그녀의 저서 《자기자비: 자신에게 친절을 베푸는 것의 입증된 힘 Self-Compassion: The Proven Power of Being Kind to Yourself 》(한국어판《러브 유어셀프》, 2019, 이너북스) 또한 매우 훌륭하다.

4. 새해 결심을 지난해의 후회와 짝지어라

이 장과 이 책 전체의 핵심은 과거를 돌아보는 것이 우리를 앞으로 나아갈 수 있게 한다는 것이다. 이 원칙을 삶에 각인시키는 한 가지 방법은 의례를 정하는 것이다. 12월 말이 되면 1월 1일이라는 이정표가 우리로 하여금 새해 결심을 하도록 자극한다. 하지만 이 관행을 실천하기 전에 내가 '작년의 후회'라고 부르는 것부터 돌아보자. 한 해를 돌아보며 세 가지 후회를 적어보라. 친척이나 전 동료와 다시 연락하지 못한 것을 후회하는가? 부업을 시작하지 않은 것이 후회되는가? 당신의 가치관을 훼손하는 거짓말을 했는가? 이런 후회를 적어보라. 그리고 행동에 대한 후회를 되돌리고, 행동하지 않은 것에 대한 후회를 변화시키는 걸 새해의 가장 중요한 결심으로 삼아라.

5. 긍정적인 사건이 일어나지 않았다고 가정해보라

후회로 인한 상처를 없애려면 1946년 영화 〈멋진 인생 It's a Wonderful Life〉으로 유명해진 마음의 속임수를 시도해보라. 주인공 조지 베일리는 크리스마스이브에 자살하기 직전에 수호천사 클라렌스의 방문을 받는다. 클라렌스는 만약 그가 태어나지 않았더라면 그가 살던 마을 사람들의 삶이 어떻게 달라져 있을지를 조지에게 보여주었다. 클라렌스가 쓴 방법을 '긍정적인 사건을 정신적으로 빼기 mentally subtracting positive events'라고 한다.[47] 당신의 삶에서 좋았던 것(친밀한 우정, 직업적 성취, 자녀 등)을 떠올려보라. 그리고 그 긍정적인 사건에서 이어진 결정과 비결정, 실수와 성공을 생각해보라. 그런 다음, 이제 이것들이 모두 없다고 생각해보라. 앞 장에서 들었던 예를 다시 들자면, 나는 '아내를 만난 경험'을 빼볼 수 있겠다. 그 결과는 비참함과 우울함이다. 하지만 조지 베일리의 경우처럼 빼기를 통해 더 깊이 감사하고 후회를 새로운 시각으로 바라볼 수 있다.

6. 세계 후회 설문조사에 참여하라

아직 해본 적이 없다면, 당신의 후회를 '세계 후회 설문조사'에 제출해보라. 후회를 글로 남기는 것은 후회를 완화하는 한편, 후회를 평가할 수 있도록 거리두기를 제공하고, 이를 통해 계획을 세울 수 있게 해준다. 다른 사람의 후회도 접할 수 있다. 이 후회를 읽다 보면 공통적인 인간성에 대한 관점이 생기고 후회 대응 근육이 강화될 것이다. 전 세계에서 날아든 후회를 읽으면서 스스로에게 물어보라. 이것은 어떤 후회에 속하는가? 글쓴이가 자신의 후회를 긍정적인 힘으로 사용하게 하려면 어떤 조언을 해야 할까?

7. 여행자의 사고방식을 가져라

목표를 달성하면 후회에서 벗어날 수 있다. 하지만 목표를 달성한 후에도 행동을 지속하지 않으면(규칙적으로 운동을 하거나 프로젝트 완수에 유용했던 바람직한 업무 습관을 유지하는 등) 후회는 다시 우리의 마음속으로 빠르게 파고든다. 스탠퍼드대학교의 쯔치 후항Szu-chi Huang 교수와 제니퍼 아커Jennifer Aaker 교수의 연구는 이 문제에 대한 한 가지 해결책으로 '여정을 되새기는 마음가짐'을 제시한다. 두 사람은 우리가 목적지에 도달했을 때(어렵고 중요한 일을 끝냈을 때) 한가해지고 할 일이 끝났다고 생각한다는 사실을 발견했다. 하지만 대개는 할 일이 여전히 남아 있다. 그저 달성한 목표를 즐기지는 것으로만 끝내지 마라. 당신이 그곳에 도달하기까지의 단계를 검토하라. 결과를 축하하는 시간을 줄이고 여정을 숙고하는 데 더 많은 시간을 할애하라.

- 진학 상담사가 내게 의사가 될 소양이 없다고 한 말을 믿은 걸 후회합니다. 자신을 믿고 적어도 노력을 기울였더라면 좋았을 거예요.

  54세 여성, 메릴랜드

- 아이를 낳기 전에 자유시간을 너무 낭비한 것을 후회합니다. 생각해보면 스페인어를 배우거나 규칙적으로 운동을 하거나 일터에서 전문가가 되기 위해 노력할 짬을 못 낼 만큼 바쁘지 않았습니다.

  29세 남성, 인디애나

- 활발한 성생활을 하지 못한 게 후회됩니다.

  71세 여성, 미시간

후회 최적화 프레임워크

> 두 번째 삶을 사는 것처럼 살아라. 그리고 첫 번째 삶에서 했던 잘
> 못된 행동을 지금 다시 하려는 것은 아닌지 살펴라!
>
> 빅터 프랭클Viktor Frankl, 1946

1888년 어느 날 아침, 알프레드 노벨Alfred Nobel 은 조간신문에서 놀
라운 기사를 발견했다. 흑백으로 인쇄된 신문에는 그의 사망 기
사가 대문짝만하게 실려 있었다. 한 프랑스 언론인이 사망한 자
신의 형 루드비히를 노벨로 착각했던 것이다. 세기말적 가짜뉴스
였다.

하지만 노벨을 정말로 당황하게 만든 것은 부고 기사의 헤드라
인이었다. "죽음의 상인이 죽었다Le Marchand de la mort est mort." 스웨덴

출신으로 5개 국어를 구사하는 노벨은 기발한 화학자이자 뛰어난 발명가였다. 그의 발명품들은 폭발과 관련된 것들이었다. 기폭장치, 뇌관, 그리고 가장 유명한 것은 1860년대에 특허를 받은 다이너마이트였다. 그는 전 세계에 다이너마이트 공장을 세웠고, 그 덕분에 백만장자이자 유럽에서 가장 저명한 기업가가 되었다.

하지만 그 사망 기사에 그의 기술적 천재성과 기업가적 열정에 관한 이야기는 없었다. 그를 부끄러운 유산을 가진 오염된 영혼, 사람들에게 서로를 말살시키는 도구를 팔아 엄청나게 부자가 된 탐욕스럽고 부도덕한 사람으로 묘사했다.

8년 후 노벨이 사망했을 때 그의 유언장에는 뜻밖의 내용이 담겨 있었다. 유산을 가족에게 물려주는 대신 "전년도에 인류에 가장 큰 공헌을 한 사람들"에게 주는 상, 즉 노벨상을 제정하는 데 쓴 것이다. 전해지는 이야기에 따르면 이런 행동을 하게 된 계기는 잘못 나간 부고였다고 한다.[1] 노벨은 자신의 미래를 미리 보았고 후회가 들었다. 나중에 후회하게 될 거라는 걸 알게 된 그는 후회를 피하기 위해 행동을 바꿨다.

앞서 다룬 두 장이 백미러를 통해 보는 후회에 관한 것이라면 이번 장에서는 앞 유리를 통해 내다보는 후회에 대해 다룬다. 후회는 회고적인 감정이다. 그것은 우리가 과거를 돌아볼 때 생겨난다. 하지만 미래를 내다보며 무엇을 후회할지 예측하고, 그 예측을 바탕으로 행동의 방향을 바꿀 수도 있다. 때로 이런 접근법은 우리에게 희망적인 방향을 제시하기도 하고 때론 잘못된 길로 인도하기도 한다. 하지만 후회를 예상하는 데 따르는 장단점을 모두 이해한다면 좋은 삶을 위한 전략을 세울 수 있다.

예측의 장점

대부분의 대형 연구 기관과 마찬가지로 듀크대학교는 학생·교수진·직원들을 위한 광범위한 도서관 시스템을 운영한다. 그리고 대부분의 조직과 마찬가지로 듀크대학교 도서관도 이용자와 대학 구성원들이 서비스에 대해 어떻게 생각하는지 알고 싶어 한다. 듀크대학교 도서관은 의견을 평가하고 피드백을 수집하기 위해 전통적으로 대학 공동체에 발송하는 이메일 설문조사에 의존해왔다. 하지만 한 가지 고질적인 문제가 있었다. 사람들 대부분이 그런 설문지를 작성하는 데 별 관심이 없다는 거였다.

그래서 수완 좋은 사서들이 한 가지 일을 도모했다. 예상되는 후회를 이해하는 데 도움이 되는 간단한 실험을 계획한 것이다.

2016년에 도서관 측은 6,000명의 학부생 중 절반에게 설문조사 양식을 보내면서, 이를 작성해 보내면 추첨을 통해 75달러짜리 상품권을 주겠다고 했다.

나머지 3,000명의 학생에게도 설문조사가 담긴 이메일을 보냈다. 하지만 동봉된 보상 규정이 달랐다. '모든 사람'에게 75달러짜리 상품권 당첨의 기회가 주어졌다. 단, 주최 측의 추첨을 통해 당첨된 사람이 설문조사에 응답하지 않은 경우 상을 받지 못하며 주최 측은 다른 사람을 재추첨할 것이라고 고지했다.

어떤 방식이 설문조사 응답을 더 많이 받았을까?

두 방식의 성과는 확연히 달랐다. 일주일 동안 첫 번째 그룹의 학생들 중 3분의 1만이 설문조사를 완료한 반면, 두 번째 그룹의 학생들은 3분의 2가 설문조사에 참여했다.[2] 첫 번째 방식은 기존의 복권 추첨 방식이다. 두 번째는 행동경제학자들이 '후회 복권 regret lottery'이라고 부르는 방식이다.

후회 복권은 예상되는 후회가 우리의 행동을 변화시키는 한 가지 방법이다. 일반적인 복권의 경우, 추첨 대상이 되기 위해서는 적극적인 행동(듀크대학교 사례의 경우 설문지를 작성하고 답장하는 등)을 취해야 한다. 만약 나는 그렇게 하지 않았는데 그렇게 한 누군가가 뽑힌다면, 나는 약간 실망할지도 모른다. 하지만 가능성은 희박하고 감정적 투자가 거의 없었다면, 내가 절망에 빠질 것 같지는 않다.

하지만 후회 복권일 경우 나는 내 결정을 다르게 평가한다. 주최 측이 내 이름을 뽑았는데 내가 설문조사를 완료하지 않았다면, 나는 자책할 것이다. 내가 당첨됐지만 내 어리석음, 게으름, 노력 부족으로 인해 상품권을 빼앗기는 미래를 쉽게 상상할 수 있다. 그리고 그 불길한 예감이 들면, 나는 그 우울한 3분의 2의 학생들처럼 설문지를 완성할 것이다.

후회 복권은 많은 영역에서 행동을 변화시키는 데 효과적이다.[3] 그것은 '손실 회피'와 유사한 인지적 변덕을 이용한다. 일반적으로 우리는 무언가를 잃는 고통이 그에 상응하는 것을 얻는 기쁨보다 더 크다고 생각한다. 그래서 우리는 손실을 피하기 위해 엉뚱한 (그리고 주로 비합리적인) 길을 택한다. "이익보다 손실이 더 크다."라는 말이 있는 것도 이 때문이다.[4] 이와 비슷하게, 우리가 감정을 예측할 때도 기쁨보다 후회가 더 크게 나타난다. 많은 경우에 후회가 가져다줄 것으로 예상되는 고통이, 대안이 선사해줄 것으로 예상되는 이득보다 크게 느껴진다.

이는 종종 우리에게 유리하게 작용할 수 있다. 후회를 예측하면 사고 속도가 느려진다. 뇌가 브레이크를 작동시켜 우리가 무엇을 할지 결정하기 전에 추가 정보를 수집하고 숙고할 시간을 벌어준다. 예측된 후회는 행동하지 않은 것에 대한 후회를 극복하는 데 특히 유용하다.

예를 들어, 2021년 미주리대학교의 러셀 래버트[Russell Ravert], 워싱턴D.C. 국립아동병원의 린다 푸[Linda Fu], 인디애나대학교 의과대학의 그레고리 지멧[Gregory Zimet]이 공동으로 진행한 연구에 따르면, 코로나19 팬데믹 기간 동안 코로나19 검사를 받는 젊은 성인의 가장 큰 예측 변수는 행동하지 않은 것에 대한 후회(검사를 피했다

14장 후회 최적화 프레임워크

가 실수로 다른 사람에게 바이러스를 옮겼을 때 느끼는 후회)였다.[5] 노르웨이 베르겐대학교의 카타리나 볼프[Katharina Wolff] 교수가 2021년에 실시한 또 다른 연구에서도 코로나19 백신에 관해 비슷한 결과가 나타났다. 예방접종을 하지 않아 자신과 타인을 위험에 빠뜨리는 행동에 대한 후회는 동료와 가족의 권고보다 예방접종을 하도록 자극하는 더 강력한 힘이었다.[6]

우리가 지금 적절하게 행동하지 않으면 미래에 얼마나 끔찍한 기분일지 상상할 때 느끼는 부정적인 감정(경험보다는 시뮬레이션)은 우리의 행동을 개선할 수 있다.

2016년 45,618명의 참가자를 대상으로 한 81건의 연구를 종합한 메타 분석에 따르면, "예상되는 후회는 광범위한 건강 행동과 관련이 있었다."[7] 예를 들어 영국 서식스대학교의 찰스 에이브러햄[Charles Abraham]과 셰필드대학교의 패스컬 시런[Paschal Sheeran]이 주도한 유명한 연구에서는 "앞으로 2주 동안 운동을 여섯 번 이상 하지 않으면 후회할 것이다."라는 이 단순한 문장에 동의하도록 유도된 사람들이 후회라는 단어를 생각하지 않은 사람들보다 훨씬 더 많이 운동했다는 사실을 보여주었다.[8]

지난 15년 동안 축적된 수많은 연구에 따르면 후회를 예상할 경우 과일과 채소를 더 많이 먹고,[9] 인두유종바이러스[HPV] 백신을 맞고,[10] 독감 예방 주사를 맞고,[11] 콘돔을 쓰고,[12] 건강 정보를 더 찾아보고,[13] 조기 암 검진을 받고,[14] 운전을 더 조심하고,[15] 자궁경

부암 검사를 받고,[16] 금연하고,[17] 가공식품 섭취를 줄이고,[18] 심지어 재활용도 더 많이 하는 것으로 나타났다.[19]

후회를 예상하는 것은 판단을 돕는 편리한 도구다. 다음에 어떤 행동을 해야 할지 모르겠다면 스스로에게 이렇게 물어보라. "그 일을 하지 않으면 미래에 후회하게 될까?" 질문에 답하라. 그 대답을 당신의 현재 상황에 적용하라. '부고 파티 obituary parties'가 (소소하지만 꾸준히) 인기를 얻는 이유도 이 접근법 덕분이다. '부고 파티'에서는 알프레드 노벨이 된 심정으로 자신의 부고를 작성하고, 남은 세월을 적어 알린다.[20] '사전부검 pre-mortems'이라는 아이디어도 이로부터 활성화됐다. 이는 담당 팀이 프로젝트에 착수하기 전에 해당 프로젝트의 모든 것이 잘못되는 악몽 같은 시나리오(예를 들어 프로젝트가 기한 내에 완수되지 못하거나 예산 초과로 진행되지 못하는 상황)를 머릿속에 그려보는 기법이다. 그런 다음, 실수를 미연에 방지하는 통찰을 얻는다.[21]

일과 삶에 이런 접근법을 적용한 사람(예상되는 후회라는 먹이사슬에서 최상위 포식자)이 바로 제프 베조스Jeff Bezos다. 그는 지구상에서 가장 큰 기업 중 하나인 아마존을 창립해 세계에서 가장 부유한 사람 중 한 명이 되었다. 그는 〈워싱턴포스트〉를 소유하고 있다. 그는 우주여행도 한다. 하지만 우리가 가장 크게 오해하는 감정의 영역에서 말하자면, 그는 '후회 최소화 프레임워크Regret Minimization Framework'라는 개념으로 가장 잘 알려져 있다.

1990년대 초, 은행에서 일하던 베조스는 월드와이드웹^{World Wide} Web이라는 최신 기술을 통해 책을 판매하는 회사를 구상했다. 베조스가 고임금을 받던 직장을 그만둘 생각이라고 말하자, 상사는 며칠 동안 더 생각해보라고 충고했다. 컴퓨터 공학을 전공한 베조스는 자신의 결정을 체계적으로 분석할 수 있는 방법(타당한 결론을 도출하기 위한 일종의 알고리즘)을 원했다. 그리고 마침내 그 방법을 생각해냈다. 그는 2001년 인터뷰에서 이렇게 설명했다.

> 80세가 된 미래의 나를 상상해보면서 이렇게 말했습니다. "그래, 이제 내 삶을 되돌아보자. 나는 후회를 최소화하고 싶어." 나는 80세가 되었을 때 사업을 해보겠다고 시도한 것을 후회하지 않을 거라 생각했습니다. 정말 대단하다고 생각되는 인터넷 분야에 뛰어들려고 노력한 것을 후회하지 않을 것이라 생각했죠. 실패해도 후회하지 않을 거라고 생각했지만, 딱 하나 후회할 걸 알고 있었던 건 시도조차 하지 않는 것이었죠. 그런 후회가 매일 저를 괴롭힐 거라는 사실을 알고 있었고, 그렇게 생각하자 결정을 내리는 일은 믿을 수 없을 만큼 쉬웠습니다.[22]

베조스는 대담성 후회를 예상했고, 이를 현재 행동의 원동력으로 삼아 미래의 후회를 피하려 했다. 후회 최소화 프레임워크는 그에게 현명한 선택이었고, 우리에게도 유용한 심성 모형이다. 우리가 보았듯이 후회를 예측하면 건강이 좋아지고 억만장자가 되며 설문조사를 배포하는 대학도서관 사서들의 애정을 얻을 수 있다. 그것은 강력한 약이다.

하지만 경고 라벨이 붙어 있어야 한다.

예측의 단점

예상했던 후회가 어떻게 빗나갈 수 있는지 이해하기 위해 지하철을 타거나, 전자레인지를 사거나, 파워볼 복권을 교환하거나, 표준화 시험을 보는 경우를 예로 들어보자.

아침 출근 시간에 당신이 지하철을 타기 위해 질주하고 있다고 상상해보자. 역으로 가는 길에 신발 끈이 풀렸다. 아까 서두르면서 너무 급하게 묶었기 때문이다. 보도 위에 빈 공간을 발견하고는 잠시 멈춰 서서 신발 끈을 다시 묶고 앞으로 나아간다. 지하철 승강장에 도착했을 때, 기차가 이제 막 출발하는 것을 보았다. 젠장! 신발 끈을 고치려고 멈추지만 않았어도 기차를 놓치지 않았을 것이다.

1분 차이로 기차를 놓치면 얼마나 후회할까?

연관된 질문이 하나 더 있다. 1분이 아닌 5분 차이로 기차를 놓친다면 얼마나 후회할 것으로 예상되는가?

매사추세츠주 케임브리지에 있는 지하철역에서 연구자들을 이끌고 바로 이 문제에 관한 실험을 실시한 하버드대학교의 대니얼 길버트^{Daniel Gilbert}에 따르면, 사람들 대부분은 5분 차이로 기차를 놓칠 때보다 1분 차이로 놓쳤을 때 훨씬 더 큰 후회를 할 것으로 예상했다. 하지만 실제로 사람들이 느낀 후회의 정도는 두 상황에서 거의 비슷했으며, 결과적으로 그리 크지도 않았다.

예상되는 후회를 의사결정 도구로 사용할 때 생기는 한 가지 문제는 우리가 감정의 강도와 지속 시간을 예측하는 데 상당히 서툴다는 것이다.[23] 그리고 특히 후회를 예측하는 데 서툴다. 우리는 종종 자신이 얼마나 부정적인 감정을 느낄지 과대평가하고, '적어도'를 이용해 감정에 대처하거나 감정을 가라앉히는 능력은 과소평가한다. 길버트와 그의 동료들은 예상되는 후회가 "실제로 경험하는 것보다 우리 예상 속에서 더 크게 보이는, 일종의 부기맨(아이들을 겁줄 때 들먹이는 귀신-옮긴이)과 비슷하다."고 말한다. 우리는 비가 올 것을 예측하는 데 실수하곤 하는 기상학자와 마찬가지다. 그 결과, 연구자들은 이렇게 말한다. "미래의 후회를 피하기 위해 돈을 지불하는 의사결정자들은 실제로는 필요하지 않은 감정 보험에 가입하는 것일 수 있다."[24]

후회를 과대평가하는 것은 또 다른 결과를 초래한다. 바로 우리의 결정을 흐린다는 것이다. 다시 당신의 이야기로 돌아가, 조금 기다린 후 다음 열차에 탑승하여 출근했다고 가정해보자. 생산적인 아침 일과를 마치고 점심을 먹은 뒤, 근처 전자제품 가게로 가서 아파트에 설치할 전자레인지를 구매한다. 영업 사원과 짧은 대화를 나눈 후, 당신은 선택지를 두 가지로 좁혔다. 두 전자레인지는 크기도, 성능도, 기능도 똑같다. 두 가지 측면을 제외하고는 동일해 보인다. 첫 번째 전자레인지는 유명 브랜드의 제품이다. 두 번째 제품은 이름 없는 제품이다. 첫 번째 전자레인지는 149달러, 두 번째 전자레인지는 109달러다.

당신은 어느 쪽을 선택하겠는가?

스탠퍼드대학교의 이타마르 사이먼슨Itamar Simonson이 이 실험을 진행한 결과, 소비자는 반반으로 나뉘었다. 절반은 더 비싼 유명 브랜드를 선택했고, 나머지 절반은 그보다 싼 이름 없는 제품을 선택했다.

하지만 그는 여기에 변수를 가미했다. 구매자가 결정을 내린 직후 그는 독립 소비자 잡지에서 두 제품을 어떻게 평가했는지 공개하겠다고 말했다. 그러자 구매자들은 더 조심스러워졌다. 더 많은 사람(사실상 3분의 2에 해당하는)이 유명 브랜드를 선택했다. 사람들은 만약 그들이 현재 상황(유명 브랜드를 선택한 것)에서 벗어난 후 그것이 잘못된 결정이었음을 알게 된다면 더 큰 후회를 하게 될 것으로 예상했다.[25] 그래서 그 불쾌한 느낌을 피하기 위해 구매자들은 안전한 선택을 했다. 그들은 더 현명한 선택을 하는 것에 관심이 없어졌고 후회를 줄여줄 선택을 하려고 노력했다. 하지만 현명한 선택과 후회를 줄여줄 선택이 늘 일치하는 건 아니다.

후회를 예상하는 것은 때로 우리를 최선의 결정에서 멀어지게 하고, 오직 후회로부터 우리를 보호하는 데만 급급한 결정으로 이끌 수 있다. 다시 당신의 이야기로 돌아가자.

당신은 전자제품 가게를 나와 내일 저녁 추첨 예정인 8,000만 달러 상당의 당첨금이 걸린 1달러짜리 로또 복권을 샀다. 어쩌다 보니 나도 복권을 샀다. 그리고 나는 당신과 거래하기로 결심한다. 나는 당신에게 3달러를 주고 내 표와 바꾸자고 제안한다.

당신은 받아들일 것인가?

당연히 그래야 한다. 하지만 물론, 당신은 그렇게 하지 않을 것이다.

두 복권 모두 당첨 확률이 같다. 만약 당신이 교환을 해도, 복권에 당첨될 확률은 똑같고 그 확률은 극도로 희박하다. 하지만 이제 당신은 전보다 3달러를 더 갖게 될 것이다. 생각할 것도 없다!

하지만 실험에서는 절반 이상의 사람들이 그런 제안을 거부했다. 왜냐하면 바꿔준 복권이 당첨되었을 경우 그들이 느낄 후회를 상상하기가 너무 쉽기 때문이다.[26] 실험 참여자들이 복권을 봉인된 봉투에 넣었을 때만 (그래서 참여자들이 원래 번호를 볼 수 없고 당첨 복권인지 알 수 없을 경우에만) 사람들은 교환에 기꺼이 응했다.[27]

복권 사례를 비롯한 많은 사례에서 후회를 최소화하는 것과 위험을 최소화하는 것은 달랐다. 그리고 제대로 예측하지 못하면 위험을 최소화하는 선택이 아니라 후회를 최소화하는 선택을 하게 된다. 이는 우리가 때로는 전혀 결정을 내리지 않는다는 뜻이기도 하다. 많은 연구 결과에 따르면 후회 회피는 종종 결정 회피로 이어질 수 있다.[28] 후회에 너무 집착하면 그대로 얼어붙어 결정하지 않기로 결정할 수도 있다. 마찬가지로 협상에 관한 연구에서도, 예상되는 후회에 지나치게 초점을 맞추는 행위는 실제로 협상의 진전을 막았다. 예상되는 후회는 협상가들이 위험을 무릅쓰고 협상을 성사시킬 가능성을 낮췄다.[29]

당신의 하루 일과가 거의 끝나가고 있지만, 해야 할 일이 더 남았다. 당신은 야심만만한 사람이기 때문에 현재 직장을 다니면서 부동산 자격증을 따기 위해 공부하고 있다. 오늘은 객관식 80문항짜리 첫 번째 시험을 치르는 날이다.

커피를 한 모금 마시고 시험장으로 들어갔다. 시험 시간은 두 시간이다. 잘 진행되고 있다. 찬찬히 문제들을 보면서 답안지에 표기를 하고 있는데 한 가지 생각이 스친다.

'23번 문제의 답을 B로 표기했는데, 지금 보니 C가 정답일지도 몰라.'

당신은 그 문제로 돌아가서 원래의 답을 지우고 새로운 답으로 고치겠는가? 아니면 첫 직감을 고수하겠는가?

학교 교육이든 직업 훈련이든 모든 단계에서 전문가들이 제공하는 조언은 일관적이다. 설문조사에서 대부분 대학교수는 첫 직감을 고수하라고 조언한다. 답을 바꾸면 일반적으로 틀리기 때문이다. 펜실베이니아주립대학교의 지도 교수들도 동의한다. "맨 처음 직감이 일반적으로 맞습니다. 확신이 없는 한 대답을 바꾸지 마세요." 입시 업체인 프린스턴 리뷰Princeton Review는 다음과 같이 경고한다. "대부분의 경우 답을 지나치게 생각하기보다는 직감에 따라 답을 고르길 권합니다. 많은 학생이 정답을 틀린 답으로 바꿉니다!"[30]

통념이 말하는 바는 명확하다. 당신의 첫 직감을 고수하고 답을 바꾸지 말라는 것이다.

하지만 이 통념도 틀렸다. 이 주제와 관련하여 수행된 거의 모든 연구는 학생들이 시험에서 답을 바꿀 때, 정답에서 오답으로 바꿀 확률보다 오답에서 정답으로 바꿀 가능성이 훨씬 더 크다는 사실을 보여주었다. 답을 바꾼 학생들은 대개 점수가 올라갔기 때문이다.[31]

그렇다면 왜 이런 잘못된 조언이 지속되는 것일까?

예상되는 후회가 우리의 판단을 왜곡한다.

2005년 뉴욕대학교의 사회심리학자 저스틴 크루거Justin Kruger와 브리티시컬럼비아대학교의 데릭 워츠Derrick Wirtz, 스탠퍼드대학교의 데일 밀러Dale Miller는 당시 크루거와 워츠가 가르쳤던 일리노이대학교 학생들이 치렀던 1,500번 이상의 심리학 시험에서 답을 정정한 경우를 조사했다. 이전 연구와 일관되게, 오답에서 정답으로 고친 비율이 정답에서 오답으로 고친 경우보다 두 배나 많았다.

하지만 연구자들이 학생들에게 "답을 바꾸지 말았어야 할 때 바꾼 것"과 "답을 바꿨어야 할 때 바꾸지 않은 것" 중 어느 쪽이 더 후회될 거라고 예상하는지 물었을 때 결과는 흥미로웠다. 74퍼센트의 학생들은 답을 바꿨다가 틀릴 경우 더 많은 후회를 할 것이라고 예상했다. 26퍼센트는 상관없다고 답했다. 그리고 처음 답을 고수했다가 틀릴 경우 더 큰 후회를 할 것으로 예상하는 학생은 아무도 없었다.

이 세 학자는 이를 '최초 직감의 오류first instinct fallacy'라고 부르는데, 이는 예상했던 후회가 빗나간 데서 생겨난다. 그들은 "최초 직감을 거스른 결과로 문제를 틀리는 것이 최초 직감에 충실해서 문제를 틀리는 것보다 더 기억에 남는다."라고 했다. "애초의 답이 맞았을 때 답을 고쳐서 발생하는 후회는 그 문제를 틀린 불행을 거의 비극으로 보이게 만들기에 충분하다."[32] '했더라면'의 망령에 시달리다 실수를 범하는 것이다. 당신도 실수를 했다. 답을 바꾸지 않았기 때문에 시험을 통과하지 못했고 다시 시험을 치러야 하게 되었다. 아, 이 연구에 대해 좀 더 일찍 알았더라면.

예상되는 후회는 종종 우리를 더 나은 사람으로 만든다. 하지만 당신의 다사다난한 하루가 보여주듯, 이 약을 복용하기 전에 경고 문구를 읽어보라.

예상되는 후회는 결정 마비, 위험 회피, 최초 직감의 오류, 시험 점
수 하락을 유발할 수 있다.

만병통치약으로서, 예상되는 후회는 몇 가지 위험한 부작용을 수
반할 수 있다. 하지만 그것만이 문제는 아니다.

허버트 사이먼Herbert Simon은 이 장의 앞부분에서 우리가 만났던, 후
회를 예상한 다이너마이트 거물의 이름을 딴 상을 수상한 천여
명 중 한 사람이다. 사이먼은 카네기멜런대학교에서 50년 동안
학생들을 가르쳤으며 정치학, 인지심리학, 인공지능을 포함한 수
많은 분야에 지적 공헌을 한 사회과학계의 거장이다. 하지만 그
의 가장 위대한 유산은 경제학 분야에서 분석할 때 인간적 측면
을 고려하도록 한 것이다.

사이먼의 이론 이전에는 인간은 자신의 선호와 필요한 모든 정
보에 대해 잘 알고 있으므로 늘 결과를 극대화시키는 의사결정을
한다고 보는 경제학 이론이 지배적이었다. 모든 경우 매 순간, 우
리는 가능한 가장 낮은 가격에 매수하고, 가장 높은 가격에 매도
하며, 끊임없이 이익을 극대화하려고 노력한다는 것이다.

사이먼은 이 가정이 들어맞는 경우도 있지만, 항상 옳은 것은

아니라고 경제학자들을 설득했다. 선호는 때때로 바뀐다. 다양한 요인 때문에 이상적인 결정을 내리는 데 필요한 정보가 부족한 경우도 많다. 게다가 삶의 모든 영역에서 최고의 거래를 추구하는 것은 피곤한 일이다. 많은 상황에서 우리는 완벽한 선택(이상적인 지붕 수리공, 비할 데 없는 패스트푸드 버거)을 찾으려 애쓰지 않았고, 웬만한 선택에 만족할 의향이 있었다.

때때로 우리는 만족의 극대화를 추구하지만, 그 외의 경우에는 '만족한다'고 사이먼은 설명했다.[33] 이것이 사실이라면(인간의 행동을 분석한 결과 사실이라고 한다) 의사결정 모델은 변경되어야 했고, 실제로 변경되었다. 사이먼은 이 공로로 1978년 노벨 경제학상을 수상했다.

심리학자들이 사이먼의 두 가지 의사결정 접근법이 인간의 감정에 어떤 영향을 끼쳤는지 탐구하기까지는 시간이 걸렸다. 2002년, 스와스모어대학교의 배리 슈워츠와 앤드류 워드Andrew Ward가 이끄는 여섯 명의 사회과학자들이 누가 '만족자'이고 누가 '극대화자'인지 측정하는 성격 척도를 개발했다. 그들은 17개의 질문을 통해 어떤 사람들이 이상적인 기준을 추구하는지(극대화자), 어떤 사람이 허용 가능한 기준을 충족하면 대부분의 것에 만족하는지(만족자) 식별할 수 있었다.

최대화 척도를 이용해 1,700명 이상의 참가자를 측정한 뒤 측정 결과를 참가자의 행복 수치와 연결했다. 그리고 연구원들은 놀라운 사실을 발견했다. 대부분의 극대화자들은 불행했다. 극대화자들은 "삶에 대한 만족도, 행복, 낙관성이 현저히 낮았다."고 보고되었고, 만족자들보다 우울증을 훨씬 더 많이 겪었다.[34]

과학자들은 불행의 주요 원인이 '후회(실제로 경험한 후회와 예상한 후회 모두)에 대한 극대화자들의 민감도 증가'라고 설명했다. 극대화자들은 모든 단계에서 모든 것을 후회했다. 선택을 내리기 전, 선택을 한 후, 선택을 하는 동안 내내 후회했다. 상황이 어떻든, 그들은 다른 행동을 통해 더 나은 결과를 얻었을 가능성에 대해 계속 상상했다.[35] 그러나 이러한 상향식 반사실적 사고는 '감정은 생각하기 위한 것'이라는 생산적 후회를 끌어내지 못했다. 반대로 '감정은 감정 그 자체로 중요한 것'이라고 여기며, 후회를 계속 곱씹게 만들었다. 모든 것에서 행복을 극대화하려는 노력 덕분에, 그들은 대부분의 삶에서 행복을 산산조각내고 있었다.

여기에 문제가 있다. 후회를 끊임없이 예상하고 최소화하려 시도하는 베조스의 후회 최소화 프레임 워크는 건강하지 못한 극대화의 한 형태가 될 수 있다. 이 프레임워크를 항상 모든 영역에 적용하는 것은 절망으로 가는 지름길이다.

그렇다면 예측이 지닌 이 같은 단점을 상쇄시키고 장점만 취하려면 어떻게 해야 할까?

해결책은 우리의 열망에 집중하는 것이다.

후회의 최적화

우리의 목표가 언제고 후회를 최소화하려는 것이어선 안 된다. 우리의 목표는 후회를 최적화하는 것이다. 과학적인 후회 예측과 후회의 새로운 심층 구조를 결합하면 심성 모형을 개선할 수 있다.

이를 후회 최적화 프레임워크Regret Optimizaton Framework라고 부른다. 이 수정된 프레임워크는 다음 네 가지 원칙을 기반으로 한다.

- 많은 상황에서 후회를 예상하면 더 유익한 행동, 더 현명한 직업 선택, 더 큰 행복으로 이어질 수 있다.
- 하지만 우리는 후회를 예상할 때 종종 그것을 과대평가하고, 필요하지 않은 감정 보험에 가입함으로써 결정을 왜곡하는 경우가 많다.
- 그리고 너무 지나치면, 즉 후회의 최소화를 극대화하면 상황을 더욱 악화시킬 수 있다.
- 동시에 전 세계 사람들은 네 가지 핵심 후회를 일관되게 표현한다. 이 네 가지 후회는 오래 지속되며 인간의 근본적인 욕구를 드러낸다. 그리고 이 후회들은 모두 좋은 삶으로 가는 길을 제공한다.

후회 최적화 프레임워크는 네 가지 핵심 후회(기반성 후회, 대담성 후회, 도덕성 후회, 관계성 후회)를 예상하기 위해 시간과 노력을 기울여야 한다고 주장한다. 하지만 이 네 가지 범주를 벗어나는 후회를 예측하는 것은 대개 가치가 없다.

따라서 후회 최적화 프레임워크에 따라 행동 방침을 결정할 때는 당신이 네 가지 핵심 후회 중 하나를 처리하고 있는지부터 따져봐야 한다.

그렇지 않다면 만족하라. 예를 들어, 당신이 야외용 의자나 전자레인지를 (한 대 더) 사려고 한다면, 그 결정에는 인간의 근본적이고 지속적인 욕구가 포함되어 있다고 보기 어려울 것이다. 선택을 하고 앞으로 나아가라. 괜찮을 것이다.

만약 결정이 네 가지 핵심 후회 중 하나와 관련이 있다면, 숙고하는 데 더 많은 시간을 할애하라. 자신을 미래의 자신(5년 뒤든, 10년 뒤든, 80세가 되었을 때든)에게 투사하라. 미래의 관점에서 어떤 선택이 당신의 기반을 다지고, 합리적인 위험을 감수하고, 옳은 일을 하고, 의미 있는 관계를 유지하는 데 도움이 될지 자문해보라. 이와 관련된 후회들을 예상해보라. 그런 다음 후회가 가장 적을 선택지를 선택하라. 이 프레임워크를 몇 번만 사용하면 그 위력이 눈에 들어오기 시작할 것이다.

우리의 일상생활은 수백 가지의 결정으로 이루어져 있다. 그중에는 우리의 행복에 결정적인 것도 있지만, 대수롭지 않은 것도 많다. 그 차이를 이해하면 큰 차이를 만들 수 있다. 우리가 진정으로 후회하는 것이 무엇인지 알면, 우리가 진정으로 가치 있게 여기는 것이 무엇인지 알게 된다. 후회(사람을 미치게 하고, 당혹스럽게 하고, 부정할 길 없이 진정한 감정)는 잘 사는 삶으로 가는 길을 알려 준다.

후회 활용법 핵심 요약

행동에 대한 후회

1. 되돌려라

   사과하거나, 보상하거나, 피해를 복구하기 위해 노력하라.

2. '적어도'를 활용하라

   구름을 뚫고 나오는 한 줄기 햇살을 찾아라. 상황이 어떻게 더 나빠질 수
   있었는지 생각해보고 '적어도' 그렇게 되지 않았다는 사실을 인정하라.

모든 후회(행동 또는 무행동에 대한 후회)

1. 자기노출

   다른 사람들에게 이야기하거나(인정하면 오해가 해소된다), 혹은 개인적
   으로 글을 써서 그 후회를 드러내고 덜어내라.

2. 자기연민

   친구를 대하듯 자신을 대함으로써 후회를 정상화하고 중화시켜라.

3. 자기거리두기

   시간이나 공간, 혹은 언어를 통해 줌아웃함으로써 후회에서 얻은 교훈을 분석하고 전략을 세워라.

후회를 예상하여 의사결정 과정에 활용하는 방법

1. 대부분의 결정에 만족한다

   예상되는 후회가 네 가지 핵심 후회에 해당되지 않는다면, 선택을 하고, 사후에 스스로를 비판하지도 말고 계속 나아가라.
2. 중요한 결정은 최대화하라

   만약 예상되는 후회가 네 가지 핵심 후회 중 하나에 해당된다면, 미래의 특정 시점에 있는 자신에게 스스로를 투사하고, 견고한 기반을 구축하고 합리적인 위험을 감수하고 옳은 일을 하고 다른 사람들과 관계를 맺는 데 가장 도움이 되는 선택이 무엇일지 자문해보라.

-

민주주의를 지키기 위해 보다 용기를 내어 더 많은 일을 하지 않았다는 사실을 후회해요!

82세 여성, 펜실베이니아

-

사람들에게 더 친절하지 못한 게 후회돼요. 나는 친절하기보다 '올바른' 사람이 되는 데 너무 신경을 썼습니다.

41세 남성, 영국

-

다음날 학교에 가야 해서 프린스Prince Rogers Nelso(2016년에 사망한 미국 가수-옮긴이) 콘서트에 가지 않았던 게 후회돼요. 학교야 거의 매일 가지만 프린스 콘서트는 단 한 번뿐이었는데, 어리석은 선택이었죠.

58세 여성, 콜로라도

후회와 구원

처음 '미국 후회 프로젝트'의 자료를 검토했을 때, 나는 한 쌍을 이루는 두 가지 발견에 집착했다. 후회를 경험하기 위해서는 우리에게 삶의 일부 측면이나마 통제할 수 있는 힘, 즉 '작인^{agency}'이 있어야 했다. 나는 내 표본에 포함된 사람들이 자신의 선택과 행동에 대해 이런 지배력을 느끼는지 궁금했다. 즉, 그들은 자신에게 자유의지가 있다고 믿었을까? 아니면 자기는 진짜 책임자가 아니며 자신들의 운명은 정해져 있고 삶은 자신들의 통제 범위를 벗어난다고 믿었을까?

나는 두 가지 질문을 던졌다.

나는 4,489명의 응답자에게 다음과 같이 물었다. "인간은 자신의 결정과 선택을 대부분 통제할 수 있는 자유의지를 가지고 생각하십니까?"

응답자의 대다수인 82퍼센트는 "그렇다."라고 대답했다.

개인 작인personal agency(자신의 삶을 형성해나가는 주체적인 능력에 대한 자기인식-옮긴이)의 1승이다.

나는 또 이렇게도 물었다. "인생에서 일어나는 대부분의 일에는 이유가 있다고 믿습니까?" 응답자의 대다수인 78퍼센트가 역시 "그렇다."라고 대답했다.

이번에는 운명의 1승이다.

이 게임은 무승부로 선언하자. 뿐만 아니라 두 개념이 엉켜 있음도 인정하자.

두 가지 질문에 대한 답변을 겹쳐보니 결과는 혼란스러웠다. 두 가지 질문에 모두 동의하지 않는다는 사람은 5퍼센트에 불과했다. 그 사람들은 자신에게 자유의지가 없으며 모든 일에 다 이유가 있는 것도 아니라고 했다. 이 작은 집단을 허무주의자라고 부르자.

한편, 10퍼센트는 모든 일이 정해진 목적을 위해 전개된다는 생각을 거부하면서 자신이 자유의지를 행사한다고 믿었다. 이 집단을 개인주의자라고 부르자. 또 다른 10퍼센트는 정반대 의견을 내놓았다. 자유의지는 신화에 불과하며 모든 일에는 다 이유가 있다고 주장했다. 이들은 운명론자들이다.

하지만 가장 큰 집단(설문조사에 참여한 미국인 4명 중 3명)은 자신에게 자유의지가 있으며, 동시에 대부분의 일에는 이유가 있다고 주장했다. 서로 모순되는 것처럼 보이는 두 가지 믿음을 피력한 것이다.

이 신비로운 집단을 뭐라고 불러야 할까?

나는 잠시 생각했다. 그리고 신중하게 생각한 끝에 이들을 '인간'으로 명명했다.

후회의 뚜껑을 열어보면, 그 동력이 스토리텔링이라는 사실을 알게 될 것이다. 우리가 후회를 경험하는 능력은 시간을 거슬러 과거로 돌아가 사건을 다시 쓰고, 원래보다 더 행복한 결말을 만들어내는 상상력에 달려 있다. 후회에 반응하고 그것을 좋게 활용하는 능력은 (이야기를 노출하고, 구성요소를 분석하고, 다음 장을 만들고 재구성하는) 우리의 내러티브 기술에 달려 있다.

후회는 스토리텔링에 달려 있다. 그리고 이는 다음과 같은 질문으로 이어진다. 이 이야기에서 우리는 창조자인가, 등장인물인가? 즉, 작가인가, 연기자인가?

설문 응답자들이 나에게 말한 것처럼 (나의 완벽한 논리적인 질문에 대해 그들이 보여준, 겉으로 보기에 모순적이고 당황스러울 정도로 인간적인 반응이 보여주듯) 우리는 둘 다이다. 우리의 삶이 우리 자신에게 하는 이야기라면, 후회는 우리에게 이중적인 역할이 있음을 상기시킨다. 우리는 작가이자 배우다. 우리는 줄거리를 만들어낼 수 있지만 완성하지는 못한다. 우리는 대본을 한쪽으로 치워둘 수 있지만, 늘 그렇진 못하다. 우리는 자유의지와 환경의 교차점에 살고 있다.

노스웨스턴대학교의 심리학자 댄 맥아담스^{Dan McAdams}는 사람들이 이야기를 통해 정체성을 형성한다고 오랫동안 주장해왔다. 그의 연구에 따르면, 우리의 존재를 이해하는 과정에서 두 가지 전형적인 서사가 서로 우위를 차지하려고 경합한다. 그는 이를 '오염 시퀀스'^{contamination sequences}(좋은 일에서 나쁜 일로 바뀜)와 '구원 시퀀스'^{redemption sequences}(나쁜 일에서 좋은 일로 바뀜)라고 불렀다.[1]

맥아담스는 자신의 정체성이 오염 서사에 뿌리를 둔 사람들은 개인적인 면에서 삶에 만족하지 못하고, 직업적 삶에서도 그다지 인상적인 기여를 하지 못하는 경향이 있다는 사실을 발견했다. 하지만 구원 서사에 뿌리를 둔 사람들은 정반대였다. 그들은 일반적으로 더 만족하고 성취감을 느끼며 자신의 삶을 의미 있는 것으로 평가한다.

후회는 궁극의 구원 서사다. 긍정적인 감정만큼이나 강력하고 이롭다. 하지만 변장을 한 채 우리 문 앞에 도착한다.

셰릴 존슨에게 물어보자.

친한 친구 젠과 연락이 끊긴 것으로 인한 후회는 계속해서 그녀에게 잔소리를 했다. 그래서 2021년 5월의 어느 날 아침, 그녀는 어색함은 접어두고 젠에게 이메일을 보내기로 결심했다.

"오랜 세월이 흐른 지금 내게서 연락받으니 좀 이상하겠지."

메시지는 이렇게 시작됐다.

25년 동안 연락이 끊겼건만 젠은 몇 시간 만에 답장을 보냈다. 두 오랜 친구는 온라인으로 만나 점심을 함께하기로 했다.

"내가 실수했다고, 함께하지 못하고 그저 흘려보낸 세월이 못내 후회된다고 이제야 털어놓을 수 있었어요." 셰릴은 점심 식사 후 이렇게 말했다.

이에 대한 젠의 반응은 어땠을까?

"하지만 우리에게는 아직도 많은 시간이 남아 있습니다."

우리가 후회에 대해 이렇게 생각한다면(앞으로 나아가기 위해 뒤를 돌아보고, 통제할 수 있는 것을 붙잡고, 통제할 수 없는 것을 제쳐두고, 우리 자신의 구원 이야기를 써나간다면), 해방감을 느끼게 될 것이다.

나는 그랬다.

내가 크게 후회하는 것 중 하나는 젊은 시절에 사람들에게 더 친절하지 않았다는 것이다. 이유가 무엇이었는지는 확실하지 않지만, 기억 속에서 그 이유를 찾을 수 있을 거라고 확신한다. 이제 나는 (항상 성공적이지는 않지만) 친절을 더 높은 우선순위에 두려고 노력한다.

또한 나는 '대재앙'까지는 아니었지만 그럼에도 뇌리에 박혀 있는 부정직했던 순간들도 후회한다. 이제 나는 올바른 일을 하기 위해 더 열심히 노력함으로써 그 부끄러운 리스트에 새로운 항목을 추가하지 않으려고 노력한다.

나는 나의 교육적·직업적 선택에 대해서도 후회한다. 하지만 지금은 이런 실수에 대해 덜 자책하고, 얻은 교훈을 앞으로 살아가는 데, 그리고 다른 사람들에게 조언하는 데 활용한다.

　친구, 멘토, 동료들과 충분히 친밀한 관계를 형성하지 못한 것도 후회한다. 이제 더 열심히 다가가려고 노력한다.

　유리한 환경과 열정이 있었음에도 사업이나 작가적 활동에서 과감하게 위험을 감수하지 않은 것도 후회한다. 지금부터… 지켜봐주길.

　몇 년 동안 우리가 가장 오해하고 있는 감정에 대한 과학과 경험에 몰두한 후, 나는 다른 사람들에 대해 발견한 것을 나 자신에 대해서도 발견했다. 후회는 나를 인간으로 만든다. 후회는 나를 더 낫게 만든다. 후회는 내게 희망을 준다.

내 곁에 훌륭한 사람들이 너무 많다는 점은 전혀 후회되지 않는다. 특히 이들에게 특별한 감사를 전한다.

제이크 모리세이는 이 책의 목차를 현명하게 수정하고(절실히 필요한 일이었다), 세련되지 않은 내 글을 우아하게 다듬어주었으며, 코로나19 팬데믹의 암울한 시기에는 나와의 정기적인 대화로 항상 밝은 빛을 선사해주었다.

내 집필 프로젝트마다 두뇌와 힘을 보태주는 출판사 리버헤드 팀(특히 애슐리 갈랜드, 리디아 허트, 제프 클로스케, 진 딜링 마틴, 애슐리 서튼)에게 감사한다.

이 책에 대해 현명한 조언을 아끼지 않고 작가로 활동한 25년간 한결같은 동지가 돼준 걸출한 출판 에이전트, 라페 새갈린에게 감사를 전한다.

'세계 후회 설문조사'에 참여한 1만 6,000명, '미국 후회 프로젝트'를 결성한 5,000명에 가까운 사람들, 그리고 (진짜 현실의 문제들에 대해) 인터뷰(주로 원격)에 응해준 백여 명의 응답자들에게 감사드린다.

'세계 후회 설문조사'를 설계하고 권위를 부여하고 사용하기 쉽게 구성해준 조지프 힌슨, 네이선 토렌스, 조시 케네디, 그리고 퀄트릭스의 직원들에게 감사한다.

정지해 있는 내 두뇌를 자극해 시동을 걸어준 프레드 코프먼에게 감사한다.

이번에도 사실 확인을 통해 거짓 정보를 바로잡고 자료조사에 힘써 스위스 군용 칼 같은 멀티플레이어로 활약해준 카메론 프렌치에게 감사를 전한다.

내 서툰 지휘에도 또 한 번 뛰어난 그래픽을 구현해낸 타냐 마이보로다에게 감사를 전한다.

소피아 핑크는 한 차원 높은 정량적 기술을 발휘하여 진흙투성이의 데이터 더미 속에 묻혀 있는 반짝이는 통찰을 발굴해줬다.

일라이자 핑크와 사울 핑크는 최적이 아닌 조건에서 대학교와 고등학교를 성공적으로 마칠 수 있다는 본보기를 보여줬다.

제시카 러너에게는 모든 것에 대해 감사를 표한다.

실패는 성공의 어머니라는 격언은 반쪽자리다. 실패 후에 밀려오
는 후회의 힘을 활용하지 못한다면 실패 그 자체는 미래의 성공에
아무런 역할도 하지 못하기 때문이다. 실패 후에 찾아오는 불쾌한
감정이 미래의 행동을 개선하는 데 도움이 되도록 만드는 이 책의
실용적인 가이드는 저자의 통찰력을 아낌없이 보여주고 있다.

나는 이제껏 다니엘 핑크의 저서를 여러 권 번역하는 기쁨을
누려왔지만, 이번에도 역시 기대를 저버리지 않는다는 생각에 번
역하는 내내 미소짓게 되었다.

하지만 후회스러운 지난날들을 다시 떠올리는 것은 괴롭고 때
로는 두렵기까지 한 일이다. 나는 이 책을 번역하면서 오래전 반환
점을 돈 (어쩌면 종착점에 가까운지도 모를) 내 인생의 수많은 후회와

계속 마주해야 했다. 추억거리쯤으로 치부할 수 있는 사소한 후회부터 두고두고 '이불킥'을 날리게 되는, 차마 마주하기 힘든 후회까지 온갖 후회들이 번역하는 내내 내 머릿속에서 떠나지 않았다.

그런 후회들을 떠올릴 때면 저자의 말처럼 '~했더라면', 혹은 '~하지 않았더라면'이란 표현을 동반하게 되고, 어느새 자연스럽게 후회스러운 행동(혹은 무행동)의 동기와 원인에까지 생각이 미치곤 했다.

저자의 주장 중에 가장 공감되었던 부분은 '후회의 복리 효과'였다. 푼돈이 시간의 복리 효과를 누리면 어느 날 갑자기 목돈이 되어 우리 앞에 나타나듯이, 사실 후회도 시간의 복리 효과를 통해 눈사람처럼 자라기 마련이다. 지금 우리를 짓누르고 있는 커다란 후회도 사실 처음에는 사소한 것이었던 경우가 많다. 어제 먹은 야식이나 건너뛴 운동이 당장 오늘 커다란 결과를 가져오지는 않지만, 어느 날 갑자기 위험천만한 질병이 되어 우리 앞에 나타날 수 있듯이 시간의 복리 효과는 어느 순간 위력을 드러낸다. 특히 젊은 시절에 간과하기 쉬운 기반성 후회들은 조용히 커지는 암 덩어리처럼 세월이 흘러 언젠가 모습을 드러낼 날만 기다리며 남몰래 자라난다.

저자가 분류한 또 다른 후회의 유형 가운데 하나인 도덕성 후회도 시작은 사소해 보일 수 있다. 구체적인 내용이 무엇이든, 양심이 잘못된 길이라고 지적하는 길로 처음 발을 내디딜 때는 대부분 그 행동이 사소하게 느껴진다. '이 정도쯤이야, 남들에 비하면 아무것도 아니지.' '내가 이러는 것도 이유가 있어.' '아무도 모를 거야.'라고 이런저런 이유를 대다 보면, 그 결과가 앞으로 어떻게 자라날지를 심각하게 생각하지 못한다.

하지만 어느 순간, 사소해 보이던 잘못들이 눈덩이처럼 불어나 앞길을 막고, 아무도 모를 것 같았던 잘못들을 남들이 다 알아차리는 순간이 오고야 만다. 그때 돌이켜 보면 사소해 보이던 잘못들이 결코 사소한 게 아니었고, '조용히' 지나갈 것이라 생각했던 잘못들이 사실은 생명을 위협하는 악성 종양의 시작이었음을 알게 된다.

반대로 성공도 마찬가지다. 운이 좋아 어느 날 갑자기 성공한 것처럼 보이는 사람들도 잘 살펴보면 과거의 사소한 (그러나 꾸준한) 노력들이 쌓아 올린 결과임을 알 수 있다. 시간의 복리 효과는 좋은 쪽이든 좋지 않은 쪽이든, 처음에는 사소하게 시작하여 늘 그렇게 갑작스럽게 모습을 드러내기 마련이다.

이 책은 아마도 나의 마지막 번역서가 될 것 같다. 그동안 번역가로 살아오면서 후회스러운 일도 많았다. 하지만 이제는 후회의 힘을 이용하여 후진 양성에 더욱 매진하면서 새로운 삶을 개척해 나가고자 한다. 끝으로 긴 시간 동안 후회를 겹겹이 쌓아 올린 내 옆에서 늘 지지와 성원을 보내준 고마운 가족들에게 감사드린다.

주

1장

1 이 내용은 피아프의 전기 두 권(Burke, Carolyn. *No Regrets: The Life of Edith Piaf*. A&C Black, 2012와 Noli, Jean. *Edith Piaf: Trois Ans Pour Mourir,* Pocket Presses, 1978)과 2003년 찰스 뒤몽과의 인터뷰 (Lichfield, John, "Charles Dumont: Regrets? Too few to mention." The Independent, October 9, 2003)를 바탕으로 한 것이다.

2 Heldenfels, Richard. "TV Mailbag: What's the Song in the Allstate Commercial?" *Akron Beacon Journal*, October 8, 2020; Wilder, Ben. "New Allstate Commercial—Actors, Location, and Music." *Out of the Wilderness*, December 13, 2020. https://outofthewilderness. me/2020/11/08/allstate/

3 Peale, Norman Vincent. "No Room for Regrets." *Guideposts*, December 10, 2008; Wolf, Richard. "Ruth Bader Ginsburg, in her 'Own Words.'" *USA Today*, October 3, 2016; Blair, Gwenda. "How Norman Vincent Peale Taught Donald Trump to Worship

Himself." *Politico Magazine*, October 6, 2015; Vecsey, George. "Norman Vincent Peale, Preacher of Gospel Optimism, Dies at 95." *New York Times*, December 26, 1993; Greenhouse, Linda. "Ruth Bader Ginsburg, Supreme Court's Feminist Icon, is Dead at 87." *New York Times*, September 18, 2020.

4   Chen, Joyce. "Angelina Jolie wrote foreword to ex-husband Billy Bob Thornton's new memoir." *New York Daily News*, February 23, 2012. Robhemed, Natalie. "Laverne Cox On Breaking Down Barriers in Hollywood and Beyond." *Forbes*, May 13, 2016. Feloni, Richard. "Tony Robbins Reveals What He's Learned from Financial Power Players like Carl Icahn and Ray Dalio." Business Insider, November 18, 2014. Elliot, Paul. "Slash: a decade of drugs was not money well spent." *Classic Rock*, June 12, 2015. 안타깝게도 딜런 과 트라볼타의 발언을 인용한 자료는 찾을 수 없었지만 그들의 말은 널 리 인용되고 있으며 내가 아는 한 반박의 여지가 없다(https://www. reddit.com/r/quotes/comments/bdtnn5/i_dont_believe_in_regrets_ regrets_just_keep_you/를 참조).

5   https://catalog.loc.gov.

6   Liszewski, Walter, Elizabeth Kream, Sarah Helland, Amy Cavigli, Bridget C. Lavin, and Andrea Murina. "The demographics and rates of tattoo complications, regret, and unsafe tattooing practices: a cross-sectional study." *Dermatologic Surgery* 41, no. 11 (2015): 1283 – 1289; Kurniadi, Ivan, Farida Tabri, Asnawi Madjid, Anis Irawan Anwar, and Widya Widita. "Laser tattoo removal: Fundamental principles and practical approach." Dermatologic Therapy (2020): e14418. Harris Poll. (2016, February 10). Tattoo Takeover: Three in Ten Americans Have Tattoos,

and Most Don't Stop at Just One. Retrieved from https://bit. ly/35UIndU; Leigh, Harri. "Tattoo Removal Revenue About to Hit Record." Lehigh Valley Public Media, October 16, 2018. "Tattoo Removal Market Size: Industry Forecast by 2027," Allied Market Research, October 2020, https://www.alliedmarketresearch.com/ tattoo-removal-market. Katherine Ellison. "Getting his tattoo took less than 20 minutes. Regret set in within hours." *Washington Post*, May 31, 2020.

7 Markowitz, Harry. 1952, "Portfolio selection." *Journal of Finance* 7 (1952), 77–91; Markowitz, Harry M. "Foundations of portfolio theory." *Journal of Finance* 46, no. 2 (1991): 469–477.

8 Forgeard, M. J. C., and M. E. P. Seligman. "Seeing the glass half full: A review of the causes and consequences of optimism." *Pratiques psychologiques* 18, no. 2 (2012): 107–120; Rasmussen, Heather N., Michael F. Scheier, and Joel B. Greenhouse. "Optimism and physical health: A meta-analytic review." *Annals of behavioral medicine* 37, no. 3 (2009): 239–256.

9 Lyubomirsky, Sonja, Laura King, and Ed Diener. "The benefits of frequent positive affect: Does happiness lead to success?" *Psychological bulletin* 131, no. 6 (2005): 803.

10 다음 자료도 참고하면 좋다. Ford, Brett Q., Phoebe Lam, Oliver P. John, and Iris B. Mauss. "The psychological health benefits of accepting negative *Emotions* and thoughts: Laboratory, diary, and longitudinal evidence." *Journal of Personality and social psychology* 115, no. 6 (2018): 1075.

2장

1 Greenberg, George, and Mary FitzPatrick. "Regret as an essential ingredient in psychotherapy." *The Psychotherapy Patient* 5, no. 1-2 (1989): 35-46.

2 Bell, David E. "Reply: Putting a premium on regret." *Management Science* 31, no. 1 (1985): 117-22.

3 Guthrie, Chris. "Carhart, constitutional rights, and the psychology of regret." *Southern California Law Review* 81 (2007): 877, citing Hampshire, Stuart. "Thought and action." (1959).

4 Guttentag, Robert, and Jennifer Ferrell. "Reality compared with its alternatives: Age differences in judgments of regret and relief." *Developmental Psychology* 40, no. 5 (2004): 764. 다음 자료도 참고하면 좋다. Uprichard, Brian, and Teresa McCormack. "Becoming kinder: Prosocial choice and the development of interpersonal regret." *Child Development* 90, no. 4 (2019): e486-e504.

5 Gautam, Shalini, Thomas Suddendorf, Julie D. Henry, and Jonathan Redshaw. "A taxonomy of mental Time travel and counterfactual thought: Insights from cognitive development." *Behavioural Brain Research* 374 (2019): 112108; Burns, Patrick, Kevin J. Riggs, and Sarah R. Beck. "Executive control and the experience of regret." *Journal of Experimental Child Psychology* 111, no. 3 (2012): 501-15. (이 자료에서는 "후회의 개념이 늦게 출현하는 이유는 (…) 이러한 정신작용을 수행하기 위해서는 마음속으로 두 가지 현실을 떠올리고 이를 비교하는 과정이 필요하기 때문"이라고 주장한다.)

6 O'Connor, Eimear, Teresa McCormack, and Aidan Feeney. "The

development of regret." *Journal of Experimental Child Psychology* 111, no. 1 (2012): 120 – 27; McCormack, Teresa, Eimear O'Connor, Sarah Beck, and Aidan Feeney. "The development of regret and relief about the outcomes of risky decisions." *Journal of Experimental Child Psychology* 148 (2016): 1 – 19; O'Connor, Eimear, Teresa McCormack, Sarah R. Beck, and Aidan Feeney. "Regret and adaptive decision making in young children." *Journal of Experimental Child Psychology* 135 (2015): 86 – 92.

7   McCormack, Teresa, and Aidan Feeney. "The development of the experience and anticipation of regret." *Cognition and Emotion* 29, no. 2 (2015): 266 – 80.

8   Rafetseder, Eva, Maria Schwitalla, and Josef Perner. "Counterfactual reasoning: From childhood to adulthood." *Journal of Experimental Child Psychology* 114, no. 3 (2013): 389 – 404; Guttentag, Robert, and Jennifer Ferrell. "Children's understanding of anticipatory regret and disappointment." *Cognition and Emotion* 22, no. 5 (2008): 815 – 32; Habib, Marianne, M. Cassotti, G. Borst, G. Simon, A. Pineau, O. Houdé, and S. Moutier. "Counterfactually mediated *Emotions*: A developmental study of regret and relief in a probabilistic gambling task." *Journal of Experimental Child Psychology* 112, no. 2 (2012): 265 – 74.

9   Camille, Nathalie, Giorgio Coricelli, Jerome Sallet, Pascale Pradat-Diehl, Jean-René Duhamel, and Angela Sirigu. "The involvement of the orbitofrontal cortex in the experience of regret." *Science* 304, no. 5674 (2004): 1167 – 70. 다음 자료도 참고하면 좋다. Coricelli, Giorgio, Hugo D. Critchley, Mateus Joffily, John P. O'Doherty, Angela Sirigu, and Raymond J. Dolan. "Regret

and its avoidance: A neuroimaging study of choice behavior."
Nature NeuroScience 8, no. 9 (2005): 1255 – 62; (이 자료는 가
망 후회[anticipated regret]와 예상 후회[prospective regret]에 모
두 동일한 신경 회로가 사용된다는 것을 보여준다.) ; Ursu, Stefan,
and Cameron S. Carter. "Outcome representations, counterfactual
comparisons and the human orbitofrontal cortex: Implications
for neuroimaging studies of decision-making." *Cognitive Brain
Research* 23, no. 1 (2005): 51 – 60.

10   Solca, Federica, Barbara Poletti, Stefano Zago, Chiara Crespi,
Francesca Sassone, Annalisa Lafronza, Anna Maria Maraschi, Jenny
Sassone, Vincenzo Silani, and Andrea Ciammola. "Counterfactual
thinking deficit in Huntington's disease." *PLOS One* 10, no. 6
(2015): e0126773.

11   McNamara, Patrick, Raymon Durso, Ariel Brown, and A. Lynch.
"Counterfactual cognitive deficit in persons with Parkinson's
disease." *Journal of Neurology, Neurosurgery, and Psychiatry* 74,
no. 8 (2003): 1065 – 70.

12   Contreras, Fernando, Auria Albacete, Pere Castellví, Agnès Caño,
Bessy Benejam, and José Manuel Menchón. "Counterfactual
reasoning deficits in schizophrenia patients." *PLOS One* 11, no.
2 (2016): e0148440; Hooker, Christine, Neal J. Roese, and Sohee
Park. "Impoverished counterfactual thinking is associated with
schizophrenia." *Psychiatry* 63, no. 4 (2000): 326 – 35. (사이코패스
들도 회고적 후회[retrospective regret]를 경험한다. 하지만 그들은 결
정을 내릴 때 앞으로 예상되는 후회[prospective regret]에 영향을 받지
않는 것처럼 보인다.); Baskin-Sommers, Arielle, Allison M. Stuppy-
Sullivan, and Joshua W. Buckholtz. "Psychopathic individuals

exhibit but do not avoid regret during counterfactual decision making." *Proceedings of the National Academy of Sciences* 113, no. 50 (2016): 14438 – 43.

13 Tagini, Sofia, Federica Solca, Silvia Torre, Agostino Brugnera, Andrea Ciammola, Ketti Mazzocco, Roberta Ferrucci, Vincenzo Silani, Gabriella Pravettoni, and Barbara Poletti. "Counterfactual thinking in psychiatric and neurological diseases: A scoping review." *PLOS One* 16, no. 2 (2021): e0246388.

14 Gilovich, Thomas, and Victoria Husted Medvec. "The temporal pattern to the experience of regret." *Journal of Personality and social psychology* 67, no. 3 (1994): 357. 다음 자료도 참고하면 좋다. Zeelenberg, Marcel, and Rik Pieters. "A theory of regret regulation 1.0." *Journal of Consumer Psychology* 17, no. 1 (2007): 3 – 18. ("다른 모든 부정적인 감정은 선택의 여지없이 경험할 수 있지만 후회는 그렇지 않다."); Hammell, C., and A. Y. C. Chan. "Improving physical task performance with counterfactual and prefactual thinking." *PLOS One* 11, no. 12 (2016): e0168181. https://doi.org/10.1371/journal.pone.0168181.

15 Landman, Janet. Regret: The persistence of the possible. New York: Oxford University Press, 1993, 47.

16 Zeelenberg, Marcel, and Rik Pieters. "A theory of regret regulation 1.0." *Journal of Consumer Psychology* 17, no. 1 (2007): 3 – 18.

17 Fleming, Eleanor B., Duong Nguyen, Joseph Afful, Margaret D. Carroll, and Phillip D. Woods. "Prevalence of daily flossing among adults by selected risk factors for periodontal disease—United States, 2011 – 2014." *Journal of Periodontology* 89, no. 8 (2018): 933 – 39; Sternberg, Steve. "How many Americans floss their

teeth?" *U.S. News and World Report*, May 2, 2016.

18 Shimanoff, Susan B. "Commonly named *Emotions* in everyday conversations." *Perceptual and Motor Skills* (1984).

19 Saffrey, Colleen, Amy Summerville, and Neal J. Roese. "Praise for regret: People value regret above other negative Emotions." *Motivation and Emotion* 32, no. 1 (2008): 46–54.

20 Bjälkebring, Pär, Daniel Västfjäll, Ola Svenson, and Paul Slovic. "Regulation of experienced and anticipated regret in daily decision making." *Emotion* 16, no. 3 (2016): 381.

21 Morrison, Mike, and Neal J. Roese. "Regrets of the typical American: Findings from a nationally representative sample." *Social Psychological and Personality Science* 2, no. 6 (2011): 576–83.

22 Gilovich, Thomas, and Victoria Husted Medvec. "The experience of regret: What, when, and why." *Psychological Review* 102, no. 2 (1995): 379.

23 Langley, William. "Edith Piaf: Mistress of heartbreak and pain who had a few regrets after all." *The Daily Telegraph*, October 13, 2013.

3장

1 Roese, Neal J., and Kai Epstude. "The functional theory of counterfactual thinking: New evidence, new challenges, new insights." *Advances in experimental and social psychology*, vol. 56, 1–79. Academic Press, 2017.

2   Medvec, Victoria Husted, Scott F. Madey, and Thomas Gilovich. "When less is more: Counterfactual thinking and satisfaction among Olympic medalists." *Journal of Personality and social psychology* 69, no. 4 (1995): 603. (이 연구는 1994년 엠파이어 스테이트 게임[뉴욕주에서 실시되던 아마추어 운동선수들의 올림픽 스타일 대회-옮긴이]의 메달리스트들도 조사했다.)

3   Maxwell, Scott E., Michael Y. Lau, and George S. Howard. "Is psychology suffering from a replication crisis? What does 'failure to replicate' really mean?" *American Psychologist* 70, no. 6 (2015): 487; Yong, Ed. "Psychology's replication crisis is running out of excuses." *The Atlantic*, November 19, 2018.

4   Matsumoto, David, and Bob Willingham. "The thrill of victory and the agony of defeat: Spontaneous expressions of medal winners of the 2004 Athens Olympic Games." *Journal of Personality and social psychology* 91, no. 3 (2006): 568.

5   Hedgcock, William M., Andrea W. Luangrath, and Raelyn Webster. "Counterfactual thinking and facial expressions among Olympic medalists: A conceptual replication of Medvec, Madey, and Gilovich's (1995) findings." *Journal of Experimental Psychology: General* (2020). (기대 이상의 성과를 낸 이들도 더 활짝 웃었다. 또한 재현성이 강한 어떤 연구는 은메달리스트가 동메달리스트보다 높은 기대치를 가지고 있기 때문에 실망할 가능성이 더 크다고 주장했다.); McGraw, A. Peter, Barbara A. Mellers, and Philip E. Tetlock. "Expectations and Emotions of Olympic athletes." *Journal of Experimental Social Psychology* 41, no. 4 (2005): 438-46. (또 다른 사람은 은메달리스트와 동메달리스트의 표정이 비슷하지만 인터뷰에서 은메달리스트가 더 반사실적인 생각을 표현한다는 것을 발견했다.);

Allen, Mark S., Sarah J. Knipler, and Amy Y. C. Chan. "Happiness and counterfactual thinking at the 2016 Summer Olympic Games." *Journal of Sports Sciences* 37, no. 15 (2019): 1762–69.

6   "Emma Johansson tog OS-silver i Rio." *Expressen Sport*, August 7, 2016. 여기서 볼 수 있다: https://www.expressen.se/sport/os-2014/emma-johansson-tog-os-silver-i-rio/.

7   Zeelenberg, Marcel, and Rik Pieters. "A theory of regret regulation 1.0." *Journal of Consumer Psychology* 17, no. 1 (2007): 3–18; Roese, Neal J., and Taekyun Hur. "Affective determinants of counterfactual thinking." *Social Cognition* 15, no. 4 (1997): 274–90; Nasco, Suzanne Altobello, and Kerry L. Marsh. "Gaining control through counterfactual thinking." *Personality and Social Psychology Bulletin* 25, no. 5 (1999): 557–69.

8   Summerville, Amy, and Neal J. Roese. "Dare to compare: Fact-based versus simulation-based comparison in daily life." *Journal of Experimental Social Psychology* 44, no. 3 (2008): 664–71.

9   Teigen, Karl Halvor, and Tine K. Jensen. "Unlucky victims or lucky survivors? Spontaneous counterfactual thinking by families exposed to the tsunami disaster." *European Psychologist* 16, no. 1 (2011): 48.

10   예를 들어 다음 자료를 참조하라. FitzGibbon, Lily, Asuka Komiya, and Kou Murayama. "The lure of counterfactual curiosity: People incur a cost to experience regret." *Psychological Science* 32, no. 2 (2021): 241–55.

1　Ku, Gillian. "Learning to de-escalate: The effects of regret in escalation of commitment." *Organizational Behavior and Human Decision Processes* 105, no. 2 (2008): 221-32.

2　Kray, Laura J., and Michele J. Gelfand. "Relief versus regret: The effect of gender and negotiating norm ambiguity on reactions to having one's first offer accepted." *Social Cognition* 27, no. 3 (2009): 418-36.

3　Galinsky, Adam D., Vanessa L. Seiden, Peter H. Kim, and Victoria Husted Medvec. "The dissatisfaction of having your first offer accepted: The role of counterfactual thinking in negotiations." *Personality and Social Psychology Bulletin* 28, no. 2 (2002): 271-83.

4　Kray, Laura J., Adam D. Galinsky, and Keith D. Markman. "Counterfactual structure and learning from experience in negotiations." *Journal of Experimental Social Psychology* 45, no. 4(2009): 979-82.

5　Reb, Jochen. "Regret aversion and decision process quality: Effects of regret salience on decision process carefulness." *Organizational Behavior and Human Decision Processes* 105, no. 2 (2008): 169-82. 다음 자료도 참고하면 좋다. Smallman, Rachel, and Neal J. Roese. "Counterfactual thinking facilitates behavioral intentions." *Journal of Experimental Social Psychology* 45, no. 4 (2009): 845-52.

6　Galinsky, Adam D., and Gordon B. Moskowitz. "Counterfactuals as behavioral primes: Priming the simulation heuristic and consideration of alternatives." *Journal of Experimental Social Psychology* 36, no. 4 (2000): 384–409. 다음 자료도 참고하면 좋다. Epstude, Kai, and Kai J. Jonas. "Regret and counterfactual thinking in the face of inevitability: The case of HIV-positive men." *Social Psychological and Personality Science* 6, no. 2 (2015): 157–63. (HIV 양성 남성들 사이에서 후회는 행복도를 감소시켰지만, 안전한 섹스를 하는 경향은 증가시켰다.)

7   Meldrum, Helen Mary. "Reflecting or ruminating: Listening to the regrets of life Science leaders." *International Journal of Organization Theory and Behavior* (2021).

8   Schwartz, Barry. The paradox of choice: Why more is less. New York: Ecco, 2004.

9   O'Connor, Eimear, Teresa McCormack, and Aidan Feeney. "Do children who experience regret make better decisions? A developmental study of the behavioral consequences of regret." *Child Development* 85, no. 5 (2014): 1995–2010.

10   Markman, Keith D., Matthew N. McMullen, and Ronald A. Elizaga. "Counterfactual thinking, persistence, and performance: A test of the Reflection and Evaluation Model." *Journal of Experimental Social Psychology* 44, no. 2 (2008): 421–28. (특정 유형의 하향식 반사실적 사고도 성능을 향상시켰지만, 이러한 상향식 반사실적 평가만큼은 아니었다.)

11   Roese, Neal J. "The functional basis of counterfactual thinking." *Journal of Personality and social psychology* 66, no. 5 (1994): 805.

12   Markman, Keith D., Igor Gavanski, Steven J. Sherman, and Matthew N. McMullen. "The mental simulation of better and worse possible worlds." *Journal of Experimental Social Psychology* 29,

no. 1 (1993): 87 – 109.

13   Galinsky, Adam D., and Gordon B. Moskowitz. "Counterfactuals as behavioral primes: Priming the simulation heuristic and consideration of alternatives." *Journal of Experimental Social Psychology* 36, no. 4 (2000): 384 – 409. (이 경우 효과를 낳은 것은 반사실적 사고의 방향이 아니라 반사실적 사고 그 자체였던 것으로 보인다.) 다음 자료도 참고하면 좋다. Saffrey, Colleen, Amy Summerville, and Neal J. Roese. "Praise for regret: People value regret above other negative *Emotions.*" *Motivation and Emotion* 32, no. 1 (2008): 46 – 54.

14   Gao, Hongmei, Yan Zhang, Fang Wang, Yan Xu, Ying-Yi Hong, and Jiang Jiang. "Regret causes ego-depletion and finding benefits in the regrettable events alleviates ego-depletion." Journal of General Psychology 141, no. 3 (2014): 169 – 206.

15   Wang, Yang, Benjamin F. Jones, and Dashun Wang. "Early-career setback and future career impact." *Nature Communications* 10, no. 1 (2019): 1 – 10. (물론 근소한 차이로 보조금을 놓친 그룹의 과학자 중 일부는 연구직을 떠났거나 적어도 이후에 보조금 신청을 그다지 하지 않았다. 하지만 덜 유능해 보이는 과학자들이 선별되었기 때문에 그러한 차이가 생긴 것은 아니라고 연구자들은 결론지었다.)

16   Kray, Laura J., Linda G. George, Katie A. Liljenquist, Adam D. Galinsky, Philip E. Tetlock, and Neal J. Roese. "From what might have been to what must have been: Counterfactual thinking creates meaning." *Journal of Personality and social psychology* 98, no. 1 (2010): 106. 다음 자료도 참고하면 좋다. Choi, Hyeman, and Keith D. Markman. "'If only I had' versus 'If only I had not': Mental deletions, mental additions, and perceptions of meaning

in life events." *Journal of Positive Psychology* 14, no. 5 (2019): 672 - 80. (뺄셈식 반사실적 사고는 덧셈식 반사실적 사고보다 의미를 더 높여주며, 이는 종종 미래를 준비하는 데 도움이 된다.)

17 Roese, Neal J., and Kai Epstude. "The functional theory of counterfactual thinking: New evidence, new challenges, new insights." *Advances in experimental social psychology*, vol. 56, 1 - 79. Academic Press, 2017; Heintzelman, Samantha J., Justin Christopher, Jason Trent, and Laura A. King. "Counterfactual thinking about one's birth enhances well-being judgments." *Journal of Positive Psychology* 8, no. 1 (2013): 44 - 49.

18 Ersner-Hershfield, Hal, Adam D. Galinsky, Laura J. Kray, and Brayden G. King. "Company, country, connections: Counterfactual origins increase organizational commitment, patriotism, and social investment." *Psychological Science* 21, no. 10 (2010): 1479 - 86.

19 Stewart, Abigail J., and Elizabeth A. Vandewater. "If I had it to do over again… : Midlife review, midcourse corrections, and women's well-being in midlife." *Journal of Personality and social psychology* 76, no. 2 (1999): 270.

20 James, William. *The principles of psychology*. Vols. 1 - 2. Pantianos Classics, 2021, 432 - 33.

21 Fiske, Susan T. "Thinking is for doing: Portraits of Social Cognition from daguerreotype to laserphoto." *Journal of Personality and social psychology* 63, no. 6 (1992): 877.

22 Hendel, Hilary Jacobs. "Ignoring your Emotions is bad for your health. Here's what to do about it." *Time*, February 27, 2018.

23 이 견해에 대한 현명한 비판은 다음을 참조하라. Lukianoff, Greg, and Jonathan Haidt. *The coddling of the American mind: How good*

intentions and bad ideas are setting up a generation for failure.
New York: Penguin Books, 2019.

24 Monroe, Michelle Renee, John J. Skowronski, William MacDonald,
and Sarah E. Wood. "The mildly depressed experience more
post-decisional regret than the non-depressed." *Journal of
Social and Clinical Psychology* 24, no. 5 (2005): 665 –90;
Callander, Gemma, Gary P. Brown, Philip Tata, and Lesley Regan.
"Counterfactual thinking and psychological distress following
recurrent miscarriage." *Journal of Reproductive and Infant
Psychology* 25, no. 1 (2007): 51 –65; Gilbar, Ora, Nirit Plivazky,
and Sharon Gil. "Counterfactual thinking, coping strategies, and
coping resources as predictors of PTSD diagnosed in physically
injured victims of terror attacks." *Journal of Loss and Trauma* 15,
no. 4 (2010): 304 –24.

25 Saffrey, Colleen, Amy Summerville, and Neal J. Roese. "Praise
for regret: People value regret above other negative *Emotions.*"
Motivation and Emotion 32, no. 1 (2008): 46 –54.

26 Broomhall, Anne Gene, Wendy J. Phillips, Donald W. Hine, and
Natasha M. Loi. "Upward counterfactual thinking and depression:
A meta-analysis." *Clinical Psychology Review* 55 (2017): 56 –73;
Roese, Neal J., Kai Epstude, Florian Fessel, Mike Morrison, Rachel
Smallman, Amy Summerville, Adam D. Galinsky, and Suzanne
Segerstrom. "Repetitive regret, depression, and anxiety: Findings
from a nationally representative survey." *Journal of Social and
Clinical Psychology* 28, no. 6 (2009): 671 –88.

27 Zeelenberg, Marcel, and Rik Pieters. "A theory of regret regulation
1.0." *Journal of Consumer Psychology* 17, no. 1 (2007): 3 –18. 질

렌버그와 피터르스는 부정적인 정서는 "생체에 교정적 행동과 사고가 필요하다는 신호"라고 언급하면서 "감정은 행동하기 위한 것"이라고 주장한다.

28 Crum, Alia J., Peter Salovey, and Shawn Achor. "Rethinking stress: The role of mindsets in determining the stress response." *Journal of Personality and social psychology* 104, no. 4 (2013): 716.

29 Ford, Brett Q., Phoebe Lam, Oliver P. John, and Iris B. Mauss. "The psychological health benefits of accepting negative Emotions and thoughts: Laboratory, diary, and longitudinal evidence." *Journal of Personality and social psychology* 115, no. 6 (2018): 1075.

30 Kray, Laura J., Linda G. George, Katie A. Liljenquist, Adam D. Galinsky, Philip E. Tetlock, and Neal J. Roese. "From what might have been to what must have been: Counterfactual thinking creates meaning." *Journal of Personality and social psychology* 98, no. 1 (2010): 106.

31 Lippke, Andrea Codrington. "In make-do objects, collectors find beauty beyond repair." *New York Times*, December 15, 2010.

5장

1 U.S. Department of Commerce, Bureau of the Census, Current Population Reports (Series P-20, No. 45), October 22, 1953. Table 11.

2 Erskine, Hazel. "The polls: Hopes, fears, and regrets." *Public Opinion Quarterly* 37, no. 1 (1973): 132-45.

3 Landman, Janet, and Jean D. Manis. "What might have been:

Counterfactual thought concerning personal decisions." *British Journal of Psychology* 83, no. 4 (1992): 473–77.

4   Metha, Arlene T., Richard T. Kinnier, and Ellen H. McWhirter. "A pilot study on the regrets and priorities of women." *Psychology of Women Quarterly* 13, no. 2 (1989): 167–74.

5   Lecci, Len, Morris A. Okun, and Paul Karoly. "Life regrets and current goals as predictors of psychological adjustment." *Journal of Personality and social psychology* 66, no. 4 (1994): 731.

6   DeGenova, Mary Kay. "If you had your life to live over again: What would you do differently?" *International Journal of Aging and Human Development* 34, no. 2 (1992): 135–43.

7   Gilovich, Thomas, and Victoria Husted Medvec. "The temporal pattern to the experience of regret." *Journal of Personality and social psychology* 67, no. 3 (1994): 357.

8   Hattiangadi, Nina, Victoria Husted Medvec, and Thomas Gilovich. "Failing to act: Regrets of Terman's geniuses." *International Journal of Aging and Human Development* 40, no. 3 (1995): 175–85. (이들은 소위 '터먼의 사람들'이라 불렸다. 루이스 터먼[Lewis Terman]은 1920년대에 천재 아동들에 대한 연구를 시작했으며 그와 동료들은 평생 동안 그들의 삶의 경로를 추적했다.)

9   Roese, Neal J., and Amy Summerville. "What we regret most··· and why." *Personality and Social Psychology Bulletin* 31, no. 9 (2005): 1273–85.

10   Morrison, Mike, and Neal J. Roese. "Regrets of the typical American: Findings from a nationally representative sample." *Social Psychological and Personality Science* 2, no. 6 (2011): 576–83.

6장

1   Chomsky, Noam. *Syntactic structures*. New York: De Gruyter Mouton, 2009; Chomsky, Noam. Deep structure, surface structure and semantic interpretation. New York: De Gruyter Mouton, 2019; Anderson, Stephen R. "On the role of deep structure in semantic interpretation." *Foundations of Language* (1971): 387 – 96.

2   Chomsky, Noam. *Aspects of the theory of syntax*. Cambridge, MA: MIT Press, 1965.

7장

1   O'Donoghue, Ted, and Matthew Rabin. "Doing it now or later." *American Economic Review* 89, no. 1 (1999): 103 – 124; Frederick, Shane, George Loewenstein, and Ted O'Donoghue. "Time discounting and Time preference: A critical review." *Journal of Economic Literature* 40, no. 2 (2002): 351 – 401.

2   Robbins, Jamie E., Leilani Madrigal, and Christopher T. Stanley. "Retrospective remorse: College athletes' reported regrets from a single season." *Journal of Sport Behavior* 38, no. 2 (2015).

3   Hemingway, Ernest. *The sun also rises*. New York: Scribner, 1954.

4   Wagenaar, William A., and Sabato D. Sagaria. "Misperception of exponential growth." *Perception and Psychophysics* 18, no. 6 (1975): 416 – 22; Levy, Matthew, and Joshua Tasoff. "Exponential-growth bias and lifecycle consumption." *Journal of the European Economic Association* 14, no. 3(2016): 545 – 83.

5 Jones, Edward E., and Victor A. Harris. "The attribution of attitudes." *Journal of Experimental Social Psychology* 3, no. 1 (1967): 1-24; Kelley, Harold H. "The processes of causal attribution." *American Psychologist* 28, no. 2 (1973): 107; Bem, Daryl J. "Self-perception theory." *Advances in experimental social psychology*, vol. 6, 1-62. Academic Press, 1972; Ross, Lee. "The intuitive psychologist and his shortcomings: Distortions in the attribution process." *Advances in experimental social psychology*, vol. 10, 173-220. Academic Press, 1977; Henrich, Joseph, Steven J. Heine, and Ara Norenzayan. "The weirdest people in the world?" *Behavioral and Brain Sciences* 33, no. 2-3 (2010): 61-83.

8장

1 Costa, Paul T., and Robert R. McCrae. "Revised NEO personality inventory (NEO-PI-R) and NEO five-factor inventory (NEO-FFI)." *Psychological Assessment Resources* (1992); Ones, Deniz S., and Stephan Dilchert. "How special are executives? How special should executive selection be? Observations and recommendations." *Industrial and Organizational Psychology* 2, no. 2 (2009): 163-70.

2 Margolis, Seth, and Sonja Lyubomirsky. "Experimental manipulation of extraverted and introverted behavior and its effects on well-being." *Journal of Experimental Psychology: General* 149, no. 4 (2020): 719. 다음 자료도 참고하면 좋다. Kuijpers, E., J. Pickett, B. Wille, and J. Hofmans. "Do you feel better when

you behave more extraverted than you are? The relationship between cumulative counterdispositional extraversion and positive feelings." *Personality and Social Psychology Bulletin* (2021): 01461672211015062.

3   Gilovich, Thomas, and Victoria Husted Medvec. "The temporal pattern to the experience of regret." *Journal of Personality and social psychology* 67, no. 3 (1994): 357; Gilovich, Thomas, and Victoria Husted Medvec. "The experience of regret: What, when, and why." *Psychological Review* 102, no. 2 (1995): 379.

4   Gilovich, Thomas, Ranxiao Frances Wang, Dennis Regan, and Sadafumi Nishina. "Regrets of action and inaction across cultures." *Journal of Cross-Cultural Psychology* 34, no. 1 (2003): 61–71. 다음 자료도 참고하면 좋다. Chen, Jing, Chi-Yue Chiu, Neal J. Roese, Kim-Pong Tam, and Ivy Yee-Man Lau. "Culture and counterfactuals: On the importance of life domains." *Journal of Cross-Cultural Psychology* 37, no. 1 (2006): 75–84.

5   Gilovich, Thomas, and Victoria Husted Medvec. "The temporal pattern to the experience of regret." *Journal of Personality and social psychology* 67, no. 3 (1994): 357; Gilovich, Thomas, and Victoria Husted Medvec. "The experience of regret: What, when, and why." *Psychological Review* 102, no. 2 (1995): 379; 다음 자료도 참고하면 좋다. Savitsky, Kenneth, Victoria Husted Medvec, and Thomas Gilovich. "Remembering and regretting: The Zeigarnik effect and the cognitive availability of regrettable actions and inactions." *Personality and Social Psychology Bulletin* 23, no. 3 (1997): 248–57.

6   Nash, O. *The Best of Ogden Nash*. Chicago: Ivan R. Dee, 2007.

9장

1 Haidt, Jonathan. *The righteous mind: Why good people are divided by politics and religion.* New York: Vintage, 2012. (다음과 같은 하이트의 다른 책들도 추천한다: Lukianoff, Greg, and Jonathan Haidt. *The coddling of the American mind: How good intentions and bad ideas are setting up a generation for failure.* New York: Penguin Books, 2019; Haidt, Jonathan. The happiness hypothesis: Finding modern truth in ancient wisdom. New York: Basic Books, 2006.)

2 Haidt, Jonathan. "The Emotional dog and its rational tail: A social intuitionist approach to moral judgment." *Psychological Review* 108, no. 4 (2001): 814; Haidt, Jonathan, Fredrik Bjorklund, and Scott Murphy. "Moral dumbfounding: When intuition finds no reason." 미출간 원고, University of Virginia (2000): 191 – 221.

3 Graham, Jesse, Jonathan Haidt, and Brian A. Nosek. "Liberals and conservatives rely on different sets of moral foundations." *Journal of Personality and social psychology* 96, no. 5 (2009): 1029.

4 Graham, Jesse, Jonathan Haidt, Sena Koleva, Matt Motyl, Ravi Iyer, Sean P. Wojcik, and Peter H. Ditto. "Moral foundations theory: The pragmatic validity of moral pluralism." *Advances in experimental social psychology*, vol. 47, 55 – 130. Academic Press, 2013.

5 Graham, Jesse, Jonathan Haidt, Sena Koleva, Matt Motyl, Ravi Iyer, Sean P. Wojcik, and Peter H. Ditto. "Moral foundations theory: The pragmatic validity of moral pluralism." *Advances in experimental social psychology*, vol. 47, 55 – 130. Academic Press, 2013.

6 Graham, Jesse, Jonathan Haidt, Matt Motyl, Peter Meindl, Carol

Iskiwitch, and Marlon Mooijman. "Moral foundations theory." *Atlas of moral psychology* (2018): 211 - 22.

7   Lynd, Robert Staughton, and Helen Merrell Lynd. *Middletown: A study in contemporary American culture*. New York: Harcourt, Brace, and Company, 1929.

8   Haidt, Jonathan. *The righteous mind: Why good people are divided by politics and religion*. New York: Vintage, 2012, 163.

9   "Americans' Abortion Views Steady in Past Year." https://news. gallup.com/poll/313094/americans - abortion-views-steady- past-year.aspx.

10   Durkheim, Emile. *The elementary forms of the religious life*. [1912]. New York: Free Press, 1965, 34.

10장

1   이 단체는 대부분의 여학생회처럼 남성 학생회의 자매 조직이 아니었기 때문에 엄밀히 말하면 "여성동호회"였다. 하지만 여대생 클럽처럼 보이고 활동했기 때문에 여학생 클럽이란 용어를 사용했다.

2   Morrison, Mike, Kai Epstude, and Neal J. Roese. "Life regrets and the need to belong." *Social Psychological and Personality Science* 3, no. 6 (2012): 675 - 81.

3   예를 들어 다음 자료를 참조하라. Eyal, Tal, Mary Steffel, and Nicholas Epley. "Perspective mistaking: Accurately understanding the mind of another requires getting perspective, not taking perspective." *Journal of Personality and social psychology* 114, no. 4 (2018): 547.

4   Epley, Nicholas, and Juliana Schroeder. "Mistakenly seeking solitude." *Journal of Experimental Psychology: General* 143, no. 5 (2014): 1980.

5   Boothby, Erica J., and Vanessa K. Bohns. "Why a simple act of kindness is not as simple as it seems: Underestimating the positive impact of our compliments on others." *Personality and Social Psychology Bulletin* (2020): 0146167220949003.

6   Miller, Dale T., and Cathy McFarland. "Pluralistic ignorance: When similarity is interpreted as dissimilarity." *Journal of Personality and social psychology* 53, no. 2 (1987): 298; Prentice, Deborah A., and Dale T. Miller. "Pluralistic ignorance and the perpetuation of social norms by unwitting actors." *Advances in experimental social psychology*, vol. 28, 161–209. Academic Press, 1996; Prentice, Deborah A., and Dale T. Miller. "Pluralistic ignorance and alcohol use on campus: Some consequences of misperceiving the social norm." *Journal of Personality and social psychology* 64, no. 2 (1993): 243.

7   Mineo, Liz. "Good genes are nice, but joy is better." *Harvard Gazette* 11 (2017).

8   Mineo, Liz. "Good genes are nice, but joy is better." *Harvard Gazette* 11 (2017).

9   다른 연구에 따르면 이 수치는 더 높지만 여전히 전 세계적 부모들 중 소수이다. 예를 들어 다음 자료를 참조하라. Piotrowski, Konrad. "How many parents regret having children and how it is linked to their personality and health: Two studies with national samples in Poland." *PLOS One* 16, no. 7 (2021): e0254163.

10 Ko, Ahra, Cari M. Pick, Jung Yul Kwon, Michael Barlev, Jaimie

Arona Krems, Michael EW Varnum, Rebecca Neel, et al. "Family matters: Rethinking the psychology of human social motivation." *Perspectives on Psychological Science* 15, no. 1 (2020): 173 – 201.

11   Vaillant, George E. "Happiness is love: Full stop." 미출간 원고 (2012).

11장

1   Higgins, E. Tory. "Self-discrepancy: A theory relating self and affect." *Psychological Review* 94, no. 3 (1987): 319.

2   Davidai, Shai, and Thomas Gilovich. "The ideal road not taken: The self-discrepancies involved in people's most enduring regrets." *Emotion* 18, no. 3 (2018): 439. (그들은 또한 우리의 이상적 자아가 달성 가능성이 낮고, 구체적인 행동보다 추상적인 가치를 포함하고 있으며, 당위적 자아보다 자신이 처한 전후 사정에 덜 의존한다고 주장했다.)

3   예를 들어 다음 자료를 참조하라. Joel, Samantha, Jason E. Plaks, and Geoff MacDonald. "Nothing ventured, nothing gained: People anticipate more regret from missed romantic opportunities than from rejection." *Journal of Social and Personal Relationships* 36, no. 1 (2019): 305 – 36.

4   Roese, Neal J., and Amy Summerville. "What we regret most … and why." *Personality and Social Psychology Bulletin* 31, no. 9 (2005): 1273 – 85.

5   이는 북미와 아시아 문화 간의 후회의 차이를 조사할 때 더욱 분명해진다. 이러한 차이가 크지는 않지만, 일본이나 한국과 같은 곳의 사람들

은 대인 관계 후회를 표현할 가능성이 더 크며 북미 사람들은 자기중심적인 후회를 표현할 가능성이 더 크다. 다음 자료를 참조하라. Komiya, Asuka, Yuri Miyamoto, Motoki Watabe, and Takashi Kusumi. "Cultural grounding of regret: Regret in self and interpersonal contexts." *Cognition and Emotion* 25, no. 6 (2011): 1121 – 30; Hur, Taekyun, Neal J. Roese, and Jae-Eun Namkoong. "Regrets in the East and West: Role of intrapersonal versus interpersonal norms." *Asian Journal of Social Psychology* 12, no. 2 (2009): 151 – 56; Komiya, Asuka, Shigehiro Oishi, and Minha Lee. "The rural-urban difference in interpersonal regret." *Personality and Social Psychology Bulletin* 42, no. 4 (2016): 513 – 25.

12장

1   Zeelenberg, Marcel, Joop van der Pligt, and Antony S. R. Manstead. "Undoing regret on Dutch television: Apologizing for interpersonal regrets involving actions or inactions." *Personality and Social Psychology Bulletin* 24, no. 10 (1998): 1113 – 19.

2   Goffman, Erving. *Relations in public*. New Brunswick, NJ: Transaction Publishers, 2009, 114.

3   Emmerling, Johannes, and Salmai Qari. "Car ownership and hedonic adaptation." *Journal of Economic Psychology* 61 (2017): 29 – 38.

4   예를 들어 다음 자료를 참조하라. Gilbert, D. T., E. C. Pinel, T. D. Wilson, S. J. Blumberg, and T. P. Wheatley. "Immune neglect: A source of durability bias in affective forecasting." *Journal of*

Personality and social psychology 75, no. 3 (1998): 617.

13장

1   Deaner, Robert O., Amit V. Khera, and Michael L. Platt. "Monkeys pay per view: Adaptive valuation of social images by rhesus macaques." *Current Biology* 15, no. 6 (2005): 543 – 48.

2   Tamir, Diana I., and Jason P. Mitchell. "Disclosing information about the self is intrinsically rewarding." *Proceedings of the National Academy of Sciences* 109, no. 21 (2012): 8038 – 43.

3   Tamir, Diana I., and Jason P. Mitchell. "Disclosing information about the self is intrinsically rewarding." *Proceedings of the National Academy of Sciences* 109, no. 21 (2012): 8038 – 43.

4   Frattaroli, Joanne. "Experimental disclosure and its moderators: A meta-analysis." *Psychological bulletin* 132, no. 6 (2006): 823.

5   Tamir, Diana I., and Jason P. Mitchell. "Disclosing information about the self is intrinsically rewarding." *Proceedings of the National Academy of Sciences* 109, no. 21 (2012): 8038 – 43.

6   Lyubomirsky, Sonja, Lorie Sousa, and Rene Dickerhoof. "The costs and benefits of writing, talking, and thinking about life's triumphs and defeats." *Journal of Personality and social psychology* 90, no. 4 (2006): 692.

7   다음 자료를 참조하라. Torre, Jared B., and Matthew D. Lieberman. "Putting feelings into words: Affect labeling as implicit *Emotion* regulation." *Emotion Review* 10, no. 2 (2018): 116 – 24.

8   Lyubomirsky, Sonja, Lorie Sousa, and Rene Dickerhoof. "The costs

and benefits of writing, talking, and thinking about life's triumphs and defeats." *Journal of Personality and social psychology* 90, no. 4 (2006): 692. (강조 추가)

9 Collins, Nancy L., and Lynn Carol Miller. "Self-disclosure and liking: A meta-analytic review." *Psychological bulletin* 116, no. 3 (1994): 457. (강조 추가)

10 Pennebaker, James W. "Putting stress into words: Health, linguistic, and therapeutic implications." *Behaviour Research and Therapy* 31, no. 6 (1993): 539 – 48; Pennebaker, James W., and Cindy K. Chung. "Expressive writing, Emotional upheavals, and health." Friedman, Howard S., and Roxane Cohen Silver, eds. *Foundations of Health Psychology*. New York: Oxford University Press, 2007; Pennebaker, James W. "Writing about *Emotion*al experiences as a therapeutic process." *Psychological Science* 8, no. 3 (1997): 162 – 66; Gortner, Eva-Maria, Stephanie S. Rude, and James W. Pennebaker. "Benefits of expressive writing in lowering rumination and depressive symptoms." *Behavior Therapy* 37, no. 3 (2006): 292 – 303.

11 Pennebaker, James W. "Writing about *Emotion*al experiences as a therapeutic process." *Psychological Science* 8, no. 3 (1997): 162 – 66.

12 Killham, Margo E., Amber D. Mosewich, Diane E. Mack, Katie E. Gunnell, and Leah J. Ferguson. "Women athletes' self-compassion, self-criticism, and perceived sport performance." *Sport, Exercise, and Performance Psychology* 7, no. 3 (2018): 297; Powers, Theodore A., Richard Koestner, David C. Zuroff, Marina Milyavskaya, and Amy A. Gorin. "The effects of

self-criticism and self-oriented perfectionism on goal pursuit."
Personality and Social Psychology Bulletin 37, no. 7 (2011): 964 –
75; Powers, Theodore A., Richard Koestner, and David C. Zuroff.
"Self-criticism, goal motivation, and goal progress." *Journal of
Social and Clinical Psychology* 26, no. 7 (2007): 826 – 40; Kamen,
Leslie P., and Martin E. P. Seligman. "*Explanatory style* and
health." *Current Psychology* 6, no. 3 (1987): 207 – 18; Buchanan,
Gregory McClell, Martin E. P. Seligman, and Martin Seligman, eds.
Explanatory style. New York: Routledge, 2013.

13 Baumeister, Roy F., Jennifer D. Campbell, Joachim I. Krueger,
and Kathleen D. Vohs. "Does high self-esteem cause better
performance, interpersonal success, happiness, or healthier
lifestyles?" *Psychological Science in the Public Interest* 4, no. 1
(2003): 1 – 44.

14 Baumeister, Roy F., Laura Smart, and Joseph M. Boden. "Relation
of threatened egotism to violence and aggression: The dark side
of high self-esteem." *Psychological Review* 103, no. 1 (1996):5;
Raskin, Robert, Jill Novacek, and Robert Hogan. "Narcissism,
self-esteem, and defensive self-enhancement." *Journal of
Personality* 59, no. 1 (1991): 19 – 38; Campbell, W. Keith, Eric A.
Rudich, and Constantine Sedikides. "Narcissism, self-esteem,
and the positivity of self-views: Two portraits of self-love."
Personality and Social Psychology Bulletin 28, no. 3 (2002): 358 –
68; Aberson, Christopher L., Michael Healy, and Victoria Romero.
"Ingroup bias and self-esteem: A meta-analysis." *Personality and
Social Psychology Review* 4, no. 2 (2000): 157 – 73.

15 Neff, Kristin D., Kristin L. Kirkpatrick, and Stephanie S. Rude.

"Self-compassion and adaptive psychological functioning." *Journal of Research in Personality* 41, no. 1 (2007): 139 – 54.

16   Ferrari, Madeleine, Caroline Hunt, Ashish Harrysunker, Maree J. Abbott, Alissa P. Beath, and Danielle A. Einstein. "Self-compassion interventions and psychosocial outcomes: A meta-analysis of RCTs." *Mindfulness* 10, no. 8 (2019): 1455 – 73; Neff, Kristin D., and Christopher K. Germer. "A pilot study and randomized controlled trial of the mindful self-compassion program." *Journal of Clinical Psychology* 69, no. 1 (2013): 28 – 44.

17   Neff, Kristin D., Stephanie S. Rude, and Kristin L. Kirkpatrick. "An examination of self-compassion in relation to positive psychological functioning and personality traits." *Journal of Research in Personality* 41, no. 4 (2007): 908 – 16.

18   Neff, Kristin D., and Christopher K. Germer. "A pilot study and randomized controlled trial of the mindful self-compassion program." *Journal of Clinical Psychology* 69, no. 1 (2013): 28 – 44.

19   Mahmoud, Mohebi, and Zarei Sahar. "The relationship between mental toughness and self-compassion in elite and non-elite adolescent taekwondo athletes." *Journal of Motor and Behavioral Sciences* 2, no. 1 (2019): 21 – 31.

20   Neff, Kristin D. "Self-compassion, self-esteem, and well-being." *Social and Personality Psychology Compass* 5, no. 1 (2011): 1 – 12.

21   Greenberg, Jonathan, Tanya Datta, Benjamin G. Shapero, Gunes Sevinc, David Mischoulon, and Sara W. Lazar. "Compassionate hearts protect against wandering minds: Self-compassion moderates the effect of mind-wandering on depression." *Spirituality in Clinical Practice* 5, no. 3 (2018): 155.

22 Neff, Kristin D., Ya-Ping Hsieh, and Kullaya Dejitterat. "Self-compassion, achievement goals, and coping with academic failure." *Self and Identity* 4, no. 3 (2005): 263-87.

23 Zessin, Ulli, Oliver Dickhäuser, and Sven Garbade. "The relationship between self-compassion and well-being: A meta-analysis." *Applied Psychology: Health and Well-Being* 7, no. 3 (2015): 340-64.

24 Winders, Sarah-Jane, Orlagh Murphy, Kathy Looney, and Gary O'Reilly. "Self-compassion, trauma, and posttraumatic stress disorder: A systematic review." *Clinical Psychology and Psychotherapy* 27, no. 3 (2020): 300-329; Hiraoka, Regina, Eric C. Meyer, Nathan A. Kimbrel, Bryann B. DeBeer, Suzy Bird Gulliver, and Sandra B. Morissette. "Self-compassion as a prospective predictor of PTSD symptom severity among trauma-exposed US Iraq and Afghanistan war veterans." *Journal of Traumatic Stress* 28, no. 2 (2015): 127-33.

25 Phillips, Wendy J., and Donald W. Hine. "Self-compassion, physical health, and health behaviour: A meta-analysis." *Health Psychology Review* 15, no. 1 (2021): 113-39.

26 Zhang, Jia Wei, and Serena Chen. "Self-compassion promotes personal improvement from regret experiences via acceptance." *Personality and Social Psychology Bulletin* 42, no. 2 (2016): 244-58.

27 예를 들어 다음 자료를 참조하라. Breines, Juliana G., and Serena Chen. "Self-compassion increases self-improvement motivation." *Personality and Social Psychology Bulletin* 38, no. 9 (2012): 1133-43.

28 Neff, Kristin D. "Self-compassion, self-esteem, and well-being." *Social and Personality Psychology Compass* 5, no. 1 (2011): 1–12.

29 Kross, Ethan, and Özlem Ayduk. "Making meaning out of negative experiences by self-distancing." *Current Directions in Psychological Science* 20, no. 3 (2011): 187–91.

30 Kross, Ethan, Özlem Ayduk, and Walter Mischel. "When asking 'why' does not hurt distinguishing rumination from reflective processing of negative *Emotions*." *Psychological Science* 16, no. 9 (2005): 709–15.

31 Kross, Ethan, and Özlem Ayduk. "Self-distancing: Theory, research, and current directions." *Advances in experimental social psychology*, vol. 55, 81–136. Academic Press, 2017.

32 Grossmann, Igor, Anna Dorfman, Harrison Oakes, Henri C. Santos, Kathleen D. Vohs, and Abigail A. Scholer. "Training for wisdom: The distanced-self-reflection diary method." *Psychological Science* 32, no. 3 (2021): 381–94.

33 Ayduk, Özlem, and Ethan Kross. "Enhancing the pace of recovery: Self-distanced analysis of negative experiences reduces blood pressure reactivity." *Psychological Science* 19, no. 3 (2008): 229–31.

34 Grossmann, Igor, and Ethan Kross. "Exploring Solomon's paradox: Self-distancing eliminates the self-other asymmetry in wise reasoning about close relationships in younger and older adults." *Psychological Science* 25, no. 8 (2014): 1571–80.

35 Leitner, Jordan B., Özlem Ayduk, Rodolfo Mendoza-Denton, Adam Magerman, Rachel Amey, Ethan Kross, and Chad E. Forbes. "Self-distancing improves interpersonal perceptions

and behavior by decreasing medial prefrontal cortex activity during the provision of criticism." *Social Cognitive and Affective NeuroScience* 12, no. 4 (2017): 534-43. 다음 자료도 참고하면 좋다. Waytz, Adam, Hal E. Hershfield, and Diana I. Tamir. "Mental simulation and meaning in life." *Journal of Personality and social psychology* 108, no. 2 (2015): 336.

36 Thomas, Manoj, and Claire I. Tsai. "Psychological distance and subjective experience: How distancing reduces the feeling of difficulty." *Journal of Consumer Research* 39, no. 2 (2012): 324-40.

37 Kross, Ethan, and Özlem Ayduk. "Self-distancing: Theory, research, and current directions." *Advances in experimental social psychology*, vol. 55, 81-136. Academic Press, 2017.

38 Bruehlman-Senecal, Emma, and Özlem Ayduk. "This too shall pass: Temporal distance and the regulation of Emotional distress." *Journal of Personality and social psychology* 108, no. 2 (2015): 356.

39 Rim, SoYon, and Amy Summerville. "How far to the road not taken? The effect of psychological distance on counterfactual direction." *Personality and Social Psychology Bulletin* 40, no. 3 (2014): 391-401.

40 Kross, Ethan, and Özlem Ayduk. "Self-distancing: Theory, research, and current directions." *Advances in experimental social psychology*, vol. 55, 81-136. Academic Press, 2017.

41 Grossmann, Igor, Anna Dorfman, Harrison Oakes, Henri C. Santos, Kathleen D. Vohs, and Abigail A. Scholer. "Training for wisdom: The distanced-self-reflection diary method." *Psychological*

Science 32, no. 3 (2021): 381 - 94. 다음 자료도 참고하면 좋다. Kross, Ethan, Emma Bruehlman-Senecal, Jiyoung Park, Aleah Burson, Adrienne Dougherty, Holly Shablack, Ryan Bremner, Jason Moser, and Özlem Ayduk. "Self-talk as a regulatory mechanism: How you do it matters." *Journal of Personality and social psychology* 106, no. 2 (2014): 304.

42 Dolcos, Sanda, and Dolores Albarracín. "The inner speech of behavioral regulation: Intentions and task performance strengthen when you talk to yourself as a You." *European Journal of Social Psychology* 44, no. 6 (2014): 636 - 42.

43 Orvell, Ariana, Ethan Kross, and Susan A. Gelman. "How 'you' makes meaning." *Science* 355, no. 6331 (2017): 1299 - 1302.

44 Kross, Ethan, Brian D. Vickers, Ariana Orvell, Izzy Gainsburg, Tim P. Moran, Margaret Boyer, John Jonides, Jason Moser, and Özlem Ayduk. "Third-person self-talk reduces Ebola worry and risk perception by enhancing rational thinking." *Applied Psychology: Health and Well-Being* 9, no. 3 (2017): 387 - 409.

45 Moser, Jason S., Adrienne Dougherty, Whitney I. Mattson, Benjamin Katz, Tim P. Moran, Darwin Guevarra, Holly Shablack, et al. "Third-person self-talk facilitates *Emotion* regulation without engaging cognitive control: Converging evidence from ERP and fMRI." *Scientific Reports* 7, no. 1 (2017): 1 - 9.

46 이 사례는 내가 좋아하는 다음 경제 서적에서 인용하였다. : Heath, Chip, and Dan Heath. *Decisive: How to make better choices in life and work.* New York: Random House, 2013.

47 Koo, Minkyung, Sara B. Algoe, Timothy D. Wilson, and Daniel T. Gilbert. "It's a wonderful life: Mentally subtracting positive events

improves people's affective states, contrary to their affective forecasts." *Journal of Personality and social psychology* 95, no. 5 (2008): 1217.

14장

1   노벨상 제정의 가장 큰 동기뿐만 아니라 세부적인 이야기들도 불분명하다. 그리고 몇몇 세부사항들은 서로 일치하지 않는다. 다음 자료를 참조하라. Lenon, Troy. "Swedish inventor Alfred Nobel was spurred by his obituary to create the Nobel Prize." *Daily Telegraph*, April 12, 2018; Andrews, Evan. "Did a premature obituary inspire the Nobel Prize?" History.com, July 23, 2020. 여기서 볼 수 있다 : https://www.history.com/news/did-a-premature-obituary-inspire-the-nobel-prize. 하지만 이 이야기는 노벨상 수상자들의 수상 연설 등에서 여러 번 반복되고 있다. 예를 들어 다음 자료를 참고하라. Gore, Al. "The Nobel lecture given by the Nobel Peace Prize laureate 2007, Al Gore (Oslo, December 10, 2007)." The Nobel Foundation, Oslo (2007).

2   Chapman, Joyce. "Leveraging regret: Maximizing survey participation at the Duke University Libraries." Ithaka S+R blog, May 23, 2017. 여기서 볼 수 있다: https://sr.ithaka.org/ blog/ leveraging-regret-maximizing-survey-participation-at-the-duke-university-libraries/.

3   예를 들어 다음 자료를 참고하라. Haisley, Emily, Kevin G. Volpp, Thomas Pellathy, and George Loewenstein. "The impact of alternative incentive schemes on completion of health risk

assessments." *American Journal of Health Promotion* 26, no. 3 (2012): 184 – 88; Zeelenberg, Marcel, and Rik Pieters. "Consequences of regret aversion in real life: The case of the Dutch postcode lottery." *Organizational Behavior and Human Decision Processes* 93, no. 2 (2004): 155 – 68. 하지만 항상 효과적인 것은 아니다. 예를 들어 다음 자료를 참고하라. Gandhi, Linnea, Katherine L. Milkman, Sean Ellis, Heather Graci, Dena Gromet, Rayyan Mobarak, Alison Buttenheim, et al. "An experiment evaluating the impact of large-scale, high-payoff Vaccine regret lotteries." *High-Payoff Vaccine Regret Lotteries (August 13, 2021)* (2021). (필라델피아의 후회 복권은 코로나 백신 접종 증가에 무시하기 힘든 영향을 미쳤다.)

4   Tversky, Amos, and Daniel Kahneman. "Advances in prospect theory: Cumulative representation of uncertainty." *Journal of Risk and Uncertainty* 5, no. 4 (1992): 297 – 323.

5   Ravert, Russell D., Linda Y. Fu, and Gregory D. Zimet. "Young adults' COVID-19 testing intentions: The role of health beliefs and anticipated regret." Journal of Adolescent Health 68, no. 3 (2021): 460 – 63.

6   Wolff, Katharina. "COVID-19 vaccination intentions: The theory of planned behavior, optimistic bias, and anticipated regret." *Frontiers in Psychology* 12 (2021).

7   Brewer, Noel T., Jessica T. DeFrank, and Melissa B. Gilkey. "Anticipated regret and health behavior: A meta-analysis." *Health Psychology* 35, no. 11 (2016): 1264.

8   Abraham, Charles, and Paschal Sheeran. "Deciding to exercise: The role of anticipated regret." *British Journal of Health*

Psychology 9, no. 2 (2004): 269–78.

9   Steptoe, Andrew, Linda Perkins-Porras, Elisabeth Rink, Sean Hilton, and Francesco P. Cappuccio. "Psychological and social predictors of changes in fruit and vegetable consumption over 12 months following behavioral and nutrition education counseling." *Health Psychology* 23, no. 6 (2004): 574.

10 Penţa, Marcela A., Irina Catrinel Crăciun, and Adriana Băban. "The power of anticipated regret: Predictors of HPV vaccination and seasonal influenza vaccination acceptability among young Romanians." *Vaccine* 38, no. 6 (2020): 1572–78.

11 Chapman, Gretchen B., and Elliot J. Coups. "Emotions and preventive health behavior: Worry, regret, and influenza vaccination." *Health Psychology* 25, no. 1 (2006): 82.

12 Richard, Rene, Nanne K. de Vries, and Joop van der Pligt. "Anticipated regret and precautionary sexual behavior." *Journal of Applied Social Psychology* 28, no. 15 (1998): 1411–28.

13 Ahn, Jisoo, and Lee Ann Kahlor. "No regrets when it comes to your health: Anticipated regret, subjective norms, information insufficiency, and intent to seek health information from multiple sources." *Health Communication* 35, no. 10 (2020): 1295–1302.

14 de Nooijer, Jascha, Lilian Lechner, Math Candel, and Hein de Vries. "Short-and long-term effects of tailored information versus general information on determinants and intentions related to early detection of cancer." *Preventive Medicine* 38, no. 6 (2004): 694–703.

15 Elliott, Mark A., and James A. Thomson. "The social cognitive determinants of offending drivers' speeding behaviour." *Accident*

Analysis and Prevention 42, no. 6 (2010): 1595 – 1605.

16   Sandberg, Tracy, and Mark Conner. "A mere measurement effect for anticipated regret: Impacts on cervical screening attendance." *British Journal of Social Psychology* 48, no. 2 (2009): 221 – 36.

17   Conner, Mark, Tracy Sandberg, Brian McMillan, and Andrea Higgins. "Role of anticipated regret, intentions, and intention stability in adolescent smoking initiation." *British Journal of Health Psychology* 11, no. 1 (2006): 85 – 101.

18   Carfora, Valentina, Daniela Caso, and Mark Conner. "Randomised controlled trial of a text messaging intervention for reducing processed meat consumption: The mediating roles of anticipated regret and intention." *Appetite* 117 (2017): 152 – 60.

19   Kaiser, Florian G. "A moral extension of the theory of planned behavior: Norms and anticipated feelings of regret in conservationism." *Personality and Individual Differences* 41, no. 1 (2006): 71 – 81.

20   Mayes, Liz. "At this workshop, writing your own obit means analyzing your past—or future." *Washington Post*, December 10, 2019.

21   Klein, Gary. "Performing a project premortem." *Harvard Business Review* 85, no. 9 (2007): 18 – 19. (주의깊은 독자들은 내가 다음 책에서 사전부검에 관해 썼다는 사실을 알 것이다. Pink, Daniel H. *When: The scientific secrets of perfect timing*. New York: Riverhead, 2019, 107 – 108[한국어판 : 다니엘 핑크,《언제 할 것인가: 쫓기지 않고 시간을 지배하는 타이밍의 과학적 비밀》, 2018, 알키].)

22   Stillman, Jessica. "How Amazon's Jeff Bezos made one of the toughest decisions of his career." *Inc.*, June 13, 2016.

23 Wilson, Timothy D., and Daniel T. Gilbert. "Affective forecasting: Knowing what to want." *Current Directions in Psychological Science* 14, no. 3 (2005): 131–34; Gilbert, Daniel T., Matthew D. Lieberman, Carey K. Morewedge, and Timothy D. Wilson. "The peculiar longevity of things not so bad." *Psychological Science* 15, no. 1 (2004): 14–19. 다음 자료도 참고하면 좋다. Crawford, Matthew T., Allen R. McConnell, Amy C. Lewis, and Steven J. Sherman. "Reactance, compliance, and anticipated regret." *Journal of Experimental Social Psychology* 38, no. 1 (2002): 56–63.

24 Gilbert, Daniel T., Carey K. Morewedge, Jane L. Risen, and Timothy D. Wilson. "Looking forward to looking backward: The misprediction of regret." *Psychological Science* 15, no. 5 (2004): 346–50. 다음 자료도 참고하면 좋다. Sevdalis, Nick, and Nigel Harvey. "Biased forecasting of postdecisional affect." *Psychological Science* 18, no. 8 (2007): 678–81.

25 Simonson, Itamar. "The influence of anticipating regret and responsibility on purchase decisions." *Journal of Consumer Research* 19, no. 1 (1992): 105–118.

26 Bar-Hillel, Maya, and Efrat Neter. "Why are people reluctant to exchange lottery tickets?" *Journal of Personality and social psychology* 70, no. 1 (1996): 17; Risen, Jane L., and Thomas Gilovich. "Another look at why people are reluctant to exchange lottery tickets." *Journal of Personality and social psychology* 93, no. 1 (2007): 12. (사람들은 또한 복권을 교환하면 자신이 구매한 복권의 당첨 확률이 높아진다고 믿는다.)

27 van de Ven, Niels, and Marcel Zeelenberg. "Regret aversion and the reluctance to exchange lottery tickets." *Journal of Economic*

Psychology 32, no. 1 (2011): 194–200.

28 Beattie, Jane, Jonathan Baron, John C. Hershey, and Mark D. Spranca. "Psychological determinants of decision attitude." *Journal of Behavioral Decision Making* 7, no. 2 (1994): 129–44; Wake, Sean, Jolie Wormwood, and Ajay B. Satpute. "The influence of fear on risk taking: A meta-analysis." *Cognition and Emotion* 34, no. 6 (2020): 1143–59; McConnell, Allen R., Keith E. Niedermeier, Jill M. Leibold, Amani G. El-Alayli, Peggy P. Chin, and Nicole M. Kuiper. "What if I find it cheaper someplace else? Role of prefactual thinking and anticipated regret in consumer behavior." *Psychology and Marketing* 17, no. 4 (2000): 281–98. (가격 보장은 소비자들이 향후 가격이 떨어질 것을 우려해 구매하지 않는 관성을 극복할 수 있다.)

29 Larrick, Richard P., and Terry L. Boles. "Avoiding regret in decisions with feedback: A negotiation example." *Organizational Behavior and Human Decision Processes* 63, no. 1 (1995): 87–97.

30 Merry, Justin W., Mary Kate Elenchin, and Renee N. Surma. "Should students change their answers on multiple choice questions?" *Advances in Physiology Education* 45, no. 1 (2021): 182–90; Princeton Review. "Fourteen avoidable mistakes you make on test day." 여기서 볼 수 있다 : https://www.princetonreview.com/college-advice/test-day-mistakes.

31 Merry, Justin W., Mary Kate Elenchin, and Renee N. Surma. "Should students change their answers on multiple choice questions?" *Advances in Physiology Education* 45, no. 1 (2021): 182–90; Bauer, Daniel, Veronika Kopp, and Martin R. Fischer. "Answer changing in multiple choice assessment: Change that answer

when in doubt—and spread the word!" *BMC Medical Education* 7, no. 1 (2007): 1–5; Couchman, Justin J., Noelle E. Miller, Shaun J. Zmuda, Kathryn Feather, and Tina Schwartzmeyer. "The instinct fallacy: The metacognition of answering and revising during college exams." *Metacognition and Learning* 11, no. 2 (2016): 171–85. (중요한 것은 처음 직감이 아니라 상위인지[metacognition] 즉, 학생들이 자신의 대답에 얼마나 자신 있는지다.)

32 Kruger, Justin, Derrick Wirtz, and Dale T. Miller. "Counterfactual thinking and the first instinct fallacy." *Journal of Personality and social psychology* 88, no. 5 (2005): 725.

33 Simon, Herbert A. "Rational choice and the structure of the environment." *Psychological Review* 63, no. 2 (1956): 129; Simon, Herbert A. "Rational decision making in business organizations." *American Economic Review* 69, no. 4 (1979): 493–513.

34 Schwartz, Barry, Andrew Ward, John Monterosso, Sonja Lyubomirsky, Katherine White, and Darrin R. Lehman. "Maximizing versus satisficing: Happiness is a matter of choice." *Journal of Personality and social psychology* 83, no. 5 (2002): 1178.

35 Schwartz, Barry, Andrew Ward, John Monterosso, Sonja Lyubomirsky, Katherine White, and Darrin R. Lehman. "Maximizing versus satisficing: Happiness is a matter of choice." *Journal of Personality and social psychology* 83, no. 5 (2002): 1178. ("선택지가 많을수록 차선의 선택을 선택할 가능성이 커지고, 이러한 전망은 실제 선택에서 얻는 즐거움을 약화시킬 수 있다.")

나오며

1   McAdams, Dan P., and P. J. Bowman. "Narrating life's turning points: Redemption and contamination: Narrative studies of lives in transition." *Turns in the road: Narrative studies of lives in transition*. Washington, DC: American Psychological Association Press, 2001; McAdams, Dan P., Jeffrey Reynolds, Martha Lewis, Allison H. Patten, and Phillip J. Bowman. "When bad things turn good and good things turn bad: Sequences of redemption and contamination in life narrative and their relation to psychosocial adaptation in midlife adults and in students." *Personality and Social Psychology Bulletin* 27, no. 4 (2001): 474-85; McAdams, Dan P. "The psychology of life stories." *Review of General Psychology* 5, no. 2 (2001): 100-122; McAdams, Dan P. *The redemptive self: Stories Americans live by*, 개정 증보판. New York: Oxford University Press, 2013.

THE POWER OF REGRET

더 나은 나를 만드는, 가장 불쾌한 감정의 힘에 대하여

다니엘 핑크 후회의 재발견

제1판 1쇄 발행 | 2022년 9월 15일
제1판 11쇄 발행 | 2024년 12월 3일

지은이 | 다니엘 핑크
옮긴이 | 김명철
펴낸이 | 김수언
펴낸곳 | 한국경제신문 한경BP

주소 | 서울특별시 중구 청파로 463
기획출판팀 | 02-3604-590, 584
영업마케팅팀 | 02-3604-595, 562   FAX | 02-3604-599
H | http://bp.hankyung.com   E | bp@hankyung.com
F | www.facebook.com/hankyungbp
등록 | 제 2-315(1967. 5. 15)

ISBN 978-89-475-4844-1   03320